Beyond Hypertext

Hypermedia vs. Multimedia

2., überarbeitete Auflage

Peter Hoffmann

Hrsg.:
H. Reinke, P. Hoffmann
bifop Verlag, 2020

Impressum:
(c) 2020 der vorliegenden Ausgabe:
Verlagshaus bifop (H. Reinke & P. Hoffmann)
www.bifop.de

Satz: bifop
Umschlag: bifop

ISBN (print) 978-3-948773-18-2
ISBN (eBook) 978-3-948773-19-9

1 Vorwort

Hypermedia - das ist doch ein uralter Hut!

Zu dieser Einschätzung könnte ein oberflächlicher Betrachter leicht kommen, denn dieses „World Wide Web", das ja gemeinhin mit „dem Internet" gleichgesetzt wird, besteht doch schließlich aus Hypermedia. Also liegt doch im Gegenschluss die Folgerung Nahe, dass Hypermedia so alt wie das WWW ist. Und so könnte des Weiteren gefolgert werden, dass in den etwa 30 Jahren, seit dieser Tim Berners-Lee das WWW „erfunden" hat, sowohl die Nutzung als auch die Gestaltung von Hypermedia längst bis ins letzte Detail theoretisch und praktisch ausgekundschaftet wurde.

Mit dieser Einschätzung liegt der besagte oberflächliche Betrachter sowohl richtig als auch falsch:

- Falsch ist, dass Tim Berners-Lee das WWW oder gar das Internet „erfunden" hätte.
- Richtig ist, dass er mit seinen Ideen wesentlich zu der heutigen Ausprägung des WWW beigetragen und sicherlich eine der wesentlichen Initialzündungen für die Verbreitung des WWW gegeben hat.
- Falsch ist daher auch die Annahme, dass die technische Entwicklung heutiger Hypermediasysteme erst mit dem WWW begonnen hätte.
- Richtig ist, dass die Realisierung der Idee „Hypermedia" wesentlich älter ist und schon begonnen hat, lange bevor es überhaupt digitale Medien gab.
- Falsch ist erstaunlicherweise trotz des Alters der Idee „Hypermedia" auch, dass die Theorien zur Gestaltung und Anwendung von Hypermedia vollständig ausdefiniert seien.
- Richtig ist dagegen, dass die aktuell gelehrten Gestaltungsregeln und –formen insbesondere aus dem Umfeld der klassischen

Printmedien stammen und auf die digitalen Medien übertragen wurden.

Die beiden letztgenannten Punkte führen zu dem Kern, der diesem Buch zugrunde liegt:

- Falsch ist, dass das derzeitige WWW in seiner Gänze ein solches Hypermedium darstellt, wie es die umfängliche Definition des Begriffes „Hypermedia" beschreibt.
- Richtig dagegen ist, dass der überwiegende Teil der vernetzten Informationen im WWW aus Texten besteht, in die Bilder, Videos und andere „Medien" eingebettet sind.

Auf die Definition des Begriffes „Hypermedia" wird im Verlauf dieser Veröffentlichung an vielen Stellen noch genauer eingegangen. An dieser Stelle soll eine einfache Betrachtung ausreichen:

„Hypermedia" bedeutet, dass alle möglichen Medien durch Verweise miteinander verbunden werden können. Dabei sollen nicht nur ganze Dateien beziehungsweise Informationsknoten miteinander verbunden, oder allgemeinverständlicher: verlinkt, werden können, sondern auch sehr gezielt Teile dieser Knoten. So kann ein Satz in einem Hypertext ein Verweis zu einem Kapitel eines Textes in einem anderen Informationsknoten darstellen.

Wenngleich technisch möglich, wird auf diese Art der Verbindung in anderen Medien und Teilmedien aber meist verzichtet. So ist zwar der „Klick" auf ein Bild oft möglich, um zu weiteren Informationsknoten zu gelangen, aber eine Unterscheidung, in welcher Region des Bildes oder auf welches sichtbare Objekt in dem Bild geklickt wurde, wird nur selten realisiert.

So sollte das WWW, und damit auch die Mehrzahl heutiger Hypermedien, zu Recht eigentlich immer noch vor allem als Hypertext oder als Hypertextsystem bezeichnet und auch so betrachtet werden. Es handelt sich somit also lediglich um eine Teil- oder Unterform von Hypermedia.

Aus diesem Grunde erklärt sich auch die starke Anlehnung der Gestaltung von Webseiten an die Printgestaltung, wenngleich sich dieses aktuell durchaus, aber immer noch recht überschaubar langsam, zu ändern scheint. Für die Gestaltung von Hypermedia in dem Sinne, dass sowohl Texte als auch Bilder, Videos und alle weiteren möglichen Medienformen verknüpft und integriert werden sollen, fehlen bisher zwei wesentliche Dinge:

Es gibt kein Anwendungssystem, dass die gleichberechtigte Kombination dieser verschiedenen Medien mit ihren unterschiedlichen Eigenverhalten unterstützt.

Es gibt keinen umfassenden Gestaltungsansatz für die gleichberechtigte Kombination dieser unterschiedlichen Medien mit ihren unterschiedlichen Eigenverhalten, der darüber hinaus auch den Benutzer und sein Verhalten berücksichtigt.

„Beyond Hypertext“ will sich diesen Punkten widmen. Dabei sollen sowohl technische als insbesondere auch gestalterische und medienwissenschaftliche Aspekte beleuchtet werden. Dass den möglichen Vorteilen durchaus auch Probleme im Wege stehen, soll dabei nicht verschwiegen werden.

Peter Hoffmann,
Bremen, 2018

Ergänzung zur zweiten Auflage:

Hypermedia ist immer noch kein alter Hut!

Daher wurde dieser Betrachtung an einigen Stellen noch einmal aktualisiert und insbesondere durch einen neuen Abschnitt, der die Rolle des Benutzers, und dabei insbesondere die des Produzenten von hypermedialen Inhalten, betrachtet.

Natürlich wurde auch diese erweiterte Betrachtung vorgenommen von Peter Hoffmann, einerseits derzeit Professor für Wirtschaftsinformatik an der FOM Hochschule in München, Hannover und Bremen, andererseits Medieninformatiker mit Herz und Seele. Unter dem Label „Invisible Cow“ beschäftigt er sich seit mittlerweile fast 20 Jahren mit den Fragen danach, was eigentlich diese „digitalen Medien“ sind und wie dieses „Multimedia“ wirkt, wie es gestaltet und wie es genutzt werden kann.

Der Name „Invisible Cow“ ist den Kühen an den Hängen des Mauna Kea auf Big Island in Hawaii entlehnt, die eben manchmal unsichtbar bleiben, wenn sie sich in den senkenden Wolken verstecken. Genauso wie diese Kühe dort bleibt auch wirklich gute Gestaltung von Medien meist unsichtbar!

Aber sie wirkt!

Sowohl bei der Informations- …

… als auch bei der Interaktionsgestaltung!

Nun wünsche ich viel Spaß beim Erkunden dieser bunten und spannenden Hyper- und Multimedia-Welt.

Peter Hoffmann,
Rorschach, 2020

Inhalt

Abbildungen

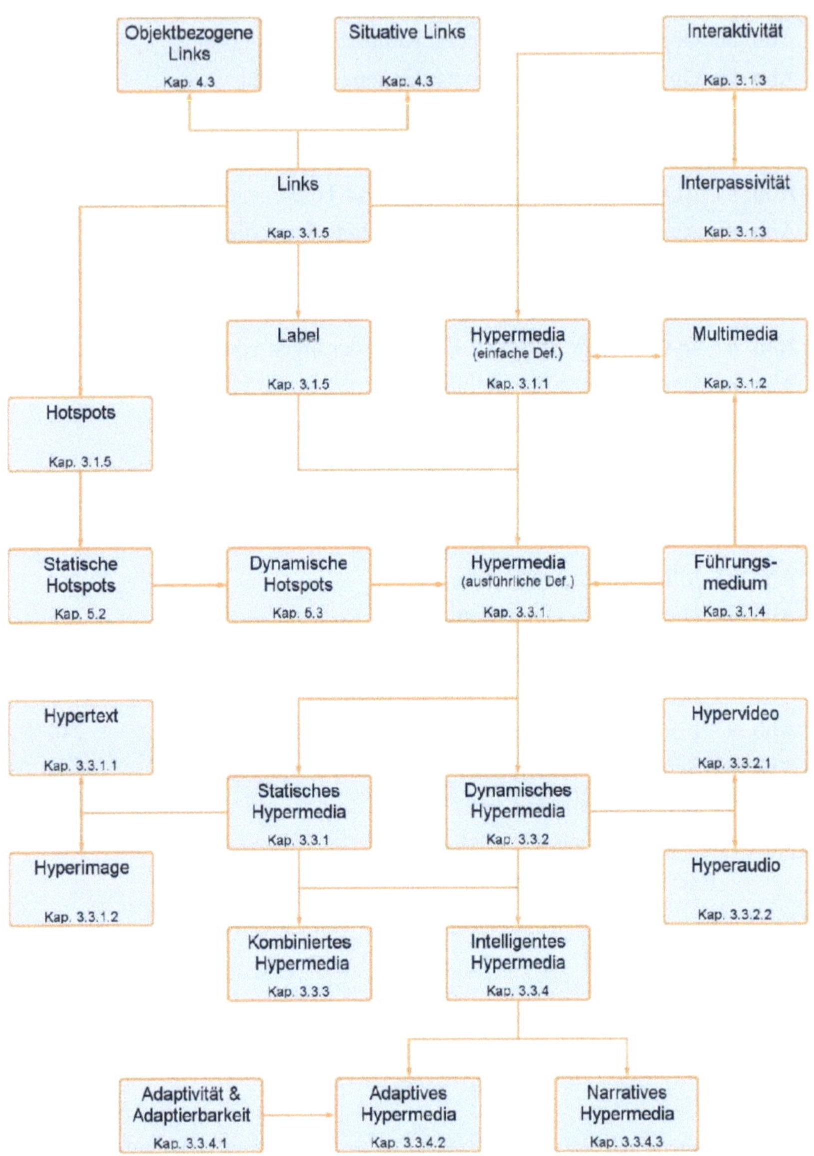

Abb. 1
Definitionen

2 Hypermedia: Ein Blick in die Historie

So sehr Albert Einstein sicher auch recht hatte, wenn er sagte (so er es denn tatsächlich gesagt haben sollte):

„Mehr als die Vergangenheit interessiert mich die Zukunft, denn in ihr gedenke ich zu leben.“

so könnte, nein: müsste, ihm geantwortet werden, dass Fortschritt nur dann funktioniert, wenn sowohl der aktuelle (Zu-) Stand bekannt ist. Zudem muss, um Zukunft aktiv gestalten zu können, ebenfalls bekannt sein, woher „man“ kommt.

Nach diesem Prinzip soll auch das vorliegende Buch beginnen mit einem Blick auf die Fragen, ...

- ... woher diese Idee von Hypermedia im Sinne „vernetzter“ Medien eigentlich kommt und ...
- ... welchen Weg diese Idee bis zu ihrer heutigen Ausprägung nahm.

2.1 Hypermedia und Schriftwerke

Die Idee, eine Information mit weiterführenden Erklärungen oder verwandten Informationen in Verbindung zu setzen und diese Verbindung zu dokumentieren, ist weitaus älter als digitale Medien oder gar als die heutige Ausprägung von Hypermedia. Vielleicht ein wenig überraschend, aber schon viele der ältesten festgehaltenen Schriftwerke der Menschheit weisen diese Merkmale auf.

Die frühesten bekannten schriftlichen Mediendokumente sind in der Regel religiöse Werke. Dazu zählt auch der Talmud (siehe Abb. 2). Er ist das große Werk des jüdischen Glaubens und es handelt sich dabei um eine umfangreiche Sammlung von Diskussionen religiöser und alltagsweltlicher Probleme. Die Dokumentation dieser Erörterungen im sogenannten Lehr- und Gerichtshaus des Judentums erfolgte als protokollartige Aufzeichnung jener Diskussionen [MAY63]. Ursprünglich wurden die Inhalte des Talmud mündlich überliefert, bevor etwa im fünften Jahrhundert vor Christus mit der schriftlichen Fixierung begonnen wurde, die etwa 1000 Jahre später ihren Abschluss fand. Den Gelehrten, in dem Falle den Rabbis, Priestern oder Hohepriestern, war der Inhalt des gesamten Werkes bekannt. Zu den festgehaltenen Inhalten zählten des Weiteren auch „Querverweise“ zu ähnlichen Diskussionen oder verwandten Themen. Neben dem wortgenauen Inhalt wurde so auch eine Struktur des Aufbaus des Talmud von Generation zu Generation weitergegeben.

שבת ששה עשר פרק כל כתבי 234

Abb. 2
Talmud

Mit dem Beginn der schriftlichen Aufzeichnung der Inhalte des Talmud wurden auch Wege gesucht, neben den eigentlichen Inhalten auch die bekannten und wichtigen Verbindungen zu weiteren Inhaltsstellen zu dokumentieren. Zudem erschien es wichtig, einzelne Teile des Inhalts mit den Erläuterungen, die ansonsten bei Bedarf von den Gelehrten gegeben wurden, besonders hervorzuheben. Der Talmud ist damit wohl eines der ältesten Medien, dass die Idee der Vernetzung seiner Inhalte aufweist.

Dies lässt sich sehr leicht bei der Betrachtung des Seitenaufbaus erkennen. Im Inneren einer Seite befindet sich jeweils der historisch älteste Text. Er steht nicht nur im Mittelpunkt dieser Seite, sondern er steht auch im Zentrum der Bedeutung der Aussage. In Richtung der Seitenränder schließen sich jüngere Texte an und bilden einen Rahmen um das Zentrum. Hierbei handelt es sich um Diskussionen von Gelehrten zum Text im Zentrum der Seite. Auch diese Texte werden in den nächstfolgenden Schritten und Spalten in Richtung des Seitenrandes vertiefend diskutiert. Damit entsteht eine geschlossene Diskussionsstruktur und ähnlich den Knoten eines Hypertextes können diese einzelnen Textstellen isoliert betrachtet werden oder mit anderen Knoten in Verbindung treten. Auf der dem Bundsteg zugewandten Seite des Blattes sind dazu die Kommentare des jüdischen Lehrers Raschi (Rabbi Schlomo ben Jizchak) aufgezeichnet. Diese wiederum werden in der Spalte links des Zentrums durch weitere Zusätze seiner Nachfolger ergänzt. [EIB04] Zwischen und neben diesen Textteilen finden sich Zeichen, die als Querverweise dienen. Sie verweisen auf andere Textstellen innerhalb des Talmud oder auf weitere, ergänzende Textstellen in anderen Schriftwerken. Diese Symbolzeichen zeigen an, auf welche Art von Text verwiesen wird. Sie ähneln somit den heutigen, modernen Links und zeigen damit auch schon ein Verhalten analog zu heutigen Hypermediasystemen, die auf dynamische Inhalte reagieren. [RIE06] Besonders interessant daran ist, dass diese Verweise nicht innerhalb des einen „Informationsknotens Talmud“ bleiben, sondern eben auch weitere Informationsknoten in Form weiterer Bücher einbeziehen. Hier tritt zum ersten Mal eine „offene Informationsstruktur“ auf, die in späteren Kapiteln noch näher vorgestellt wird.

Nicht nur die Schriften des Judentums weisen solche Strukturen der Vernetzung auf. Auch verschiedene Versionen der Bibel nutzen ähnliche Funktionen. So sind zahlreiche Stellen der Elberfelder Bibel, die zwischen 1855 und

1871 übersetzt wurde, oder auch der sogenannten King-James-Bibel, die erstmalig 1611 veröffentlicht wurde, mit ausführlichen Kommentaren in Form von Fußnoten erläutert oder mit Verweisen auf andere Textstellen versehen (siehe Abb. 3).

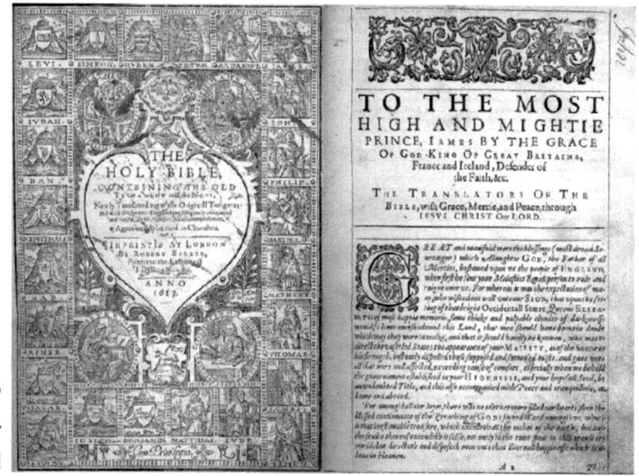

THE HOLY BIBLE,

IMPRINTED AT LONDON

ANNO

TO THE MOST HIGH AND MIGHTIE PRINCE, IAMES BY THE GRACE OF GOD KING OF GREAT BRITAINE, France and Ireland, Defender of the Faith, &c.

THE TRANSLATORS OF THE BIBLE, wish Grace, Mercie, and Peace, through IESVS CHRIST OUR LORD.

Abb. 3
King-James-Bibel

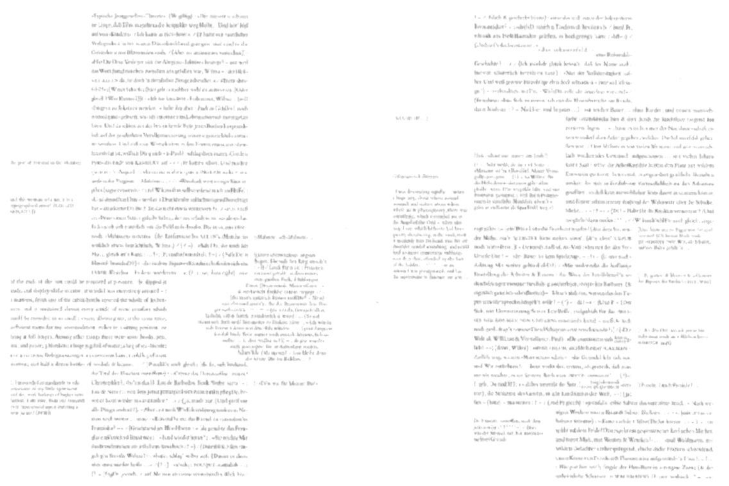

Abb. 4
Arno Schmidt "Zettel's Traum" (Auszug)

Auch Autoren der neueren und neuen Literatur nutzen Strukturen, die den gerade vorgestellten sehr ähnlich sind. Das Aufbrechen der eigentlich starren Seitenstruktur, die aus einer einmal festgelegten und im weiteren Verlauf unveränderten Anzahl aus Spalten besteht, ist dabei nur die Grundlage und wird zu einer flexiblen und dem jeweiligen Kontext angemessenen beziehungsweise angepassten Strukturierung umgeformt. So können beispielsweise unterschiedlich viele Spalten und auch Spalten mit unterschiedlicher Länge erscheinen, sich gegenseitig umfließen, die Aussage des Inhalts verstärken beziehungsweise sich mit anderen Teilen des Werks in Verbindung setzen.

Oftmals wird eine solche Darstellungsweise auch für besondere Werkeditionen genutzt, in denen Notizen und Kommentare des Autors zur Entstehung des Werks eingefügt werden, die nicht nur aus gedruckten Texten, sondern auch aus handschriftlichen Ergänzungen oder Skizzen bestehen können. Eines der bekanntesten aktuellen Werke dieser Art ist wohl „Zettel's Traum“ von Arno Schmidt [SCHm70]. (siehe Abb. 4)

Schon diese wenigen Beispiel zeigen, dass viele Ideen, die digitale Medien und Hypermedia auszeichnen und die diese ihr eigen nennen, ihre theoretischen Wurzeln schon in den „klassischen“ analogen Medien haben.

2.2 Der MEMEX

Aus technischer Sicht wird oftmals Tim Berners-Lee als der Erfinder des WWW [BER92] und damit auch als Erfinder von Hypermedia bezeichnet. Der erste Teil dieser Annahme kann zumindest noch als weitgehend zutreffend bezeichnet werden, doch insbesondere für den zweiten Teil zeigt schon eine kurze Recherche, dass die Kernidee von Hypermedia, nämlich die Verknüpfung und Vernetzung von Informationen und die Darstellung der Information und ihrer Verknüpfungen, mittlerweile mehr als 70 Jahre alt ist und somit weitaus älter als „unser“ Internet. Schon im Jahr 1945 nämlich beschrieb Vannevar Bush in seinem Aufsatz „As we may think“ [BUS45] mit seinem MEMEX ein System zur Aufnahme von Informationen, ihrer Verknüpfung und Darstellung. Mit der Bezeichnung MEMEX umschrieb Bush seine Idee eines „Memory Extender", wörtlich übersetzt also einer Speichererweiterung. Einer der Gründe, die Bush zu der Idee eines solchen Systems führte, war die schon damals beginnende Problematik der Verarbeitung der sich explosionsartig vermehrenden Veröffentlichungen und Informationen im wissenschaftlichen und technischen Bereich und somit letztlich das Problem des stetig schneller wachsenden menschlichen Wissens. Bush dachte bei der Ausarbeitung seines Systemvorschlags an beide Benutzergruppen, nämlich sowohl

- an die Autoren als auch
- an die Leser beziehungsweise diejenigen, die nach Informationen suchen.

Eine der Kernideen des von Bush angedachten Systems besteht dabei darin, dass das Geschriebene des Autors schon unmittelbar während des Schreibens aufgezeichnet und im Gedächtnis des MEMEX gespeichert wird. Die Aufnahme sollte mit einer Kamera geschehen, die an einer Kopfbedeckung angebracht war, die der Autor während seiner Arbeit trägt (Abb. 5). Somit sollte nicht nur der fertige Text in seiner finalen Version, sondern vielmehr auch der Entstehungsprozess dieses Textes dokumentiert werden.

A scientist of the future records experiments with a tiny camera fitted with universal-focus lens. The small square in the eyeglass at the left sights the object (*LIFE* 19(11), p. 112).

Abb. 5 MEMEX: Kamera Headset

Das Verarbeiten, Finden, und Darstellen der gespeicherten Information auf Seiten des Suchenden sollte vor allem, dem zeitgemäßen technischen Stand folgend, noch durch mechanische Maschinen geschehen.

Leider kann an dieser Stelle nicht gesagt werden, inwieweit Bush sich bei dem Entwurf seines MEMEX von der Idee des Italieners Agostino Ramelli inspirieren ließ oder ob er diese und andere „Vorarbeiten" überhaupt kannte. Besagter Ramelli lebte von 1531 bis 1600, war Hauptmann in den Reihen der Medici und dazu Ingenieur mit ausgefallenen Ideen. In seinem Werk „Le diverse et artificiose machine del capitano Agostino Ramelli" beschreibt er, neben einer ganzen Reihe anderer mechanischer Maschinen, schon im 16. Jahrhundert ein sogenanntes Bücherrad [RAM88].

Abb. 6
Ramellis Bücherrad

Dieses sollte durch seinen flexiblen Aufbau das nichtsequentielle Lesen mehrerer großformatiger Bücher ermöglichen (siehe Abb. 6). Ramelli konstruierte dieses Rad dergestalt, dass die Bücher immer in derselben Position liegen bleiben und beim Drehen des Rades nicht herunterfallen sollten. So sollte der „emsige Leser mit Hilfe der rotierenden Lesemaschine in kürzester Zeit zwischen vielen Büchern und Textstellen springen können" [HIS06], letztlich also so, wie wir uns auch heute im Internet über Links zwischen den Inhalten hin- und herbewegen.

Ramelli ist nicht der einzige, der solche mechanischen Lesemaschinen entwarf, leider aber ist nicht bekannt, ob diese jemals tatsächlich aktiv von Informationssuchenden genutzt wurden. Jedoch finden sich funktionstüchtige Rekonstruktionen solcher Maschinen u.a. in den Bibliotheken von Gent, Hamburg, Neapel und einigen weiteren Städten.

Interessant bei der Betrachtung der Skizzen von Vannevar Bush und seinem MEMEX ist allerdings aus heutiger Sicht ein anderer Aspekt. Dieser betrifft die generelle, technikunabhängige Gestaltung des Arbeitsplatzes. Wird die Betrachtung reduziert auf die Schreibtischoberfläche, so wird leicht eine Ähnlichkeit mit heutigen Arbeitsplätzen, die vermehrt auf der Nutzung von (→) Tablet- oder (→) Multitouchgeräten aufbauen, deutlich. Diese unterscheiden sich aber sicherlich deutlich von Schreibtischen an Arbeitsplätzen aus damaliger Zeit.

Abb. 7 MEMEX: Arbeitsplatz

Doch wie also schon der kurze Ausflug zu Ramelli und in die Zeiten der Renaissance zeigt, befasste auch Vannevar Bush sich nicht als erster mit der Idee, Informationen geordnet zu archivieren, zu verknüpfen und so für die weitere Verarbeitung nutzbar zu halten. Während MEMEX heutzutage oftmals als die grundlegende theoretische Idee auf dem Weg zum Internet angesehen wird, bleibt der Name Paul Otlet, der von 1868 bis 1944 lebte, zumeist unbekannt.

2.3 Das Mundaneum

Einige Jahre vor Bush erkannte schon Paul Otlet, der als Begründer der modernen Dokumentationswissenschaft gilt, die Wichtigkeit von Datensammlungen. Zu seiner Zeit ahnte wohl noch niemand, welche Bedeutung solche Datensammlungen einmal bekommen würden. Sein Ziel war es, organisatorische und technische Grundlagen für eine Dokumentation des Weltwissens zu schaffen [HAR06]. Diese Idee beschrieb er unter der Bezeichnung „Mundaneum“ schon im Jahre 1928 [OTL28], wobei er sich dabei auf die Zusammenarbeit mit dem belgischen Friedensnobelpreisträger Henri La Fontaine stützte.

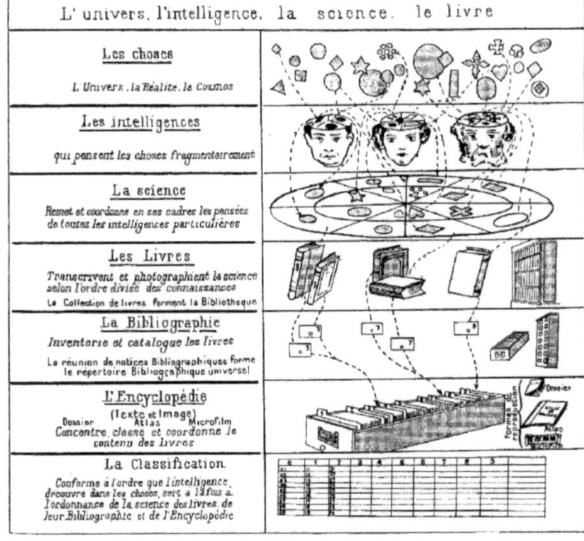

Abb. 8 Mundaneum: Paul Otlet: Traité de Documentation

Zusammen mit ihm skizzierte Otlet eine "Répertoire Bibliographique Universel" und damit nichts weniger als den Versuch, sämtliche weltweit erhältlichen Publikationen zu dokumentieren. Die offensichtlich schon damals beginnende Publikationsflut wollten beide auf diese Weise mit einer Ebene von Metadaten zu den Publikationen in den Griff bekommen. Die Idee von Otlet und La Fontaine kann als erste Beschreibung einer multimedialen Datenbank bezeichnet werden. Zugleich erfanden beide mit dieser Idee als Grundlage dazu die Technik der systematischen Dokumentation.

Die beschriebene Idee wurde in einer internationalen Konferenz von Bibliothekaren diskutiert. Das Ergebnis war eine Zentralstelle als Institution zur Umsetzung der skizzierten Ideen, das „Institut International de Bibliographie“. In dieser Einrichtung sollten die praktischen Umsetzungen erfolgen, um Information, Klassifikation und Dokumentation auf eine neue organisatorische und technische Basis zu stellen. Schließlich sollte daraus eine Wissensorganisation entstehen, die inter- und übernational sein und ein Weltzentrum des Wissens darstellen sollte. Auch wenn der französische Stararchitekt Le Corbusier schon Pläne für die Errichtung eines angemessenen Gebäudes entwarf (siehe Abb. 9), wurde die Einrichtung zunächst im „Palais de Cinquantenaire“, der in Brüssel anlässlich der Weltausstellung 1897 errichtet wurde, eingerichtet, wo sie als „Palais Mondial“ oder später eben als „Mundaneum“ bezeichnet bis zu ihrer Schließung in Jahr 1934 untergebracht war.

Abb. 9 Mundaneum: Entwurf von Corbusier

Seit wenigen Jahren hat das Mundaneum sowohl in der Realität im belgischen Mons als auch unter www. mundaneum.org in der Virtualität wieder geöffnet.

2.4 Hypermedia

Die oben aufgeführten Beispiele geben lediglich einen Überblick über die Ursprünge der Idee vernetzter Informationen und können sicherlich durch zahlreiche weitere ergänzt, erweitert oder vielleicht auch ersetzt werden. Jedoch zeigen sie dennoch eindrucksvoll, wie alt die Idee und der Wunsch von sicht- und handhabbarer Vernetzung von Informationen ist. Zudem zeigen alle diese Beispiele auch den Wunsch, möglichst alle Darstellungsarten, also letztlich alle Medienarten, miteinander zu verknüpfen:

- ob Texte Bilder erklären sollten oder Bilder Texte verdeutlichen,
- ob begleitende Handschriften des Autors dessen gedruckte Texte vertiefen oder gedruckte Texte die Handschriften wiedergeben sollten,

nahezu immer wurden unterschiedliche Darstellungsformen miteinander kombiniert oder zumindest über die Kombination nachgedacht.

Diese medienübergreifende Herangehensweise wird treffend mit dem Begriff „Hypermedia“ adressiert, da hier keinerlei Festlegung auf eine oder zwei bestimmte Medien getroffen wird. Diese begriffliche Präzision wurde jedoch zunächst durch den Erfolg der Verknüpfung, wie Tim Berners-Lee sie in den frühen 90er Jahren einführte [BER92], zunächst auf das Medium Text reduziert. Insbesondere trug die Entwicklung des Standards HTML als „Hypertext Markup Language“, unabhängig von ihrer Version oder der späteren Trennung in Gestaltung und Inhalte durch (→) CSS und (→) HTML, dazu bei. Das diese Reduzierung auf die Textform jedoch nicht der letzte Schritt bleiben muss und sicherlich auch nicht bleiben wird, sollen einige weitere Beispiele zeigen.

2.5 Hypervideo!

Schon weit vor Berners-Lee zeigten Forscher und Entwickler am Massachusetts Institute of Technology, dass es durchaus möglich und gewinnbringend sein kann, Medien wie zum Beispiel Video interaktiv zu machen.

Einer der Auftraggeber für diese „Aspen Movie Map“, entwickelt von dem Team um Andrew Lippman und Nicholas Negroponte, war im Jahr 1978 das US-amerikanische Militär [NAI78, LIP80, SCHu07]. Bei diesem Projekt, das als erstes Hypervideo-Projekt bezeichnet werden kann, wurde dem Benutzer eine virtuelle Fahrt durch die Straßen von Aspen, Colorado, ermöglicht. Das Ziel des Militärs war dabei, dass Einsatzkräfte im Vorfeld eines Einsatzes möglichst realistisch auf reale Gegebenheiten hintrainieren können sollten. Dazu wurde die Fahrt durch die Stadt Aspen, Colorado, von vier Kameras, die auf einem Fahrzeug montiert waren und im Winkel von jeweils 90° nach vorn, rechts, links und hinten blickten, gefilmt. Die Speicherung der für damalige Verhältnisse noch immensen Datenmengen erfolgte auf mehreren (→) Laserdiscs. Das vorhandene Bildmaterial erlaubte es dem Benutzer, jederzeit in jede beliebige Blickrichtung zu schauen und an jeder Kreuzung einen beliebigen Weg eingeschlagen zu können [HOE08].

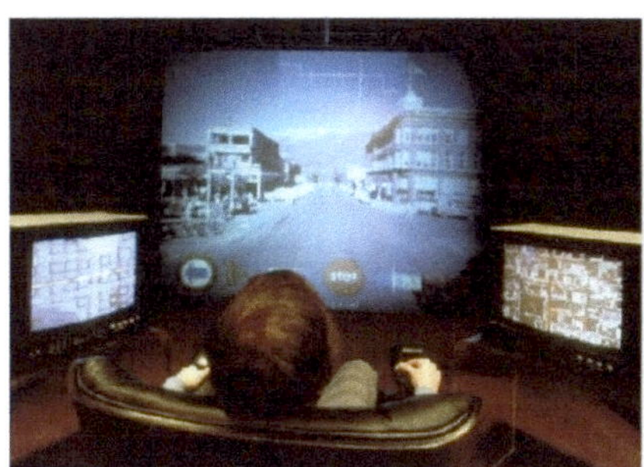

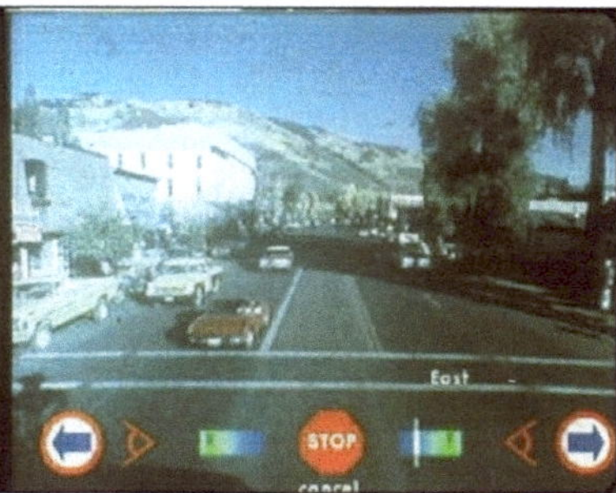

Abb. 10
Aspen Movie Map

Die Aspen Movie Map ist bei genauerer Betrachtung jedoch ein ebensolcher Sonderfall von Hypermedia, wie es die meisten Inhalte des WWW ganz allgemein auch sind. Wenngleich Video anstelle von Text, so nutzt auch sie lediglich eine einzige Art von Medium. Die Besonderheit der Charakteristik dieses Sonderfalles wird in späteren Kapiteln noch näher betrachtet.

Eher noch als die Aspen Movie Map kann das Ergebnis des Projektes „Augment“ als das erste System, dass die medienübergreifende Grundidee von Hypermedia tatsächlich realisiert, bezeichnet werden. Im Jahr 1968 leitete Doug Engelbert am Stanford Research Institute dieses Projekt zur Textverarbeitung und Bürokommunikation, dessen Grundlagen er schon einige Jahre früher beschrieb [ENG62]. In einem Teil dieses Projektes, dem sogenannten „NLS On Line System“, speicherten alle Mitarbeiter und Teilnehmer alle ihre Aufzeichnungen wie Berichte, Briefe und weitere Papiere zum Projekt in einem gemeinsamen „Journal“. Darin waren auch Querverweise möglich, die den heutigen Verlinkungen entsprachen. Nach Ende des Projekts enthielt dieses Journal mehr als 100.000 Einträge.

Die detaillierte Entwicklung des Internet beziehungsweise des World Wide Web soll an dieser Stelle übersprungen werden, da diese mittlerweile als allgemein bekannt vorausgesetzt werden kann. Der aktuelle technische Stand kann an den derzeit verfügbaren Internetbrowsern und den damit erreichbaren Inhalten des Internet und des WWW beziehungsweise an deren Darstellung eindeutig und selbsterklärend abgelesen werden. Bei dieser Betrachtung sollte allerdings einer der eingangs erwähnten Punkte ebenso eindeutig wie selbsterklärend auffallen, nämlich die überwiegende Nutzung von Text als hypermedialem Inhalt und die darauf ausgelegten Formen der Interaktion. Auch wenn der Anteil von Video im Datenverkehr rasant steigt und weiter steigen wird, glaubt man zum Beispiel Statistiken und Prognosen aus Quellen wie Cisco [SCHo09] oder Statista [BRA16], so verharren doch zunächst zwei mögliche Entwicklungen:

- Darstellung und Präsentation bleiben „monomedial“. Auch wenn der Anteil von Videos im Verhältnis zum Anteil von Text steigt, verschieben sich die Anteile lediglich. Es findet keine Verschmelzung, Verknüpfung oder sonstige wirkliche Kombination dieser oder weiterer Medienformen statt.

- Aus diesem Grunde entwickelt sich das Interaktionsdesign ebenfalls nicht weiter. Es werden weiterhin die bekannten und in ihrem bisherigen Umfeld durchaus erfolgreichen Interaktionsformen genutzt. So wird das „Blättern“ vom klassischen Druckmedium mittlerweile bei berührungssensitiven Benutzungsschnittstellen ebenso nachgeahmt wie die klassische Fernbedienung für Videorekorder oder (→) DVD-Player schon lange in den üblichen (→) GUIs abgebildet werden und mittlerweile auch als Apps auf Smartphones oder Tabloid-PCs zu finden sind. Das es auch anders gehen kann, zeigen in derzeit noch relativ kleinen Nischen Anwendungen wie ADIVI (siehe Abb. 11) oder in Ansätzen auch YouTube (siehe Abb. 12), wie später noch gezeigt werden wird.

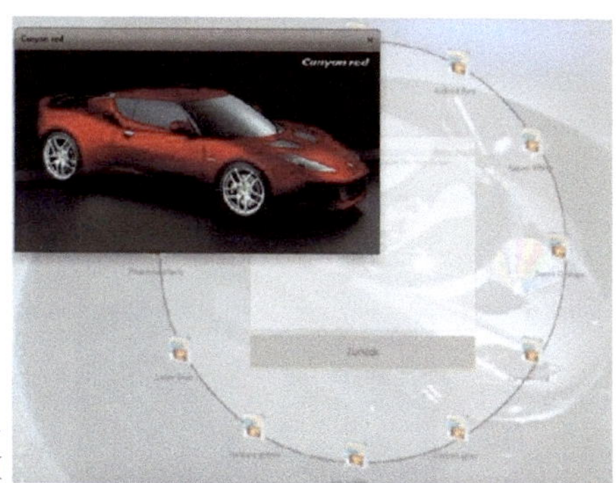

Abb. 11 ADIVI

ADIVI, entwickelt am Fraunhofer Institut für Graphische Datenverarbeitung in Darmstadt, ist eine Hypervideo- und Rich-Media-Software, mit der Videomaterial durch die Verknüpfung mit weiteren Informationen interaktiv gestaltet werden kann. So können Videos durch Bilder, Weblinks, andere Videos, Dokumente oder sonstige Dateien angereichert werden. Dadurch wiederum kann es gelingen, die Linearität klassischer Videos aufzubrechen. Dem Zuschauer als Benutzer eröffnet sich so die Möglichkeit, videobasierte Inhalte zielgerichtet aktiv und selektiv zu erkunden und damit selbst den Verlauf der Präsentation zu bestimmen. Dazu werden, in Analogie zu den bekannten Links in Texten, sogenannte „sensitive Regionen“ eingeführt, die als

(→) aktivierbare Verknüpfungen zu den zusätzlichen Informationen dienen [ADI11].

Adressiert ADIVI eher die Entwicklung „ernsthafter" Anwendungen und damit einer kleineren, spezielleren Nutzergruppe mit relativ hoher Homogenität, so richten sich die Entwicklungen von YouTube eher an die breite und inhomogene Masse der Internetnutzer. Mit den sogenannten Videoanmerkungen erlaubt YouTube seinen Benutzern, Videos „interaktive Kommentare" hinzu zu fügen (siehe Abb. 12). Der Nutzen soll darin bestehen, Hintergrundinformationen zum Video geben oder Geschichten mit mehreren Verläufen erstellen zu können. Dem Zuschauer wird dazu die Möglichkeit geboten, die nächste Szene des Videos durch Anklicken auszuwählen oder schlicht ähnliche YouTube-Videos, Channels oder Suchergebnisse durch den Klick auf den Link zu erreichen. Letztlich kann der Benutzer das Video oder einzelne Szenen darin selbst kommentieren. Der Benutzer „legt den Inhalt, die Platzierung und die Zeit für die Einblendung der Anmerkungen" selbst fest [YOU12].

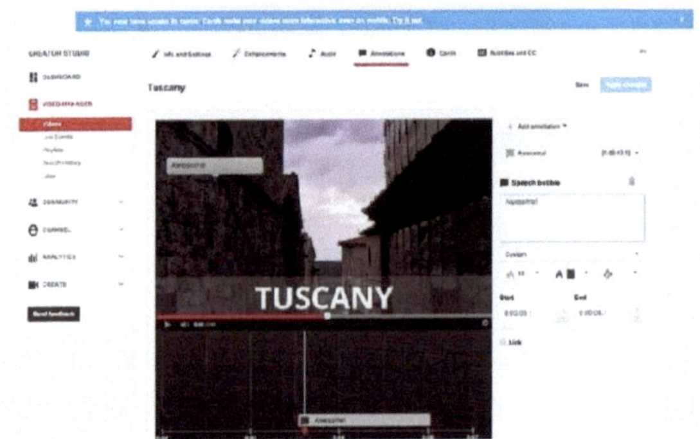

Abb. 12
YouTube

Die genannten Beispiele sind nicht die einzigen Anwendungen, die die Idee von „Hypermedia" mit „Multimedia"-Inhalten und darauf angepasster Interaktion realisieren. Die Zahl ähnlicher Anwendungen steigt und wird zukünftig dazu führen, dass sich der Inhalt des Internet und dessen Gestaltung in Zukunft wesentlich von dem derzeitigen unterscheiden kann - und wird! Wie zu Beginn der Entwicklung und der Verbreitung des Internet beziehungsweise des WWW, so stehen auch jetzt Gestalter und Entwickler erneut vor der Aufgabe, neue Wege und Grundlagen für die Präsentation und die Gestaltung von Interaktion zu finden, die neben ästhetischen Ansprüchen auch und besonders die (→) Usability und Benutzbarkeit berücksichtigen.

Die eingangs aufgeworfenen Fragen, von denen das vorliegende Buch zumindest einen kleinen Teil ansatzweise beantworten möchte, schließen nahtlos an die gerade aufgezeigte Entwicklung an beziehungsweise sie sind die theoretische Grundlage für diese Entwicklung. Sie liegen in einer Reihe von Schnittmengen, die unterschiedliche Perspektiven beschreiben (siehe auch Abb. 13):

- die mediale Perspektive, mit der Schnittmenge aus den bekannten Computermedien, digitalem Fernsehen und IPTV sowie Text und Bild,
- die Benutzerperspektive, mit der Schnittmenge aus Interaktivität und Interpassivität
- die gestalterische Perspektive, mit der Schnittstelle aus Medienkonvergenz, Gerätedivergenz und Interaktionsdivergenz sowie
- die Entwicklungsperspektive beziehungsweise die Perspektive der Autoren und Kreativen, mit der Schnittstelle aus Hypermedialität, Nichtlinearität und Multimedialität.

Diese Schnittmengenbildung ist es wohl auch, die es bisher verhindert hat, dass sich vollständige Umsetzungen der ursprünglichen, ganzheitlichen Hypermedia-Idee finden lassen. Zum einen steht einer solchen Umsetzung die sicherlich nicht einheitliche Entwicklung technischer Lösungsmöglichkeiten entgegen. Hier sei als Beispiel nur die Differenz zwischen den älteren standardisierten HTML-Versionen und dem aktuellen Standard HTML5, Halbstandards wie DHTML und proprietären „Proforma-Standards“ wie Flash, Java oder anderen erwähnt. Ähnliche Schwierigkeiten zeichnen sich auch im Wohnzimmer ab, wenn die derzeit unüberschaubare Zahl von IPTV-Angeboten, interaktivem Fernsehen und sogenannten Smart-TVs betrachtet wird. Letztlich kann hier derzeit nur versucht werden, einen kleinsten gemeinsamen Nenner zu finden, der dann als begrifflicher Standard bezeichnet werden könnte. Bei allen genannten Formen handelt es sich letztlich auch „nur“ um eine Verbindung aus Internet und klassischem Fernsehen.

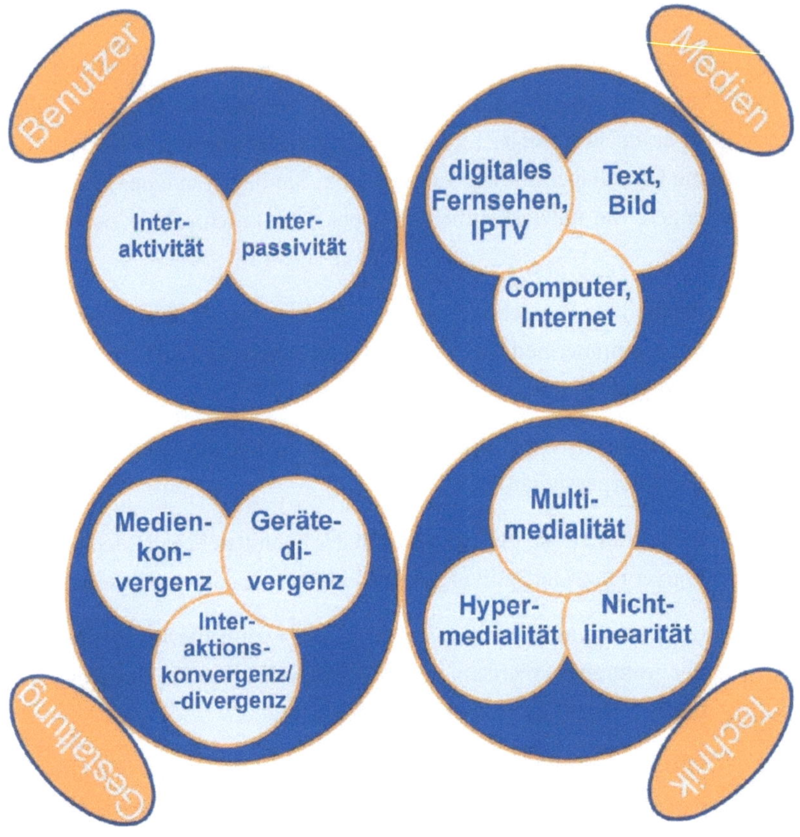

Abb. 13
Schnittmengen

In verschiedenen Umsetzungen gibt es verschiedene Formen neuer Interaktion mit unterschiedlichen Rückkopplungskanälen vom Zuschauer zum Programmanbieter. Inhaltlich allerdings werden in den meisten Fällen jedoch die Möglichkeiten, die sich durch die Annäherung der Medien in verschiedenen Formen und aus verschiedenen Quellen ergeben und bieten würden, meist nicht einmal ansatzweise ausgeschöpft. Oft bleiben die Umsetzungen leider an einem Punkt stehen, den der Konsument schon seit langer Zeit kennt:

- Vom Fernsehprogramm umschalten auf Teletext wird zum ...
- … Umschalten vom Fernsehprogramm auf Internetangebote.
- Um einen erfolgreichen Schritt in eine wirkliche „hypermediale Anwendungswelt“ machen zu können, muss vorab, so scheint es zumindest, erst einmal ein Blick auf den theoretischen Aufbau dieser Anwendungswelten geworfen werden, um sowohl die innere Mechanik als auch die nach außenwirkende Mechanik und damit deren Wirkungsprinzipien verstehen zu können.

Dazu wird im folgenden Kapitel ein intensiver und detaillierter Blick auf die übergeordneten Begriffe geworfen. Dies ist aus dem Grunde unerlässlich, da viele der in dem hier aufgespannten Kontext benutzten Begriffe auch allgemeinsprachlich, also im Alltag eines jeden Einzelnen, benutzt werden. Dabei schleichen sich dann leider häufig Ungenauigkeiten in das Verständnis der einzelnen Begriffe ein, die das Gesamtverständnis erschweren.

3 Begriffe und Definition(sversuche)

Hypertext, Hypermedia, Interaktivität, Multimedialität ...

... schon mit dem ersten oberflächlichen Blick auf den Titel dieses Buches lässt sich erahnen, dass es auf diesen Seiten um ein Thema geht, dass sich aus der Kombination von Erfahrung und Wissen aus einer ganzen Reihe verschiedener Disziplinen ergibt. Gilt der zweite Blick dann der Struktur dieses Buches, indem er auf das Inhaltsverzeichnis fällt, so wird sich dieser Eindruck sicherlich noch einmal verstärken.

Von interdisziplinären Projekten aus dem eigenen Umfeld wird jeder Leser sicher die Situation kennen, wenn sich der Designer, der Informatiker, der Controller, der Jurist, der Mediengestalter, der Marketingmensch und vielleicht noch einige Menschen mehr zur Projektbesprechung treffen ...

... und dabei trefflich aneinander vorbeireden, weil niemand den anderen versteht. Jede Disziplin hat ihr eigenes Vokabular und jede Disziplin hat ihre eigene Terminologie. Wenn auch die Worte und Phrasen dieselben sein mögen, so weicht ihre jeweilige Bedeutung aus den verschiedenen Perspektiven oftmals jedoch deutlich voneinander ab. Dies führt dann leider allzu oft dazu, dass die Teammitglieder am Ende der Besprechung auseinandergehen und in weiten Strecken nicht verstanden haben, worüber die anderen redeten.

Um genau diese Situation zu vermeiden, oder diese wenigstens zu mindern, wird im folgenden Abschnitt zunächst ein Grundstein für eine disziplinenübergreifende Kommunikation gelegt, indem eine ganze Reihe wichtiger Begriffe mit dem Ziel betrachtet wird, diesen Begriffen eine im Kontext dieses Buches gültige Bedeutung zuzuweisen.

3.1 Begriffe

Die im vorigen Kapitel gezogene Schlussfolgerung lässt es sinnvoll erscheinen, einen Einstieg in die Problematik dynamischer und diskreter Hypermedien mit dem Versuch einer Definition einiger Begriffe zu beginnen, die in der späteren, detaillierteren Behandlung häufiger benutzt werden. Dies ist insbesondere deshalb wichtig, weil einige dieser Begriffe aus verschiedener Warte definiert werden und, was noch viel wichtiger ist und es noch komplizierter macht, weil einige dieser Begriffe in der alltäglichen Anwendung häufig von „den Benutzern" anders interpretiert werden als von Entwicklern, Technikern und weiteren Fachexperten.

Zunächst werden die grundlegenden Begriffe Hypermedia, Multimedia und Interaktivität für den in diesem Buch aufgespannten Kontext definiert. In einem zweiten Schritt soll dann die Definition besonderer Begriffe, die innerhalb der Hypermedia-Welt wichtig sind, folgen. Diese basieren auf klassischen Hypermedia-Modellen, wie zum Beispiel Dexter oder HAM, auf die aber erst später, sozusagen als Einleitung zu einer technischen Sichtweise, näher eingegangen werden soll. Die folgenden Abschnitte sind auch ohne vertiefte Kenntnisse solcher Modelle verständlich.

3.1.1 Hyper ...

Schon für die allgemeinen Begriffe Multimedia und Hypermedia gibt es eine unüberschaubare Zahl von Interpretations- und Auslegungsformen. Dies mag nicht zuletzt daran liegen, dass beide Begriffe inflationär benutzt werden und dass sie mittlerweile nahezu allgegenwärtig sind.

Im Jahr 1945 beschrieb Vannevar Bush, wie beliebige Informationen über assoziative Verweise verbunden und somit verwaltet werden können. Auch wenn dies, wie im ersten Kapitel dieses Buchs gezeigt, nicht ganz korrekt ist, so werden die Überlegungen von Bush in der Literatur allgemein als der Grundstein für die Entwicklung von „Hypertext" bezeichnet. Der Begriff „Hypertext" selbst wurde 1965 von Theodore H. Nelson eingeführt. Dessen Ideen wurden knapp 20 Jahre später dann von Tim Berners-Lee aufgegriffen und weiterentwickelt, um darauf aufbauend das „World Wide Web" zu entwickeln und einzuführen [BER92].

Nelson kommt zu dem Schluss, dass Hypertext Wissen zu einem bestimmten Thema in nichtlinearer Form wiedergibt [NEL65, WED65, HUB03]. Dabei bietet vor allem der Aspekt der Nichtlinearität die Möglichkeit, eine auf den

Bedarf des jeweiligen Lesers abgestimmte Teilmenge des vorgehaltenen Wissens abzurufen. Dem Leser ist es also möglich, nur eine Teilmenge der ursprünglich vorhandenen Informationen zu nutzen. Während des Lesens linearisiert er die rezipierten Informationen selbst. Dieser Prozess, der in der folgenden Abbildung 14 dargestellt ist, ist in [HOF10] im Detail beschrieben.

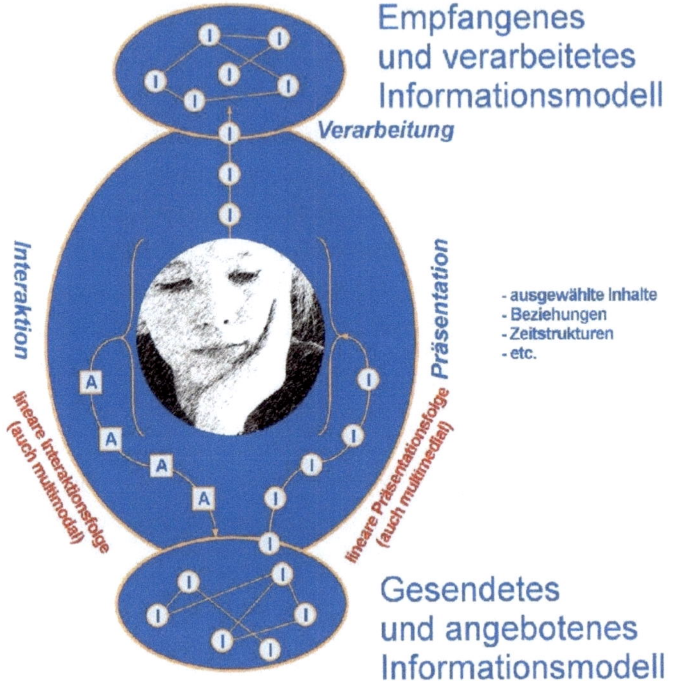

Abb. 14
Auswahl, Verarbeitung und Einbau in das mentale Informationsmodell (Interaktion und Präsentation)

Die technische Entwicklung und die umfassende Verbreitung des Internet haben die Bedeutung des Begriffes „Hypertext“ ebenso wie die des Begriffes „Hypermedia“ weitgehend verändert. Dies bestätigt auch Nelson selbst, indem er sagt, dass der Terminus Hypertext allgemein anerkannt und genutzt wird, um die Verzweigung und Vernetzung eines Textes mit weiteren Texten zu beschreiben [NEL81, NEL92]. Der verwandte und eigentlich übergeordnete Begriff „Hypermedia“ dagegen, der die allgemeine Vernetzung von Texten, Grafiken, Bildern, Filmen, Sound und so weiter beschreibt, wird in diesem Zusammenhang eher nicht genutzt oder durch Ausdrücke wie „interaktives Multimedia“ beschrieben, obwohl solche Ausdrücke sperriger, meistens länger und in der Regel auch ungenauer sind. Hinzu kommt, dass es auch für den Begriff Multimedia, wie es im Folgenden noch dargestellt wird, ebenfalls eine Reihe sich zum Teil widersprechender Definitionen und Auslegungen gibt.

Interessant ist, dass einige Definitionsversuche des Begriffes Hypermedia versuchen, diesen Begriff vom Begriff Hypertext abzuleiten. So sagt die Online-Enzyklopädie Wikipedia, dass Hypermedia oder Hypermedialität eine Spielart von Hypertext unter expliziter Betonung multimedialer Aspekte sei und die Begriffe Hypertext und Hypermedia von den meisten Autoren synonym genutzt würden [WIK12hy]. Letzteres, also die synonyme Nutzung der Begriffe, ist leider nicht zu widerlegen und entstammt der alltäglichen Ungenauigkeit im Umgang mit der sprachlichen Ausdrucksweise. Der erste Teil dieser Beschreibung dagegen ist wesentlich interessanter, da hier versucht wird, aus einem Medientyp heraus, dem Text, alle weiteren Medien in die Definition einzubinden. Wenn auch nicht gänzlich falsch, so erscheint diese Vorgehensweise doch durchaus fragwürdig, da so angedeutet wird, dass Hypertext das grundlegende Hypermedium sei.

In einer Arbeit des Instituts für Multimediale und Interaktive Systeme (IMIS) der Universität zu Lübeck wird dieser nicht ganz korrekte Ansatz besser beschrieben [HOE08]. Hier heißt es, dass „Hypermedien aus verschiedenen Informationseinheiten bestehen, die über Verknüpfungen beliebig vernetzt sein können. Die einzelnen Informationseinheiten können von jedem beliebigen Medientyp sein.“ Diese Herangehensweise ist schon aus dem Grunde der Herangehensweise, wie sie der oben genannte Wikipedia-Beitrag verfolgt, vorzuziehen, weil sie gänzlich ohne eine Festlegung auf einen expliziten Medientypus auskommt.

Die allgemeinen Informationseinheiten sollen auch im vorliegenden Buch Knoten genannt werden und die Verbindung zwischen diesen Knoten sollen als Kanten oder Links bezeichnet werden, wie es auch schon Bush und Nelson taten [BUS45; NEL92]. Kanten, oder allgemeinsprachlich eben Links, sind danach über Anker mit den Knoten verbunden. Diese Konstruktion ermöglicht eine nichtlineare Navigation durch einen (→) Informationsraum, den jeder Benutzer individuell auf seinen eigenen Wegen erforschen kann, oder mit anderen Worten, den jeder Benutzer in sein eigenes mentales Modell individuell einbaut, wie in Abbildung 14 dargestellt.

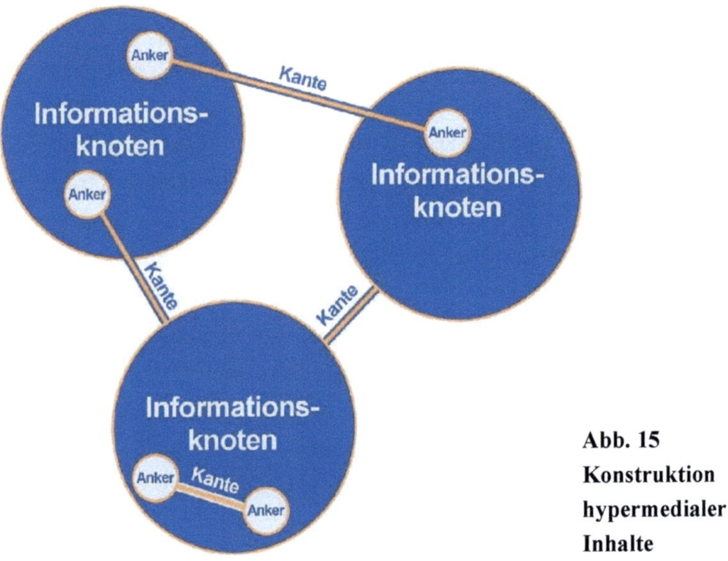

Abb. 15
Konstruktion hypermedialer Inhalte

Hypermedia wird somit also zum Oberbegriff für Medien, die mit einer Struktur untereinander verbunden sind [HER07]. Sollen spezialisierte Formen von Hypermedia beschrieben werden, so wird dazu ein sogenanntes Führungsmedium herangezogen (siehe dazu auch den späteren Abschnitt 3.3.3.1), um zum Beispiel Hypertext, Hypervideo oder Hyperaudio präzise zu benennen.

Dieser konstruktive Aufbau sagt jedoch noch nichts über eine geordnete Strukturierung aus. Vielmehr bleibt er allgemein bei der Vernetzung stehen. Nicht unwichtig, sondern vielmehr von zentraler Bedeutung ist aber der Aspekt, dass die vernetzten Informationen in Form der Knoten untereinander dennoch einer Ordnung folgen müssen. Es sei ausdrücklich betont, dass es von dieser Herangehensweise durchaus Ausnahmen geben kann, die aber an dieser Stelle und auch im weiteren Verlauf dieses Buchs nicht weiter betrachtet werden sollen. Um eine solche Ordnung zu erreichen, müssen für die Kanten als Verbindung zwischen den Informationsknoten beziehungsweise den Ankern Richtungsangaben eingeführt werden:

- So können die Kanten monodirektional sein und nur von einem Anker in Richtung eines anderen Ankers weisen.
- Sind Kanten bidirektional, so weisen sie von einem Anker in Richtung eines anderen Ankers und von diesem wieder zurück in Richtung des Ursprungsankers.
- Nichts spricht dagegen, auch ungerichtete Kanten zuzulassen, die den oben erwähnten Sonderfall erlauben würden.

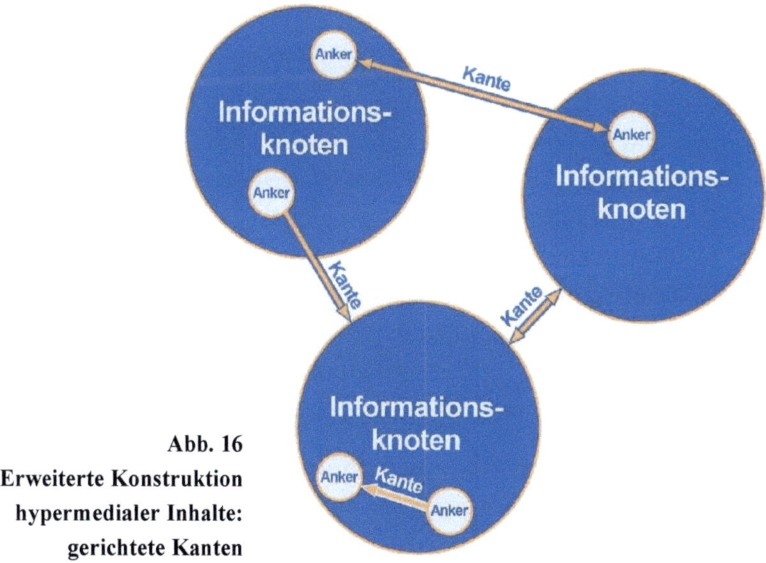

Abb. 16
Erweiterte Konstruktion hypermedialer Inhalte: gerichtete Kanten

Die obige Definitionsweise findet ihren Ursprung in der genaueren Betrachtung der Begrifflichkeiten. Sie beginnt mit der Allgemeinheit „Hypermedia" und spezialisiert sich in den einzelnen Ausprägungen wie „Hypertext" oder

„Hypervideo“, wie dies auch Herczeg beschreibt [HER06]. Viele weitere Autoren folgen dieser Definitionsweise, reichern sie aber an der ein oder anderen Stelle oder aus der ein oder anderen Perspektive heraus an. Drei dieser „Erweiterungen“ sollen daher an dieser Stelle kurz erwähnt werden, bevor der Versuch einer weiteren Definition unternommen wird.

Die erste dieser Erweiterungen findet sich in einer Definition von Zimmermann, die besagt, dass Hypermedia aus elektronischen Dokumenten besteht, die Verbindungen zu anderen themenverwandten Dokumenten beziehungsweise Informationen enthalten. Auch hier wird noch einmal betont, dass Hypermedia neben Hypertext auch Grafiken, Bilder, Audios, Videos und andere Informationsmedien umfasst. [ZIM12] Während die einführenden Definitionen in Bezug auf die Form des Mediums ohne Spezialisierung beziehungsweise Einschränkung auf die adressierten Informationen waren und damit von allgemeiner Art bleiben, so führt die Definition von Zimmermann die Themenbezogenheit ein. Hier wird also der Anwendungsbezug der Information Teil des Hypermedia-Gedankens.

Für die später in diesem Buch benötigte Sichtweise wird an dieser Stelle explizit eine zweite Erweiterung der oben vorgestellten Konstruktion vorgenommen, die in der Literatur ebenso wie in der Anwendungswelt selten berücksichtigt wird. Es handelt sich um die Einführung mehrfacher Verbindungen. Bei dieser Vorstellung wird davon ausgegangen, dass ein Anker nicht nur der Startpunkt für eine Kante sein kann, sondern vielmehr auch der Startpunkt für eine Vielzahl von Kanten, die auf unterschiedliche Anker verweisen. Warum dies in der Regel nicht genutzt und implementiert wird, ist leicht ersichtlich, denn durch diese Art der Strukturierung wird sowohl …

- … die Strukturierung innerhalb des aufgespannten Informationsraumes deutlich komplexer und darüber hinaus …
- … bedeutet dies auch eine wesentliche Vergrößerung der benötigten Funktionen zur Interpretierung der Kanten und zur Präsentation der Informationen.

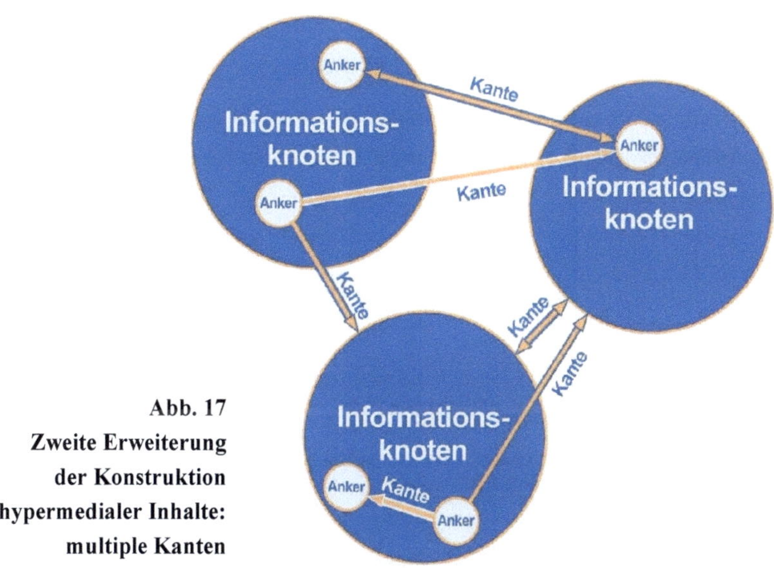

Abb. 17
Zweite Erweiterung der Konstruktion hypermedialer Inhalte: multiple Kanten

Die dritte Erweiterung findet sich ebenfalls unter den zahlreichen Erklärungsversuchen im Internet. Kurz und bündig wird hier Hypermedia, wie zum Beispiel vom Education Highway Oberösterreich zu einem Sammelbegriff für Medien gemacht, „welche mehrere Sinne ansprechen (Text, Bild, Ton, Animation, Video) und Interaktionen zwischen Benutzer und Software zulassen“ [EDU11]. Das Besondere an dieser Beschreibung ist die Verknüpfung von Medien mit den menschlichen Sinnen. Wenngleich dies eventuell inhaltlich diskussionswürdig sein mag, so ist ein anderer Aspekt dieser Beschreibung wiederum bemerkenswert. Als eine von wenigen Definitionen wird hier auch die Interaktion des Benutzers mit dem Inhalt, also der Information, erwähnt. Dies ist aus mehreren Gründen von besonderem Interesse für die Vorgehensweise des vorliegenden Buches, wie an späteren Stellen noch deutlich werden wird. An dieser Stelle sei nur schon einmal der Gedanke ins Spiel gebracht, dass die Vernetzung von Informationen durch Hypermedia auf dem bis hierher verfolgten Weg zwar beschrieben werden kann, aber damit noch nicht wirklich erreicht ist. Die Vernetzung tritt erst dann tatsächlich in Kraft, wenn ein Benutzer die Vernetzung auch nutzt indem er eine Kante aktiviert, also zum Beispiel einen Link anklickt. Ohne Interaktion des Benutzers bleibt die Vernetzung des Hypermediums unvollendet.

Eine möglichst umfassende und im weiteren Verlauf dieses Buches geltende Definition des Begriffes „Hypermedia" sollte in einer Kurzform also folgendermaßen lauten:

Hypermedia ist der Oberbegriff für eine Menge an Informationen zu einem Thema, die in verschiedenen Medientypen vorliegen können und untereinander auf verschiedene Weisen vernetzt sind.

Die ausführlichere Form dagegen ist eigentlich ein Bündel von weiteren Subdefinitionen und lautet daraus abgeleitet so:

Ein Hypermedium ist eine Sammlung von Informationsknoten zu einem Thema. Jeder Informationsknoten kann aus einer oder mehreren Informationen bestehen, die in verschiedenen Medienformen vorliegen können. Diese Informationsknoten sind untereinander durch Kanten vernetzt.

Kanten beginnen und enden mit Ankern innerhalb desselben oder eines anderen Informationsknotens. Sie können gerichtet von einem Anker auf einen anderen Anker deuten oder auch ungerichtet sein.

Anker können an Ausschnitte innerhalb eines Informationsknotens oder an den ganzen Informationsknoten gebunden sein.

Ein Hypermedium, dessen Informationen lediglich in einer Medienform vorliegen oder sich in seiner Repräsentation überwiegend an einer Medienform orientiert, ist ein Spezialfall. Die bedeutendste und bekannteste Spezialisierung ist Hypertext.

3.1.2 Multi...

Die Betrachtungen der obigen Definitionen des Begriffes Hypermedia zeigen eine Auffälligkeit. Dies ist der anscheinend enge Zusammenhang des Begriffes Hypermedia mit einem zweiten Begriff, nämlich dem Begriff

„Multimedia“, der daraus folgend in diesem Kontext ebenfalls näher betrachtet werden muss.

Beide Begriffe sind in der Art und Weise, wie sie im allgemeinen Sprachgebrauch genutzt werden, nahe miteinander verwandt. So sehen einige Anwender Hypermedia als Verknüpfung von Hypertext mit multimedialen Inhalten [KRI05] oder als Oberkategorie mit der wichtigen Spezialisierung Hypertext, wie auch Herczeg es beschreibt [HER06].

Wie Hypermedia, so besteht auch Multimedia nicht nur aus einer Medienform. Dies ist implizit schon durch die Nutzung der Vorsilbe „Multi“ beschrieben. Wie sich Multimedia aber tatsächlich darstellt und was ein Multimedium ist, auch dazu gibt es verschiedene Herangehensweisen.

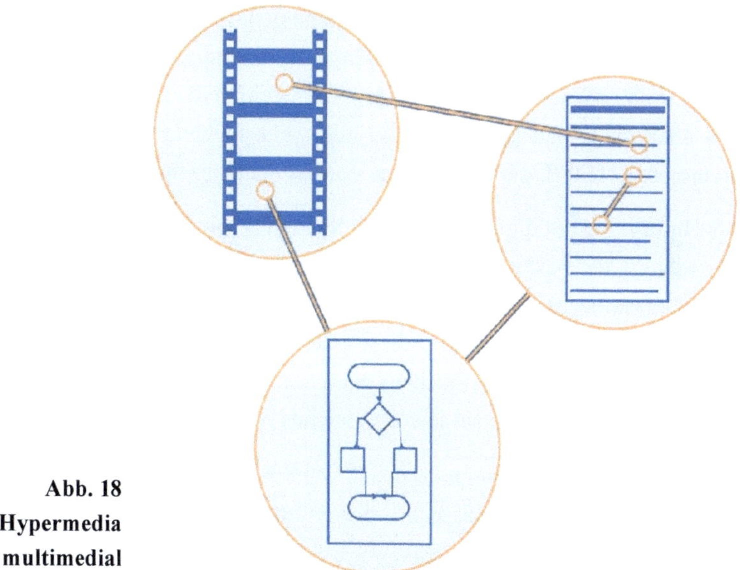

Abb. 18
Hypermedia multimedial

Eine sehr grundlegende Herangehensweise besteht darin zu sagen, dass sogar das klassische „Buch“ ein Multimedium sei, denn schließlich sind in nahezu allen Büchern neben dem eigentlichen Text auch Bilder oder bildhafte Inhalte zu finden. Dieser Definition folgend wäre dann auch ein Film, wie zum Beispiel ein Kinofilm, ein Multimedium, da auch hier in der Regel das Bild nicht alleine steht, sondern von auditiven Zusätzen wie der Sprache oder der Filmmusik begleitet wird.

Diese Herangehensweise ist ausgesprochen radikal, insbesondere da sich Bücher und Filme als eigenständige Medien verstehen lassen und in der Regel auch so aufgefasst werden. Nicht zuletzt gibt es für beide dieser Medien unzählige theoretische Grundlagen und Gestaltungsprinzipien, die diese Sichtweise auch unterstreichen. Nicht ganz so radikal sind Definitionen, die häufig in Internetquellen zu finden sind und die letztlich mehr oder weniger gleichlautend aussagen, dass jegliche Kombination aus Bildern, Videoclips, Texten, Ton und Grafik Multimedia sei [INF06]. Bei genauerer Betrachtung dieser Definitionen lässt sich leicht zunächst mindestens ein Kritikpunkt finden. Dieser besteht darin, dass nur die genannten und keine weiteren Medienformen zur Konstruktion eines Multimediums genutzt werden können. Fairerweise soll hier nicht unerwähnt bleiben, dass zumindest die genannte Quelle, das „InfoWissWiki", seine Definition von Multimedia mittlerweile wesentlich überarbeitet hat [INF12m] und nun weitestgehend der Definition von Steinmetz [STE00], die im weiteren Verlauf noch gezeigt wird, folgt.

Als Hinführung auf die Definition von Steinmetz lohnt sich aber dennoch die Betrachtung der beiden genannten Vertreter der zuerst vorgestellten, radikaleren Definition. Besonders im Hinblick auf die Charakteristika der jeweils einzelnen (→) Submedien sind diese interessant. Sowohl die Einzelmedien Text und Bild im Medium Buch als auch die visuellen und auditiven Anteile im Medium Film weisen ein jeweils gleiches Zeitverhalten auf:

- Text und Bild verändern sich während der Rezeption nicht; sie können als zeitlich stabil, diskret oder statisch bezeichnet werden.
- Bild- und Tonanteile eines Films verändern sich während der Rezeption beziehungsweise während der Präsentation; sie können als zeitlich variabel, kontinuierlich oder dynamisch bezeichnet werden.

Steinmetz, der oben schon kurz erwähnt wurde, greift diese Zeitverhalten auf und berücksichtigt sie in seiner Definition, nach der „ein Multimediasystem [...] durch die rechnergestützte, integrierte Erzeugung, Manipulation, Darstellung, Speicherung und Kommunikation von unabhängigen Informationen gekennzeichnet [ist], die in mindestens einem kontinuierlichen und einem diskreten Medium kodiert sind" [STE00, STE11]. Im Gegensatz zu einem medienbezogenen Definitionsansatz stellt Steinmetz jedoch die Technik in den Mittelpunkt, sodass zu berücksichtigen ist, dass die genannte Definition eher ein Multimediasystem und nicht das Multimedium an sich beschreibt. Allerdings, und das darf nicht vergessen werden, ist zum Beispiel das Medium Film ohne die Technik, die den Inhalt wiedergibt, nicht handhabbar. So ist es also durchaus nicht falsch, Multimedia mit Hilfe der damit verbundenen Technik beschreiben zu wollen. Doch auch Steinmetz ist in seiner Definition ebenso radikal wie die zuerst genannte Definition, denn nach ihm muss ein Multimedium zwingend aus mindestens einem statischen und mindestens einem dynamischen Medium bestehen. Nach dieser Definition wäre ein Film oder Videoclip ebenso wenig Multimedia wie ein Buch.

Beide Definitionsansätze berücksichtigen aber auch den Benutzer als das Ziel, welches das Medium erreichen soll, nicht direkt, denn seine Beteiligung in Form seiner Interaktion wird überhaupt nicht berücksichtigt. Dies aber scheint aus zwei Gründen von Vorteil zu sein:

- Zum einen wird von Seiten des Benutzers mittlerweile geradezu erwartet, dass er zumindest minimalen Einfluss auf ein dynamisches Medium nehmen kann, indem er es zumindest individuell Starten und Stoppen und dazu eventuell auch noch vor- und zurück"spulen" kann.
- Zum anderen entfallen alle individuellen Verknüpfungsbestrebungen, wie sie im Kontext des Definitionsversuchs von Hypermedia erreicht werden wollen.

Darüber hinaus ist ohne eine wie auch immer gestaltete und erlaubte Benutzerinteraktion ein Einfluss des Benutzers auf den Ablauf der Präsentation und damit den Verlauf der „Geschichte", die von dem Multimedium wiedergegeben werden soll, nicht möglich. Dies sowie die Berücksichtigung des Spezialfalles eines einzeln auftretenden Mediums, macht die Definition von „Multimedia" schwierig und umfangreich. Dennoch soll hier nun der Versuch einer umfassenden Definition unternommen werden und dieser lautet dann wie im Folgenden beschrieben:

Multimedia im Sinne einer (medien-) informatischen Anwendung meint die einzelne oder kombinierte Darstellung verschiedener Medien, die sowohl zeitabhängig als auch zeitunabhängig sein können.

Die Darstellung kann eine einzelne Kombination zu einem singulären Zeitpunkt oder eine zeitliche Abfolge solcher Kombinationen in einem kontextbezogenen Rahmen sein.

Multimedia kann die Möglichkeit zur direkten und indirekten Einflussnahme durch einen Benutzer auf die Kombination oder auf den zeitlichen Ablauf der einzelnen Medien beinhalten.

Der Versuch, die Definitionen von Hypermedia und Multimedia zu einer Metadefinition zusammenzuführen, soll an dieser Stelle unterbleiben, da er einerseits im Kontext dieser Reihe zunächst einmal nicht notwendig ist und zudem auch übermäßig kompliziert würde. Vielmehr kann man sich Schulmeister [SCHu07] anschließen, der zu dem Schluss kommt, dass Multimedia und Hypermedia zwei unabhängige Entitäten sind, die sich in einer Schnittmenge berühren.

3.1.3 Inter...

Ein zentraler Aspekt im Versuch, Hypermedia und Multimedia zu definieren, ist also der Begriff der Interaktion. Gemeint ist damit, dass der Benutzer in einer wie auch immer ausgeprägten Weise Einfluss auf die Präsentation des jeweiligen Mediums nehmen kann. Wie diese Interaktion jedoch im Einzelnen genau aussieht, was sie bewirkt oder bewirken soll und wie sie im Detail gestaltet ist, bleibt dabei zunächst einmal ungeklärt.

Eine allgemeingültige Definition des Interaktionsbegriffes gibt es nicht. Jede Fachdisziplin beschreibt den Begriff abgestimmt auf ihre jeweiligen

Ansprüche. Gemein ist allen Herangehensweisen, dass es sich bei Interaktion um eine wechselseitige Beziehung von mindestens zwei technischen oder medialen Systemen oder menschlichen Protagonisten handelt. Insbesondere in der Computertechnik und Informatik stehen Interaktion und Kommunikation eng miteinander in Beziehung, da oftmals auch gesagt werden kann, dass der Benutzer mit dem Computer kommuniziert. [QUI06] Genauer müsste es dann allerdings an dieser Stelle heißen, dass der Benutzer mittels der von einem Computersystem zur Verfügung gestellten Ein- und Ausgabegeräte mit einem Programm, dass auf dem Computersystem ausgeführt wird, kommuniziert:

- Nach einer wie auch immer gearteten Eingabe …
- … erfolgt als Antwort des Programms eine Präsentation des Ergebnisses.

Häufig, wenn nicht sogar meistens, hat die Interaktion mit einem Computer- oder Informationssystem das Ziel, dass ein menschlicher Benutzer aus einer Sammlung von Informationen diejenige Information auswählt, die dem Ziel im aktuellen situativen Kontext des Benutzers am besten entspricht. Ob dem Benutzer dabei der gesamte Umfang und die Struktur der Informationssammlung bekannt sind, spielt, wenn überhaupt, nur eine nebengeordnete Rolle. Folgt man der Beschreibung von Goertz, so lassen sich in der Beschreibung von Interaktion zwischen Benutzer und Medien die Aspekte Selektion und Modifikation unterscheiden: [GOE95]

- Der Benutzer selektiert das, was ihn interessiert: er wählt also aus. Dies passt sowohl zur Definition von Multimedia als auch von Hypermedia, wie sie im vorangegangenen Kapitel erfolgten.
- Der Benutzer modifiziert das, was ihn interessiert und was ihm gefällt oder nicht. Dies erweitert die Definitionen des vorangegangenen Kapitels in Richtung des Web2.0- oder Social-Media-Gedankens.

Wird aus der Definition von Multimedia aus dem vorangegangenen Kapitel im Besonderen der Aspekt aufgegriffen, dass multimediale Informationen auch in ihrem Präsentationsablauf beeinflusst werden können, so verläuft die Abfolge der Präsentation nicht mehr nach einem vorgegebenen Schema. Vielmehr kann der Betrachter dieses Schema beeinflussen und individuell in die Darstellung eingreifen. Diese Beeinflussung einer Präsentation geschieht nach Fluckiger in vier Anpassungsgraden [FLU96]:

1. Der Benutzer kann die Zeit des Präsentationsbeginns auswählen.
2. Er wählt die Reihenfolge, in der er die ihm relevant erscheinenden Informationsknoten besucht, aus.
3. Er entscheidet über die Geschwindigkeit, in der die ausgewählten Informationsknoten und ihre Inhalte angezeigt werden.
4. Schließlich beeinflusst er die Form der Darstellung der Informationsknoten, soweit das System dies zulässt.

Je stärker die Ausprägung dieser Anpassungsgrade, desto höher ist der Grad der Interaktivität. Mit Interaktivität wird hier also die Fähigkeit eines Systems oder eines Mediums bezeichnet, dem Benutzer Einflussmöglichkeiten auf die Nutzung und bei der Rezeption der erreichbaren Informationen zu gewähren [PLA06].

Live ausgestrahlte Rundfunksendungen oder Fernsehprogramme sind Beispiele für passive Präsentationen. Zwar kann der Zuschauer beeinflussen, wann er dem ausgestrahlten Programm seine Aufmerksamkeit widmet, indem er den Sender auswählt oder das Empfangs- beziehungsweise Wiedergabegerät einschaltet, aber er kann weder den Zeitpunkt des Beginns der Rundfunk- oder Fernsehsendung noch einen der anderen Anpassungsgrade beeinflussen. Auch Spielfilme, die der Benutzer von Speichermedien wie DVD, (→) Blu-Ray oder ähnlichem abspielt, weisen nicht alle genannten Anpassungsgrade auf. Hier wird zwar der Präsentationsbeginn durch den Benutzer beeinflusst, und auch die vorgegebene Linearität des Inhalts kann durch eine freie Wahl der Szenen oder Kapitel aufgebrochen werden, jedoch bleibt sowohl die Geschwindigkeit, in der die ausgewählten Informationsknoten angezeigt werden als auch die Form der Darstellung der Informationsknoten unveränderlich.

Ein weiteres technisches Merkmal zur Unterstützung von Interaktivität, insbesondere in Bezug auf Medien, ist das Vorhandensein eines Rückkanals vom Benutzer zum Anbieter. Ein Massenmedium ohne Antwortmöglichkeit, wie es beispielsweise das Fernsehen ist, sendet lediglich Informationen aus. Eine Einflussnahme oder ein mehr oder weniger gleichberechtigter Informationsaustausch sind auf diesem Wege nicht möglich.

Plag und Riempp führen in diesem Zusammenhang die sogenannte Mikro- und Makrointeraktivität ein [PLA06]:

- Mikrointeraktivität beschreibt dabei die Veränderbarkeit eines Mediums in den Anpassungsgraden Geschwindigkeit und Form, wobei sich Plag und Riempp insbesondere auf die Betrachtung des Mediums Video konzentrieren:
    - Durch die Einflussnahme auf zeitliche Parameter lässt sich das Video beschleunigen oder verlangsamen.
    - Durch die Einflussnahme auf räumliche Parameter lassen sich die räumliche Perspektive oder der Zoom ändern.
    - Auch Hyperlinks innerhalb eines Mediums ermöglichen nach Plag und Riempp Mikrointeraktivität, unabhängig davon, ob sie zur Navigation oder zum Zugriff auf Zusatzinformationen gedacht sind.
- Makrointeraktivität hingegen beschreibt Steuerungsmöglichkeiten, die eine Videosequenz als Ganzes ansprechen, ohne ihre Darbietungseigenschaften zu verändern. Dazu zählt zum Beispiel die Beeinflussung, zu welchem Zeitpunkt ein Video betrachtet wird oder die Reihenfolge, in der mehrere Videos betrachtet werden.

Der Versuch einer Definition von Interaktivität für den folgenden Rahmen dieses Buches könnte so also lauten:

Interaktivität im Umfeld von Multimedia und Hypermedia meint die Möglichkeit zur Einflussnahme des Benutzers auf Beginn und Ende, zeitlichen Ablauf sowie auf die räumliche, zeitliche und formale Darstellungsweise der Präsentation eines Hyper- und/ oder Multimediums.

Interaktivität, wie auch immer sie dann letztendlich definiert wird und ob sie obiger Definition folgt oder nicht, bedeutet stets auch eine (→) Aktivierung des Benutzers. Im Bereich der Videospiele und insbesondere der Spielekonsolen wird dieser Begriff damit gleichgesetzt, dass der Spieler das Spiel nicht nur mittels eines Controllers manipuliert. Vielmehr muss der Spieler seinen Körper als Eingabegerät benutzen und mit Gesten und Körperbewegungen das Spiel steuern. Körperliche Passivität nutzt dem Spieler so also nichts. Soweit soll die Interaktivität im Rahmen der hier vorliegenden Betrachtung nicht gehen. Die körperliche Aktivierung im Sinne der Spiele soll hier nicht weiter berücksichtigt werden. Vielmehr soll der Fokus der Betrachtung der Interaktivität auf dem Umgang des Benutzers mit dem Inhalt beziehungsweise dem Medium belassen werden, egal ob es ein Multi- oder Hypermedium ist. Dennoch hat auch eine solche Betrachtung eine Aktivierung des Benutzers zur Folge. Damit stellt sich letztlich die Frage, ob es neben der Interaktivität nicht auch eine Interpassivität geben müsste.

Wird der Fokus auf die Betrachtung der derzeit wohl noch vorherrschenden Situation während der Rezeption von Medien gelegt, so gibt es zwar ganz deutlich den interaktiven Mediennutzer, der sich dazu meist in der sogenannten Lean-Forward-Situation vor dem Computer, wie in Abb. 20 dargestellt, befindet, da er hier den besten Zugang zum Internet und dem WWW als „dem“ interaktiven Medium findet. Andererseits gibt es derzeit aber noch in der Mehrzahl den Benutzer, der die sogenannte Lean-Back-Situation aus Abb. 19 sucht und ein Medium zur Unterhaltung oder Information rezipiert. Letzterer will möglicherweise gar nicht interaktiv und womöglich erst recht nicht aktiv werden.

Hier sollte die Möglichkeit einer selbstgewählten Passivität des Benutzers und damit einer Interpassivität zwischen Benutzer und Medium angedacht werden. In Umkehrung der Definition der Interaktivität kann die Definition also lauten:

Interpassivität im Umfeld von Multimedia und Hypermedia meint die Möglichkeit zur Rezeption eines Hyper- und/ oder Multimediums ohne aktive Eingriffe des Benutzers.

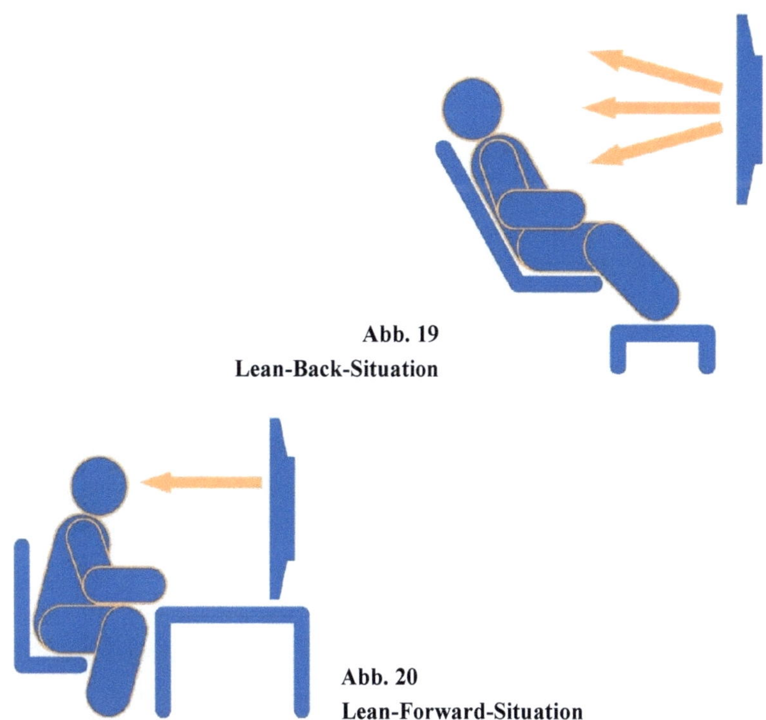

Abb. 19
Lean-Back-Situation

Abb. 20
Lean-Forward-Situation

3.1.4 Führung und Führungsmedium

Einer der Kernpunkte, an denen sich die oben vorgeschlagenen Definitionen von Hypermedia, Multimedia und Interaktivität berühren, ist die Navigation des Benutzers durch den von den Medien aufgespannten Informationsraum. Letztlich gibt erst die Interaktivität dem Benutzer die Möglichkeit, sich in diesem Raum mit Hilfe der Hyper- und Multimedien zu bewegen. Das Ziel dieser Bewegung ist die zielgerichtete Rezeption des Inhalts dieses

Informationsraums durch den Benutzer. Dies greift die Darstellung in Abbildung 14 wieder auf.

Je größer ein solcher Informationsraum ist, desto schwerer fällt es, sich in ihm zurecht zu finden. Dies kann so weit gehen, das ein sogenannter Lost-in-Hyperspace-Effekt eintritt. Damit ist nach Conklin ein Zustand gemeint, in dem der Benutzer die Orientierung in einem vernetzten Informationsangebot verloren hat. [CON87] Diesen Zustand beschreibt Conklin mittels der Fragen:

- „Woher komme ich?“
- „Wohin gehe ich?“
- „Was habe ich bereits gelesen?“
- „Habe ich alles gelesen?“

Diese Fragen sind beim Buch als Beispiel für ein klassisches Medium leicht zu beantworten. In der unübersichtlichen Vernetztheit von Hypermedia hingegen werden diese Fragen zu einer komplexen Herausforderung für den Benutzer. [UOL01] Die sich daraus entwickelnde Unsicherheit kann sich lähmend auf die Benutzung des Informationsangebots auswirken und schließlich sogar im Abbruch der Benutzung münden.

Conklin bezog sich bei seiner Beschreibung dieses Effekts noch auf den mehr oder weniger reinen Hypertext. Mittlerweile wurden verschiedenste Theorien und Hilfsstrategien entwickelt, um dem Lost-in-Hyperspace im Hypertext entgegenzuwirken. Diese prägen sich sowohl in passiven Navigations- und Übersichtshilfen wie Sitemaps, Glossaren, Inhaltsangaben aus als auch in aktiven Formen der Adaption, Vor-Selektion, Rankings oder Filtern. Weitaus komplexer wird diese Problematik jedoch dann, wenn der hypermediale Spezialfall Hypertext verlassen wird und die Navigation und Orientierung in einem medial gemischten Hypermedium stattfinden soll. In diesem Fall entfällt die Möglichkeit für den Benutzer, sich an einer einzigen Medienform und deren individuellen Charakteristika zu orientieren. Ein Text bleibt ein Text, auch wenn er durch hypermediale Werkzeuge vernetzt wird. Der Benutzer, in dem Fall der Leser, beginnt die Rezeption des Textes stets an dessen Beginn oder einer anderen Stelle, die durch die Vernetzung angesprungen wird und folgt von dort aus linear dem Textverlauf. Allein das sowie aber auch das weitere Charakteristikum, dass nämlich der Text ein zeitlich statisches Medium ist, gibt dem Benutzer das Gefühl der Sicherheit, nichts zu verpassen, weil er sicher sein kann, dass sowohl …

- … zeitlich als auch …
- … räumlich …

… keine Veränderung der Präsentation außerhalb seines Rezeptionsfokus stattfindet.

Auch die Rückverfolgung der eigenen Spur durch das Informationsnetz ist problemlos möglich. Der Benutzer wird also sozusagen mit Hilfe des Textes durch die Information geführt. Weitere und andere Medien sind lediglich in den Text eingebettet und von diesem nur in Form einer Sackgasse zu erreichen:

- Ein Verweis aus dem Text führt zu einem Bild.
- Der einzige nutzbare Verweis von diesem Bild führt zurück an die zuvor verlassene Stelle des Textes.

Eine Verbesserung oder Optimierung dieses Verhaltens, wie auch immer so etwas aussehen könnte, wäre nicht medieninhärent zu erreichen, sondern nur auf dem Wege, dass eine technische Funktion in die darstellende Anwendung beziehungsweise in das darstellende Gerät integriert würde. Im Vorgriff sei an dieser Stelle dazu schon einmal auf den Abschnitt „Dynamisches Hypermedia“ verwiesen, wo auf dieses Thema noch einmal vertieft eingegangen wird.

Das Ziel eines hypermedialen Informationsangebotes beziehungsweise das Ziel von dessen Autor muss es sein, dass der Benutzer in dem Angebot die Orientierung nicht verliert, um das wie auch immer geartete Ziel des Benutzers nicht in Frage zu stellen. [RUE03] Dazu kann ein Navigations- oder Führungsmedium ein Hilfsmittel sein.

Als Führungsmedium im Umfeld von Multimedia und Hypermedia soll das Medium bezeichnet werden, an dem der Benutzer sich auf seinem Weg durch die vernetzten Informationen orientieren kann und die durch den Ablauf der Präsentation führt. In dieses Medium sind alle anderen Medien eingebettet. Diese führen aber stets zu dem Führungsmedium zurück.

Vereinfacht kann an dieser Stelle also zunächst einmal gesagt werden, dass bei Hypertext das Führungsmedium der Text ist, bei Hypervideo ist es Video, usw.

3.1.5 Bestandteile

Im Abschnitt 3.1.1 wurde die Vernetzung noch eher theoretisch beschrieben. Dort wurde sie durch die Begriffe Knoten, Kanten und Anker allgemein definiert. In der alltäglichen Benutzungswelt des Internet sind diese Begriffe allerdings eher untypisch. Hier taucht vor allem der Begriff „Link" auf. Jedoch ist dieser Begriff, wie so viele andere auch, durch die oftmals schnelle und unbedarfte oder gar unüberlegte Benutzung, unscharf. Auch Schulmeister trägt mit seiner Definition, nach der Objekte in Hypermedia untereinander als Knoten durch Anker und Kanten beziehungsweise nodes durch link anchors und links vernetzt sind, nicht unbedingt zu einer wesentlichen Schärfung des begrifflichen Chaos bei. [SCHu07]

Ganz allgemein und eher umgangssprachlich interpretiert kann gesagt werden, dass ein Link eine Stelle in einem Hypermedium ist, die der Benutzer aktiviert. Dies geschieht in der Regel durch einen Klick mit der Maus oder mittlerweile durch die Berührung mit dem Finger, während der Mauszeiger oder Finger über der Stelle des Links platziert ist oder durch eine andere, ähnliche Zeigegeste. Um den Link also entdecken und benutzen zu können, erscheint es sinnvoll, dass dieser sich von den nicht aktivierbaren Stellen und Inhalten des Mediums unterscheidet und er hervorgehoben dargestellt wird.

Im Verständnis der meisten „normalen" Benutzer ist ein Link, insbesondere ein Textlink, allerdings sowohl …

- … der Verweis in Form der Beschreibung, wohin der Verweis zielt, als auch …
- … dessen visuelle Ausprägung, die darauf hinweist, dass der Verweis an dieser Stelle erreichbar ist.

Eine Trennung dieser beiden Aspekte wird an dieser Stelle vom Leser als Benutzer in der Regel nicht vorgenommen und sie muss auch nicht unbedingt als notwendig für den Leser betrachtet werden. Allerdings wird diese Trennung auch oftmals durch den oder die Hypermedia-Autoren nicht beachtet. Schließlich kümmern sich ja die Browser, insbesondere die derzeit aktuellen Hypertext-Browser, um die Darstellung der Verweise. Der Autor muss nicht an die visuelle oder sonstige Hervorhebung des Verweises und seiner Anker denken. Wenn er dennoch daran denkt, hat er alle gestalterischen Möglichkeiten. Unterlässt er es aber, so werden die Verweise in einer voreingestellten Form, in der Regel in der rohen Form oft unterstrichen und in blauer Farbe, vom jeweiligen Browser in den umgebenden Text eingefügt. Die Position der Anker des Verweises ergibt sich durch die Position im Text von selbst, die Gestaltung wird von der Textumgebung übernommen, indem zum Beispiel der gleiche Font verwendet wird.

Dies soll als Ansatz für die Definition des Links dienen, die im Kontext dieses Buches folgendermaßen lauten soll:

Ein Link im Umfeld von Hypermedia ist der Sammelbegriff für die Kante eines Verweises zwischen zwei oder mehreren Informationsknoten und den zugehörigen Ankern.

Die Darstellung des Links in einem Hypermedium übernimmt in der Regel der Browser, indem er Voreinstellungen nutzt, um den Link hervorzuheben. Autoren haben darüber hinaus die Möglichkeit, die Darstellung des Links manuell zu beeinflussen.

Im statischen Hypermedium Text reicht diese Definition des Links aus. Dazu trägt vor allem bei, dass die Darstellung der Links hier sowohl technisch im Browser als auch gestalterisch und programmiertechnisch durch den Standard der Beschreibungssprache (→) HTML unterstützt wird, wobei die

Gestaltung durch Erweiterungen wie CSS manuell vom Autor beeinflusst werden kann. [CSS02]

Die Grenze dieser Definition und ihrer technischen Umsetzung wird allerdings schon dann erreicht, wenn Links in Bilder eingebettet werden sollen. Hier kümmert sich der Browser in der Regel nicht um die Hervorhebung eines Links in dem Bild, obwohl die Möglichkeit, Verweise in Bilder zu integrieren, im HTML-Standard durch die sogenannten Imagemaps durchaus vorgesehen sind. Diese Thematik wird später im Abschnitt „Hyperimage" noch vertieft.

Vollständig überschritten wird die Grenze dieser Definition dann, wenn Links nicht in zeitlich statische Medien wie Texte, sondern in zeitlich dynamische Medien, wie zum Beispiel Video, eingebracht werden sollen. Hier fehlt jegliche Unterstützung durch Technik in Form von Browsern oder anderen Anwendungen oder durch Standards, da diese sich mit Hypervideo und ähnlichen Hypermediaformen in der Regel nicht auseinandersetzen. Zudem fehlt auch die Unterstützung durch Werkzeuge zur Gestaltung ebenso wie auch standardisierte Beschreibungssprachen. Die besondere Problematik wird leicht deutlich, wenn die Verhaltenscharakteristika des Mediums betrachtet wird.

In einem Video bewegen sich Objekte auf der Präsentationsfläche, in der Regel dem Bildschirm, tauchen auf und verlassen die Präsentationsfläche. Hier ist eine automatische Einbettung von Links durch den Browser nicht trivial. Aus diesem Grund erscheint eine Erweiterung der Definition des Links hier sinnvoll. Um eine sprachliche Verwirrung zu vermeiden, soll ein solcher Link dann, zumindest für den Kontext dieses Buches, Hotspot heißen, auch wenn dieser Begriff im Bereich der Vernetzung in der IT/ Informatik schon anderweitig belegt ist:

Ein Hotspot im Umfeld von Hypermedia ist ein Link, dessen Beschreibung durch explizite zusätzliche Informationen erweitert wird.

Zu diesen zusätzlichen Informationen zählen

- **die räumliche Position des Startankers des Links auf der Präsentationsfläche des Hypermediums,**
- **die Form des Startankers des Links auf der Präsentationsfläche des Hypermediums,**
- **die Farbe des Startankers des Links auf der Präsentationsfläche des Hypermediums,**
- **das Verhalten des Startankers des Links in Bezug auf die Veränderung von Position, Form und Farbe während der Zeit seiner Präsentation und**
- **die Lebensdauer des Startankers des Links als Beschreibung der Zeit beginnend mit dem Erscheinen des Startankers auf der Präsentationsfläche bis zum Ausblenden des Startankers von der Präsentationsfläche.**

Links und Hotspots sind Elemente, die für die Unterstützung der Interaktion des Benutzers definiert sind. Er muss diese aktivieren, um dem zugehörigen Verweis zu folgen. Dies ist für die Vernetzung statischer Hypermedien ausreichend, da der Benutzer bei diesen Medien nicht die Erwartungshaltung hat, dass sich das Medium beziehungsweise dessen präsentierter Inhalt selbsttätig ändert. Auch wenn Technik und Standards durchaus die Möglichkeit zur automatischen Weiterleitung zwischen Informationsknoten anbieten, so werden diese Möglichkeiten in der Regel äußerst selten (seriös) genutzt. Für die Fortsetzung der Präsentation ist also die Benutzerinteraktion üblicherweise zwingend notwendig.

Dies ändert sich wiederum dann, wenn dynamische Medien als Hypermedien genutzt werden. Der Benutzer erwartet hier implizit, dass sich der präsentierte Inhalt des Mediums ändert. Spätestens am Ende des Mediums, zum Beispiel am Ende eines Videoclips, stellt sich die Frage nach dem weiteren Ablauf der Präsentation dann aber doch:

- Stoppt der Videoclip lediglich und muss der Benutzer durch seine Interaktion den weiteren Ablauf der Präsentation anstoßen, oder …
- … wird automatisch ein thematisch passender weiterer Videoclip gestartet, ohne dass eine Benutzerinteraktion notwendig ist.

Hier spielt sicherlich auch die Erwartungshaltung des Benutzers eine Rolle. So etwas wie ein Interaktionsbruch, der bewusst in Anlehnung an den Begriff Medienbruch so gewählt wird, sollte wohl vermieden werden. War bis zum aktuellen Zeitpunkt während der Präsentation keine Benutzerinteraktion notwendig, sollte auch weiterhin keine solche notwendig werden. Dies wäre übrigens gleichzusetzen mit einem Sprung zwischen Interpassivität und Interaktivität.

Damit ein solches automatisches Anstoßen der Präsentation durch den Autor beschrieben werden kann, muss ein entsprechendes Werkzeug eingeführt werden, welches eine interaktionslose Weiterleitung beschreibt. Dies soll im Kontext dieses Buches das Label sein.

Ein Label im Umfeld von Hypermedia ist eine Marke, die einen Verweis in einem dynamischen Medium beschreibt, dem die Präsentation ohne explizite Interaktion eines Benutzers folgt.

Ein Label besteht aus der Beschreibung eines Zeitpunkts und einem Verweis. Wird während der Präsentation des dynamischen Mediums dieser Zeitpunkt erreicht, so folgt der Browser automatisch dem Verweis.

Ein Label hat keine darstellbaren visuellen oder auditiven Eigenschaften.

3.2 Hypertext- und Hypermedia-Modelle

Unabhängig davon, wann der Beginn der Entwicklung von Hypermedia gesetzt wird, kommen alle Ansätze zur Realisierung aus dem wissenschaftlichen Umfeld. Sowohl Bush als auch Engelbart oder Berners-Lee waren bei der Entwicklung der Idee, Dokumente oder Informationen zu vernetzen, und bei der praktischen Umsetzung getrieben davon, Werkzeuge zu schaffen, die eben durch diese Verknüpfung und Vernetzung von Informationen die Wissensarbeit erleichtern und verbessern sollten. Wahrscheinlich ist es diesem Umstand zu verdanken, dass schon sehr früh auch theoretische Betrachtungen erfolgten, wie …

- … sich die Vernetzung von Informationen auf die Wissensarbeit und auch auf die Möglichkeiten zur Archivierung neuen Wissens auswirkt als auch …
- … wie solche Systeme mit technischen Mitteln entwickelt werden können.

Als prominente Beispiele dazu sollen in den folgenden Abschnitten verschiedene Modelle ein wenig näher betrachtet werden, die trotz ihres mittlerweile anscheinend recht hohen Alters immer noch von grundlegender Relevanz in der Hypermediatheorie sind.

3.2.1 Die Hypertext Abstract Machine

Die oben beschriebene Grundstruktur von Hypermedien im Allgemeinen und von Hypertexten im Ppeziellen aus Informationsknoten und verknüpfenden, strukturgebenden Kanten ist durchaus als simpel zu bezeichnen. [KUH04] Dennoch eignet sich auch diese Beschreibung schon dazu, um auch komplexe Strukturen aufzubauen und abzubilden.

Neben Diskussionen betreffs der Typisierung von Links, wie auch die oben vorgestellte konstruktive Sichtweise eine ist, führten auch Diskussionen zur inhaltlichen Betrachtung und der Handhabung der Inhalte, wie sie in diesem Buch in den folgenden Teilen ebenfalls aufgegriffen werden sollen, zu Problemen. Sowohl ein Vergleich von Hypertextsystemen ebenso wie ein Vergleich systemunabhängiger, aber benötigter Funktionalitäten, erwies sich als schwierig bis unmöglich, weil eben keine grundlegende Betrachtungsweise als Basis herangezogen werden konnte. Erst die theoretische Betrachtung, die Campbell und Goodman 1988 mit ihrer Hypertext Abstract Machine begannen, versprach hier Abhilfe. [CAM88]

Das Modell beginnt mit einer Datenbank- bzw. einer Dateisystemebene als Fundament des Hypertextsystems. Auf dieser Ebene werden die den Informationsraum aufspannenden Dateien und Daten gespeichert und für den Zugriff vorgehalten. Über die inhaltlichen Informationen hinaus werden auf dieser Ebene auch weitere systemrelevante Daten, wie Zugriffsrechte, Typisierungen und so weiter, gespeichert.

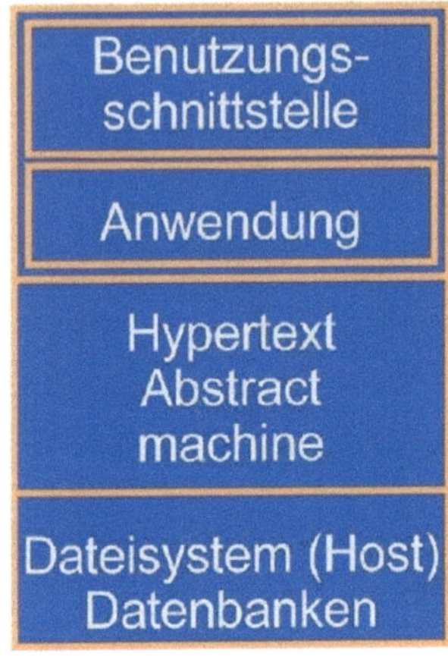

Abb. 21
Modell der
Hypertext Abstract Machine

Den Kern des Modells stellt die mittlere Ebene dar, auf der die eigentliche Hypertext Abstract Machine angesiedelt ist. Ihre Aufgabe besteht darin, die auf der unteren Ebene gespeicherten Daten mit Links zu erweitern, zu kombinieren und zu verbinden und so die eigentliche hypermediale, genauer die hypertextuelle, Struktur zu schaffen. Auf dieser Ebene werden die in der unteren Ebene gespeicherten Daten nicht mehr als Daten, sondern als Knoten bezeichnet. Diese spezifiziert das HAM-Modell nicht weiter aus, so dass es den Implementierungen obliegt, welche Präsentationscharakteristik ein Knoten aufweist. So sind Implementierungen einer HAM mit Knoten denkbar, die fix positioniert auf dem Bildschirm dargestellt werden, ebenso wie solche Implementierungen, bei denen die Position und Größe der Darstellung eines Knoten dynamisch veränderlich sind und sich an Situation, Kontext oder Gerät anpassen.

Die oberste Ebene wird durch die Präsentationsebene gebildet, welche die Benutzungsschnittstelle der HAM ist. Hier werden die in der HAM strukturierten und mit Links angereicherten Daten dargestellt und die Interaktion des Benutzers interpretiert. Auch hier erfolgt die Spezifizierung des Modells nur sehr knapp und lässt den Implementierungen die Wahl, wie komplex die Interaktion sein darf und wie tief diese interpretiert werden soll. So ist auch hier eine große Bandbreite an Implementierungen möglich, beginnend mit solchen, die lediglich auf die direkte Aktivierung eines Links reagieren bis hin zu solchen, die ein adaptives Verhalten der Präsentation ermöglichen.

3.2.2 Dexter-Hypertext-Referenzmodell

Noch bevor Tim Berners-Lee seine ersten Überlegungen, auf denen das heutige World Wide Web immer noch weitestgehend basieren, veröffentlichte, trafen sich mehrere Entwickler und Gestalter von Hypertextsystemen unter der Leitung von John Legget und Janet Walker, die federführend am Entwurf des „Symbolics Document Examiner“ (siehe Abbildung 22), eines frühen Hypertextsystems, beteiligt waren, zu einem Workshop. Ziel war die Entwicklung einer einheitlichen Terminologie und eines einheitlichen Modells als Grundlage für neu zu entwickelnde Hypertextlösungen. Um das gemeinschaftliche Vorgehen zu unterstreichen entschloss sich die Gruppe, die Ergebnisse des Workshops nicht unter dem Namen einer der anwesenden Personen zu veröffentlichen. Vielmehr wählte die Gruppe den Namen „Dexter Hypertext Referenz Modell“ nach dem Ort, an dem der Workshop stattfand, nämlich dem Hotel Dexter Inn in Sunapee in New Hampshire.

Ein Auslöser zu diesem Workshop war die sich deutlich unterscheidende und uneinheitliche Architektur der zu dieser Zeit verfügbaren Hypertextsysteme. So konnte das häufig als Beispiel für ein frühes Hypertextsystem genannte HyperCard von Apple die darzustellenden Informationen nur innerhalb einer festen Bildgröße darstellen während andere Systeme diese Einschränkung nicht aufwiesen. Diese und weitere Unterschiede werden im Dexter Hypertext Referenz Modell aufgegriffen und in einer abstrakten Architektur verallgemeinert.

Das von Halasz und Schwartz beschriebene Dexter Hypertext Referenz Modell [HAL90; HAL94] verfolgt eine Betrachtung in drei Schichten, sogenannten Layern:

- dem Storage Layer,
- dem Within-Component Layer und
- dem Run-Time Layer,

die voneinander getrennt bleiben und über festgelegte Schnittstellen kommunizieren.

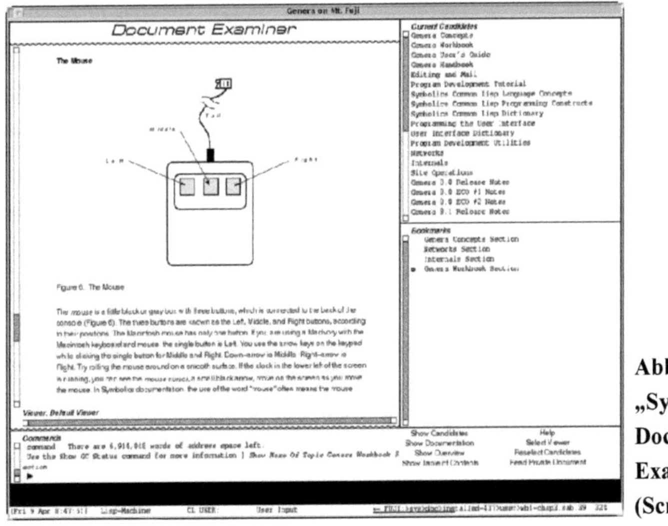

Abb. 22 „Symbolics Document Examiner“ (Screenshot)

Wie auch die Hypertext Abstract Machine beginnt das Dexter Hypertext Referenz Modell mit der Beschreibung des Datenmodells und bezeichnet diese Ebene als den Storage Layer. Zur Datenbeschreibung werden Eigenschaften berücksichtigt, die über das eigentliche einzelne Datum hinausgehen und Attribute und Darstellungseigenschaften beschreiben. Hierbei handelt es sich um abstrakte Beschreibungsobjekte, die eine eigene Architektur ausbilden. Die Verbindungen zwischen einzelnen Daten werden als Links bezeichnet. So wird ein Netz aus Komponenten beschrieben, das jedoch noch statisch ist und somit für Hypermedia eigentlich zu unflexibel.

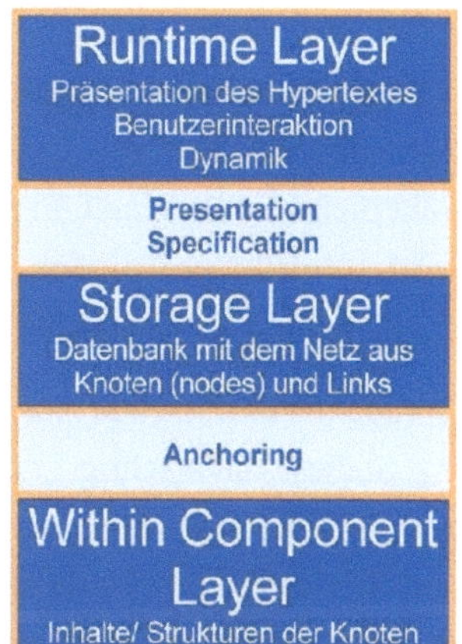

Abb. 23
Schnittstellen (Interfaces) im Dexter Modell

Der Within-Component geht über den Inhalt des einzelnen Datums hinaus und beschreibt die Struktur der Datenobjekte. Hier wird festgelegt, welche Medientypen im Kontext des Informationsraums vorkommen dürfen und wie diese verwendet werden. Da die Anzahl und die Typen der verschiedenen Medien nicht vorhersagbar ist und da deren Eigenschaften oftmals vom Präsentationssystem abhängen, betrachten die Autoren des Dexter- Modells dies nicht weiter, sondern verweisen auf spezielle Modelle zur Erstellung solcher Objekt- und Datenstrukturen.

Der Run-Time Layer erweitert darüber hinaus das Datenmodell des Storage Layers um Aspekte der

- zeitlichen Eigenschaften und Abhängigkeiten,
- Präsentation der Daten und
- Möglichkeiten zur Interaktion.

Dabei werden jedoch ausschließlich die Basisfunktionalitäten zum Präsentieren und Editieren eines Hypertextes berücksichtigt. Da das Dexter Modell ein allgemeingültiges Modell sein soll, wurde auf die detaillierte Beschreibung spezieller Funktionalitäten verzichtet.

Die Kommunikation zwischen den Layern wird in den beiden Schnittstellen-Layern Anchoring sowie Presentation Specification beschrieben. Auch wenn die Dateneinheiten im Modell selbst nur auf abstrakter Ebene beschrieben werden, so sieht das Modell eine Aktivierung der einzelnen Dateneinheiten über die Definition von Links im Anchoring ausdrücklich vor. Ebenso abstrakt bleibt die Presentation Specification. Da auch diese nicht ausspezifiziert wird, werden hier lediglich rudimentäre Eigenschaften wie der Zeichensatz, die Farbe und Zeichengröße beschrieben.

Gerade die umfassende Abstraktion des Dexter Hypertext Referenz Modells macht dieses so mächtig. Durch das Außer-Acht-lassen spezieller Präsentations- und Interaktionsmöglichkeiten und die Konzentration auf die Datenbasis und die Verlinkung ist dieses Modell auch heute noch von hoher Relevanz und immer noch ausgesprochen gut als Grundlage für die Modellierung aktueller Hypermediasysteme geeignet. Hier wird bewusst der Terminus Hypermedia anstelle von Hypertext genutzt, da der hohe Abstraktionsgrad dieses Modells auch für eine generalisierte Betrachtung geeignet ist.

3.2.3 Das Amsterdam Hypermedia Model

Wenngleich das im vorigen Abschnitt näher betrachtete Dexter-Modell durch seinen schon herausgestellten hohen Abstraktionsgrad nicht nur für Hypertext geeignet ist, sondern sich auch auf jeden hypermedialen Typ anwenden lässt, mangelt es diesem Modell an einem besonderen Aspekt, der insbesondere für eine Kombination von Hypermedia mit Multimedia zwingend ist. Gemeint ist damit das zeitliche Medienverhalten und die Abhängigkeit von der Benutzerinteraktion. [BOL98]

- So kann Hypertext als eine Struktur aus Knoten angesehen werden, innerhalb der sich der Benutzer mit Hilfe von Links bewegen kann. Diese Bewegung ist unabhängig von jedem zeitlichen Aspekt und somit auch nicht zeitlich getrieben. Vielmehr findet die Bewegung bzw. Veränderung nur dann statt, wenn der Benutzer diese explizit durch eine Interaktion anstößt.
- Multimedia hat hingegen, wie in Abschnitt 3.1.2 gezeigt, zwingend ein zeitliches Eigenverhalten. Multimedia ohne dieses Eigenverhalten kann es nach dieser Definition zwar durchaus

geben, stellt aber einen Sonderfall dar. Das zeitliche Eigenverhalten hat zur Folge, dass die Präsentation des Mediums sich auch ohne explizite Interaktion eines Benutzers verändern kann.

In dem im folgenden vorgestellten Modell wird nun Hypermedia als eine Kombination aus Multimedia und Hypertext angesehen. Die Knoten, aus denen auch in diesem Modell der Informationsraum aufgespannt wird, sind multimedial und zudem mittels Links untereinander verbunden. Es handelt sich also um eine Netzwerkstruktur, die zeitliche Aspekte einbindet. Dadurch kombinieren sich die Navigation durch Interaktion mit dem medieninhärenten zeitlichen Antrieb aus den Multimedien.

Um diese Kombination von zeitlichen und interaktiven Charakteristika zu kombinieren und modellhaft zu beschreiben, entwickelten Lynda Hardman, Dick Bulterman und Guido van Rossum 1994 das Amsterdam Hypermedia Model (AHM). Dieses erweitert das Dexter Model um zeitliche und kontextuelle Anteile und beschreibt so erstmals explizit Hypermedia anstelle von Hypertext.

Zwar kann heutzutage durchaus gesagt werden, dass der Ansatz der „Timeline“, die das AHM einführt, in vielen Aspekten hinter den Möglichkeiten aktueller Multimediasysteme zurückbleibt. Dennoch ist dieses Modell so stark, dass es an dieser Stelle näher vorgestellt werden muss.

Das Modell baut auf dem Dexter-Modell auf und erweitert dieses um zwei Mechanismen zur Behandlung des zeitlichen Verhaltens:

- die sogenannte Collection gruppiert Medienkomponenten,
- die Synchronization beschreibt die zeitliche Abhängigkeit zwischen diesen Komponenten.

Dieses Vorgehen allein löst die Probleme, die sich aus der Kombination von zeitlicher Eigendynamik und Beeinflussung durch benutzergetriebene Interaktion ergeben, noch nicht. Um dies zu erreichen, berücksichtigt das AHM verschiedene weitere, strukturelle Ansätze:

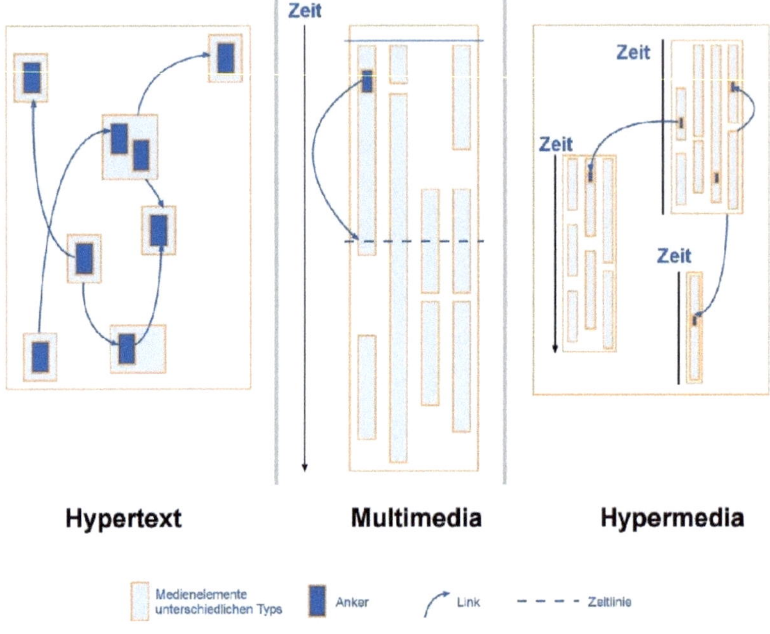

Abb. 24
Hypertext, Multimedia und Hypermedia im AHM (1)

- Alle Daten einer Komponente werden in der Hidden Structure vereint. Durch die Zusammenführung und kombinierte Behandlung der Inhalte einer Komponente ergibt sich eine interne Synchronisation, womit das Problem der Synchronisation umgangen werden soll. Als Beispiel wird hier oftmals der Medientyp Video genannt, der sowohl bewegte Bilder und als auch Ton beinhaltet. Diese sind untrennbar miteinander verbunden. Die Synchronisierung kann hier also entfallen. Allerdings birgt diese Betrachtungsweise den Nachteil, dass die Medien einer Komponente nicht einzeln genutzt werden können.

- Für die getrennte Behandlung der Inhalte wird in der Regel die Separate Structure betrachtet. Hierin ist es möglich, die Medienobjekte einzeln zu nutzen. Voraussetzung dafür ist jedoch das Vorhandensein eines Links zu jeder Komponente. Die eigentliche Synchronisierung übernimmt das Laufzeitsystem der Hypermedia Engine.

- Das AHM kombiniert nun diese beiden Ansätze und setzt auf eine sogenannte Composite Structure. Bei diesem Ansatz werden alle Medienobjekte, die nicht einzeln angesprochen werden müssen, in einer Gruppe zusammengefasst. Der Vorteil ist eine Verringerung des Synchronisationsaufwandes.

Die Berücksichtigung der Synchronisation in der Modellbetrachtung erfordert die wesentlichste Erweiterung des Dexter-Modells:

- Atomare Komponenten werden mit einem Attribut für die Zeitdauer der Präsentation versehen.
- Kompositionen enthalten keine eigenen Daten, sondern dienen als Container für atomare Komponenten. Zwei Wege der Synchronisation können hier verfolgt werden. Der eine Weg führt über eine gemeinsame Startzeit, die an die Komponenten gesandt wird. Eine genauere Synchronisierung auch während der Laufzeit ist, wenngleich wesentlich komplexer, so doch möglich. Dazu führt das AHM Synchronization Arcs ein, die die Komponenten untereinander versenden können. Diese Synchronization Arcs enthalten den Zeitpunkt und eine optionale Abweichung, in der sich die Synchronisation zwischen den Komponenten bewegen darf. Empfängt eine Zielkomponente einen solchen Synchronization Arc, so muss sie sich selbst überprüfen und gegebenenfalls ihre Zeit der empfangenen Zeit aus dem Synchronization Arc angleichen. Bei der Aufstellung des AHM wurde darauf verzichtet zu berücksichtigen, dass auch das Laufzeitsystem einen Synchronisierungstakt vorgeben könnte.

Implizit wird bei dieser Konzeption und Implementierung von Hypermediasystemen davon ausgegangen, dass die Aktivierung eines Links zwei Dinge auslöst:

1. Das Löschen der bisher aktuellen Inhalte und

2. die Präsentation der durch die Aktivierung des Links in den Aktualitätsfokus gerückten neuen Inhalte.

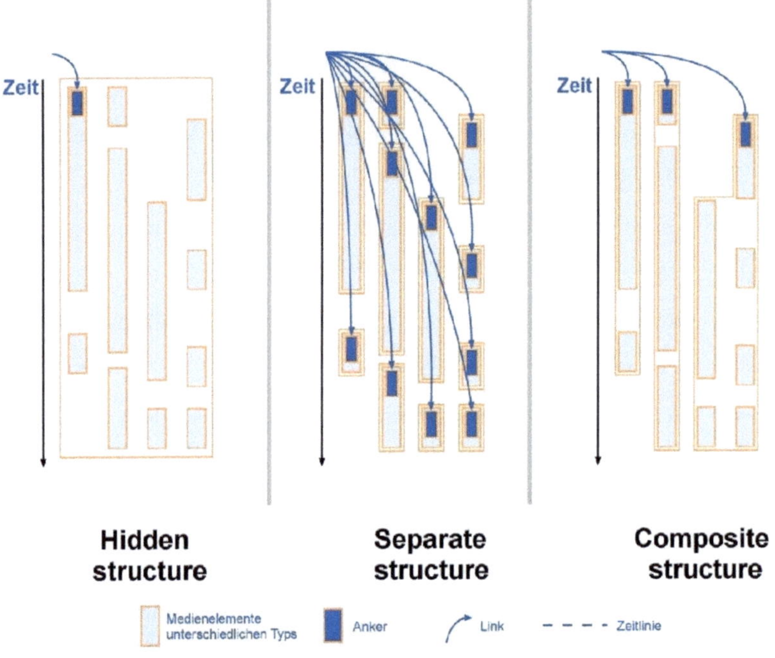

Abb. 25
Hypertext, Multimedia und Hypermedia im AHM (2)

Weil für den Benutzer vor allem der zweite Punkt wichtig ist und der erste Punkt nicht wirklich relevant, wird ebendieser auch von den Entwicklern von Hypermediasystemen häufig vernachlässigt. Allerdings stellt die gleichzeitige Sichtbarkeit mehrerer Komponenten für ein Hypermediasystem eine zwingende Notwendigkeit dar. Auf dieses Problemfeld wird im späteren Kapitel „Gestalt und Gestaltung“ noch näher eingegangen werden.

Das Amsterdam Hypermedia Model berücksichtigt dieses Problemfeld ebenfalls und führt zu dessen Lösung einen sogenannten Linkkontext ein. Dieser beschreibt, wie sich die Präsentation verhalten soll, wenn der Benutzer einen Link aktiviert. Dazu beschreibt die Komponente, von der der aktivierte Link ausgeht, wie sich die Inhalte des Zielknoten bei ihrer Präsentation darstellen sollen. Solche beschreibenden Informationen können zum Beispiel sein,

- ob dynamische Medien stoppen oder weiterlaufen sollen,
- ob Medien ersetzt werden sollen,
- ob bestimmte Darstellungsbereiche gelöscht werden sollen

und so weiter. Die zentrale Neuerung, die das AHM einführte, bestand also in der Möglichkeit, die Präsentation weitaus dynamischer gestalten zu können als mit den Vorläufermodellen.

Diesen Ansatz rundet das AHM durch die Erweiterung der Präsentationsspezifikationen des Dexter Hypertext Referenz Modells um zusätzliche globale Attribute ab. Auch das Dexter-Modell ermöglichte es schon, jeder Komponente eigene Präsentationsattribute mitzugeben. Ohne Berücksichtigung blieben dabei jedoch globale Attribute wie die individuelle Anpassung der Systemlautstärke oder der Standardschriftart. Da der Benutzer solche Einstellungen in der Regel nicht für jede Komponente einzeln vornehmen möchte, muss das System ihn gerade an dieser Stelle unterstützen. Dazu definiert das AHM abstrakte Ausgabegeräte als Channels, die jede auszugebende Komponente durchlaufen muss. Ein solches Ausgabegerät kann zum Beispiel ein „Textchannel" sein, der durch Attribute wie Textart, Textauszeichnung, Textfarbe und so weiter beschrieben wird. Durchläuft ein Text diesen Textchannel, so werden dem Text automatisch alle festgelegten Attribute des Channels bei der Präsentation zugewiesen.

3.3 Ausprägungen

Das Multimedia und Hypermedia in ihren Eigenschaften und Ausprägungen eine große Schnittmenge aufweisen, zeigen sowohl die Definitionsversuche in den Abschnitten 3.1.1 und 3.1.2 als auch das AHM-Model aus dem vorigen Abschnitt. Diese Schnittmenge ergibt sich durch die Berücksichtigung der Benutzerinteraktivität und der Kombination verschiedener Medienformen innerhalb einer Präsentation oder Anwendung. Wenngleich auch im vorliegenden Buch der Versuch unterlassen wurde, die beiden einzelnen Definitionen zu einer allgemeinen Meta-Definition zusammen zu führen, so soll an dieser Stelle dennoch versucht werden, einen der Kernaspekte der Definition von Multimedia mit der Definition von Hypermedia zu verknüpfen.

Nach der in Abschnitt 3.1.2 aufgestellten Definition besteht Multimedia aus medialen Anteilen, die

- zeitunabhängig, also statisch,
- zeitabhängig, also dynamisch, und darüber hinaus
- durch Interaktion oder andere Faktoren veränderlich

sein können. Diese explizite Berücksichtigung von Charakteristika fehlt zwar in der aufgestellten Definition von Hypermedia, ist aber letztlich über den Umweg, dass die Informationsknoten Medien verschiedener Form beinhalten können, doch ebenfalls erkennbar und implizit berücksichtigt.

Dies bietet die Möglichkeit, dass auch Hypermedia an Hand der medienimmanenten Verhaltenscharakteristika unterschieden werden kann:

- statisches Hypermedia, wie zum Beispiel Hypertext,
- dynamisches Hypermedia, wie zum Beispiel Hypervideo,
- kombiniertes Hypermedia mit Anteilen aus statischem und dynamischen Hypermedia, sowie
- „intelligentes“ Hypermedia als solches Hypermedia, dass auf den Benutzer reagieren kann.

Das dies nicht nur möglich, sondern vielmehr notwendig und sinnvoll ist, soll in den folgenden Abschnitten bei der detaillierten Betrachtung der verschiedenen hypermedialen Ausprägungen verdeutlicht werden.

3.3.1 Statisches Hypermedia

Medien können entsprechend ihres zeitlichen Verhaltens während der Präsentation in sich zeitlich verändernde, also dynamische, oder sich zeitlich nicht verändernde, also statische, Medien unterschieden werden. Würde diese Unterscheidung eins-zu-eins auch für Hypermedia übernommen, so würde dies heißen, dass sich während der Präsentation der dargestellte Teil eines Hypermediums ebenfalls nicht ändert. Damit aber wäre eine Integration von dynamischen Medien in ein Hypermedium nicht möglich. Eine Seite bestehend aus Hypertext, die einen Videoclip als Teil ihres Inhaltes präsentiert, wäre so also nicht als statisches Hypermedia zu betrachten, obwohl es eine Benutzerinteraktion, die mehr verfolgt als nur die Steuerung des Videoclips, nicht gibt. Zielführender ist deshalb die Berücksichtigung des Führungsmediums und dessen Verhalten. Auf diesem Wege kann dann gesagt werden:

Statisches Hypermedia ist eine solche Ausprägung von Hypermedia, deren Führungsmedium sich während des Zeitraums der Präsentation nicht ohne die explizite Interaktion eines Benutzers ändert.

Mit dieser Definition bleibt es zum Beispiel möglich, Hypertext auch dann als statisches Hypermedia zu betrachten, wenn ein Informationsknoten neben den Textanteilen zum Beispiel auch Videoclips oder Animationen enthält.

Bekannteste Vertreter statischer Hypermedien sind entsprechend den „klassischen" Medienformen …

- … Hypertext und …
- … Hyperimage.

3.3.1.1 Hypertext

Die bekannteste und am weitesten verbreitete hypermediale Form ist der Hypertext. Der überwiegende Teil des Inhalts des World Wide Web wird durch HTML, die Hypertext Markup Language, beschrieben. Wenn auch Erweiterungen wie Cascading Style Sheets (CSS) oder der Einsatz von programmierbaren Elementen mit Hilfe von (→) JavaScript oder anderen Programmiersprachen eine Dynamisierung der Inhalte zumindest zum Teil erlauben und ermöglichen, so übernimmt der Inhalt doch vor allem die Verhaltenscharakteristika des Mediums Text, der wiedreum statisch ist.

In einem Hypertext können Teile des gesamten Textes wie Kapitel, Absätze, Sätze oder Worte als Start- und Zielanker zur Verlinkung definiert werden. Die Verbindung von HTML und CSS strebt die Trennung von Inhalt und Gestalt an. So soll die Strukturierung des Inhaltes durch die Nutzung von Gliederungsebenen innerhalb des HTML-Dokumentes erfolgen, so wie es auch in der (elektronischen) Textverarbeitung üblich ist. Zu jeder Gliederungsebene sollen die jeweiligen Inhalte eingefügt sein. Wie die Gliederungsstruktur und die Inhalte aussehen, soll idealerweise innerhalb des HTML-Dokuments nicht beeinflusst werden. Diese Informationen werden in einer separaten CSS-Datei vorgehalten. In dieser kann sowohl Einfluss auf die visuelle Gestaltung der Inhaltselemente als auch auf deren Anordnung genommen werden. Diese Trennung von Inhalt und Gestalt hat in mehrfacher Weise Vorteile:

- So kann mit wenig Aufwand eine komplette Umgestaltung der Präsentation erfolgen, ohne die Inhalte und deren Struktur verändern zu müssen.
- Der aktuelle Stand der Technik und Standardisierung ermöglicht eine teilweise Dynamisierung der Inhalte. So lassen sich beispielsweise Teile des Inhaltes verbergen, wenn ihre Darstellung nicht explizit vom Benutzer angefordert wird, obwohl sie Teil des HTML-Dokumentes sind.
- Die Auslagerung aller Gestaltungselemente erleichtert es Hilfsprogrammen wie zum Beispiel (→) Screenreadern, die relevanten Inhalte barrierefrei zu präsentieren. Die in älteren Versionen von HTML übliche Vorgehensweise, dass Elemente wie Tabellen, die teilweise verschachtelt wurden, oder (→) Frames und (→) iFrames zur Gruppierung oder Anordnung missbraucht wurden, ist somit mittlerweile überflüssig.

Das folgende Beispiel soll die die veraltete Verschmelzung von Inhalt und Gestalt durch die Nutzung von HTML mit integriertem CSS bzw. mit integrierten Stilangaben darstellen:

```
<html>
  <head>
    <!-- Meta-Angaben -->
  </head>
  <body>
    <table width="100%">
      <tr bgcolor="#400040">
        <td>
        <p style="font-family: Arial; font-size: 8px;
        color: #cccccc">
          Kopfzeile
        </p>
      </td>
    </tr>
    <tr bgcolor="#F0F000">
      <td>
        <table width="75%">
          <thead>
            <tr colspan="2">
              <th>
                Gliederungsstufe 1
              </th>
            </tr>
          </thead>
          <tbody>
            <tr>
              <td width="75%">
                <p style="font-family:Arial;
                font-size: 8px; color: #ffffff">
                  Lorem Ipsum<br>etc.
                </p>
              </td>
              <td width="75%">
                <p style="font-family:Arial; font-size: 8px;
                color: #ffffff">
                  <img src="bild01.png" />
                </p>
              </td>
            </tr>
          </tbody>
        </table>
      </td>
```

```
    </tr>
    <tr bgcolor="#400040">
      <td>
        <p style="font-family: Arial; font-size: 8px;
        color: #cccccc">
          Fusszeile
        </p>
      </td>
    </tr>
    </table>
  </body>
</html>
```

Abb. 26
Darstellung im Browser

Im Gegensatz zur obigen „Spaghetti-Form“, sähe dasselbe Beispiel in „sauberer“ Codierung dagegen wie unten dargestellt aus.

Dort wird das Prinzip der Trennung von Inhalt und Gestalt verfolgt, wie es auch später in Abschnitt 6.4 noch einmal aufgegriffen werden soll. In diesem Abschnitt hier erfolgt allerdings eine Beschränkung auf die Nutzung von HTML und CSS, die wie üblich in separaten Dateien gehalten werden sollen. Die Darstellung im Browser unterscheidet sich dabei nicht von der, die Abbildung 26 zeigt.

Die HTML-Datei für den Inhalt kann sich dabei so oder ähnlich darstellen:

```
<html>
  <head>
    <!-- Meta-Angaben -->
  </head>
  <body>
    <div id="kopfzeile">
      Kopfzeile
    </div>
    <div id="Stufe1">
      <h1>Gliederungsstufe 1</h1>
      <div id="Stufe1Text">
        Lorem Ipsum<br>etc.
      </div>
      <div id="Stufe1Bild">
        <img src="bild_01.png" />
      </div>
    </div>
    <div id="fusszeile">
      Fusszeile
    </div>
  </body>
</html>
```

Die CSS-Datei für die Gestaltung bzw. für die Darstellung könnte dann so oder ähnlich aussehen:

```
body {
  width, height: 100%;
  margin, padding: 0;
  color: #cccccc;
  background-color: #400040;
  text-align: center;
  font-family: Arial; }
```

```
#kopfzeile {
  color: #400040;
  background-color: # cccccc;
  position: relative;
  font-family: Arial;
  font-size: 8pt;
  width: 75%; }
#fusszeile {
  color: #400040;
  background-color: # cccccc;
  position: relative;
  font-size: 8pt;
  width: 75%; }
#Stufe1 {
  float: left;
  width: 25%;
  color: #ffffff;
  font-size: 12pt;
  background-color: #800080; }
  #Stufe1Text { }
  #Stufe1Bild { }
```

Ein Aspekt fällt bei beiden oben aufgeführten Wegen der Beschreibung und Gestaltung eines Hypertextdokumentes unter den Tisch. Dies ist die Integration der für die Vernetzung der Inhalte notwendigen Links.

Ein Prinzip sei an dieser Stelle deutlich erwähnt: bei allen in diesem Buch gezeigten Source-Code-Beispielen gilt TIMTOWDI – there is more than one way to do it. Das Aussehen von Source-Code hängt von vielen Faktoren ab. Einer ist der Programmierer und dessen Vorlieben und Arbeitsweisen selbst. Sicherlich kann der (erfahrene) Programmierer alle Ziele auch mit weniger Zeilen oder auf anderen Wegen erreichen. Die gegebenen Beispiele sollen daher stets nur die zugrunde liegenden Prinzipien zeigen.

Unabhängig davon, ob Gestaltungsangaben unmittelbar durch die Integration von CSS-Angaben in die HTML-Datei oder mittelbar durch die Trennung in separate Dateien in den textuellen Inhalt eingebracht werden, so müssen die Angaben zu den Links doch stets in den Inhalt selbst eingebracht werden, was dem aktuellen Standard folgend so aussieht:

```
Lorem <a href="ipsum.html>Ipsum</a> dolor
```

Der gesamte Eintrag zwischen `<a ...>` und `</a>` ist laut der Definition in Abschnitt 3.1.1 der Anker für den Beginn der Kante des Links. Der Zielanker wird danach durch die darin enthaltene Angabe `href = "ipsum.html"` beschrieben. Die Position des Startankers ist somit stets fester Bestandteil des Inhaltes des Hypertextdokuments und wird durch eine Umgestaltung von dessen Präsentation nicht berührt. Da sich der Inhalt, egal wie lange er auf der Präsentationsfläche dargestellt wird, zu keinem Zeitpunkt ändert, ändert sich auch die Position des Ankers relativ zum umgebenden Text nicht. Verändert sich die Position des Textes zum Beispiel durch das Scrollen des Benutzers, so wandert der Anker mit dem Text mit. Die Darstellung dieses Ankers obliegt dem vom Benutzer verwendeten (→) Browser. Dieser kann dazu auf Standardeinstellungen zurückgreifen, zum Beispiel die Verwendung einer blauen Schriftfarbe und die Unterstreichung des Textes. Soweit der Autor es nicht explizit durch einen Eingriff in die Gestaltungsdefinition vorsieht, wird jeder Link also hervorgehoben und ist für den Benutzer ohne Schwierigkeiten erkennbar. Auch diese Hervorhebung kann innerhalb der HTML-Datei, also verschmolzen mit dem textuellen Inhalt, oder in der separaten CSS-Datei beeinflusst werden:

```
a:link{
  text-decoration:none;
  font-weight:bold;
  color:#e00000; }
a:visited{
  text-decoration:none;
  font-weight:bold;
  color:#800000; }
a:hover{
  text-decoration:none;
  font-weight:bold;
  background-color:#ff0; }
a:active{
  text-decoration:none;
  font-weight:bold;
  background-color:#cff; }
a:focus{
```

```
text-decoration:none;
font-weight:bold;
background-color:#080; }
```

Die aktuellen Standards unterstützen dabei auch ein gewisses dynamisches Verhalten bei der Darstellung des Startankers des Links durch den Browser. So können schon genutzte Links anders dargestellt werden als solche, denen der Benutzer noch nicht folgte oder sie können besonders hervorgehoben werden, wenn zum Beispiel der Mauszeiger über dem Anker positioniert wird.

Auf dem Weg vom Link zum Hotspot, Teil I: Eigenschaften von Hypertext-Links	
Position des Startankers:	Die unveränderliche Position ergibt sich durch die Definition eines Textstückes als Startanker zwischen der HTML-Auszeichnung `<a>` … `</a>` im Hypertext.
Veränderung der Position des Startankers:	Keine zeitliche Änderung während der Darstellung des Hypertextes.
Aussehen des Startankers:	Automatisch durch die Standardeinstellungen des jeweiligen Browsers. Manuell durch Nutzung von Gestaltungselementen wie CSS durch den Autor.
Veränderung des Aussehens des Startankers:	Standardmäßig keine Änderung der Darstellung des Startankers im Browser. Standardmäßig Änderung des Mauszeigers beim Überfahren des Startankers durch den Browser. Manuelle Änderung des Aussehens des Startankers durch Nutzung von Gestaltungselementen wie CSS durch den Autor.

Position des Zielankers:	Innerhalb der HTML Auszeichnung `<a>` … `</a>` des Startankers, in der Regel durch den Parameter `href`.
Aussehen des Zielankers:	Keine standardisierte Darstellung definiert. Manche Browser unterstützen Tooltips. Manche Anwendungen zeigen Vorschaubilder.

3.3.1.2 Hyperimage

Wie in den Abbildungen 15, 16 und 17 in Abschnitt 3.1.1 etc. gezeigt, wird der Hypermediagedanke mittlerweile so interpretiert, dass nicht nur ganze Dokumente untereinander verlinkt sind, sondern dass vielmehr besonders definierte Stellen innerhalb eines Dokuments mit anderen besonders definierten Stellen in demselben oder einem anderen Dokument verlinkt werden können. Im Hypertext sind diese Stellen leicht durch die Position von textuellen Kapiteln wie Absätzen, Sätzen oder einzelnen Worten zu beschreiben. Hier ist also die Position des Ankers, unabhängig ob Start- oder Zielanker, unmittelbar mit der Semantik des Inhalts verbunden. Anders ist dies bei solchen Hypermedien, deren Basis ein Bild darstellt. Auch wenn die Bezeichnung dafür nicht alltäglich und weitverbreitet ist, sollen diese im weiteren Verlauf als Hyperimage bezeichnet werden.

In einem Hyperimage können Regionen innerhalb des Bildes als Start- und Zielanker zur Verlinkung definiert werden. Diese Definition erfolgt in der Regel durch die Angabe der Position und des Umrisses der Region.

Wie beim Hypertext ist auch beim Hyperimage das zeitliche Verhalten ein statisches. Unabhängig davon, wie lange das Hyperimage präsentiert wird, verändert es sich nicht. Es wäre falsch zu sagen, dass sich das Hyperimage verändert, wenn der Benutzer eine Interaktion zum Beispiel durch die Aktivierung eines Links vornimmt. Vielmehr wird das Hyperimage gegebenenfalls auf der Präsentationsfläche verschoben, möglicherweise in seiner Größe verändert oder durch ein anderes Hyperimage ersetzt.

Das Analogon zu textuellen Kapiteln, die im Hypertext als Anker der Links dienen, sind im Hyperimage visuelle Abschnitte. Damit sind Objekte gemeint, die im Bild gezeigt werden und die der Startanker eines Links aus dem Hyperimage heraus sind. Diese Objekte können sowohl tatsächlich sichtbare, semantische Objekte sein als auch solche, die das Bild oder Teile davon auf einer abstrakten Ebene, einer sogenannten Meta-Ebene, beschreiben, wie es in späteren Teilen dieses Buches für den Fall der Hypervideos noch näher erläutert werden soll.

Auch wenn die Beschreibung des Typus Hyperimage bis hierher sehr theoretisch klingt, so existiert er in der aktuellen Anwendungswelt durchaus schon, auch wenn er eher selten genutzt wird. Die wohl bekannteste Implementierung von Hyperimage ist die Imagemap, wie sie im HTML-Standard beschrieben wird:

```
<img src="voegel.jpg" border="0" usemap="#Voegel">
  <map name="Voegel">
    <area
     shape="circle"
     coords="375,65,25"
     href="www.zoo.de" >
  </map>
```

Im obigen Beispiel wird zunächst ein Bild als Teil des HTML-Dokumentes eingefügt. In dem einfügenden `img`-(→) Tag wird mit dem Parameter `usemap` auf eine sogenannte Imagemap referenziert. Diese Imagemap ist eine Liste von Beschreibungen von Bereichen im Bild, die als Anker von Links aus dem Bild heraus definiert werden sollen. Die folgende Abbildung 27 zeigt, wie der obige beispielhafte HTML-Code in den derzeit üblichen Browsern dargestellt wird.

Während die Position des Startankers im Hypertext durch die Position innerhalb des Textes festgelegt ist, wird beim Hyperimage die Angabe der Position vom Inhalt, also hier dem Bild, getrennt. Dazu wird in der Bereichsbeschreibung `area` zunächst mittels der `shape`-Angabe die Form und dann mittels des `coord`-Parameters deren Position innerhalb des Bildes festgelegt. Die `href`-Angabe beschreibt, wie auch beim Hypertextlink, den Zielanker des Links.

Abb. 27
Na, wo ist der Link?
Ah, hier ist der Link!

Anders als im Hypertext kümmern sich Browser üblicherweise nicht um die direkte Darstellung der Anker in einem Hyperimage. Dies erfolgt in der Regel lediglich indirekt, wie es in Abbildung 27 ebenfalls gezeigt wird. Der Bereich des Bildes, der verweissensitiv sein soll, ist für den Benutzer zunächst nicht offensichtlich zu erkennen. Erst wenn der Benutzer den Mauszeiger über den verweissensitiven Bereich bewegt, wird der Link durch die Änderung des Mauszeigers erkennbar. Unterstrichen werden kann dies durch einen erscheinenden erklärenden Tooltip, den der Autor vorsehen kann. Für den Benutzer bedeutet dies, dass er …

- … zunächst das Bild als Hyperimage mit verweissensitiven Bereichen erkennen und dass er …
- … dann diese verweissensitiven Bereiche in dem Bild suchen und finden muss.

Für den Autor bedeutet dies auf der anderen Seite, dass er dem Benutzer entweder einen Hinweis in einer Bildunterschrift oder einem begleitenden Text auf die hypermediale Charakteristik des Bildes geben muss oder indem er diese Charakteristik auf anderem, möglichst intuitivem Wege anzeigt. Die naheliegendste Möglichkeit für den Autor besteht darin, dass er den Bereich selbst im Bild zum Beispiel durch einen eingezeichneten Rahmen hervorhebt. Hier allerdings könnte ihm dann derzeit wiederum die Technik im Wege stehen, wie am folgenden HTML-Code gezeigt werden soll:

```
<img src="voegel.jpg" border="0" alt="voegel"
 usemap="#Voegel" width="100%">
  <map name="Voegel">
    <area
     shape="circle"
     coords="375,65,25"
     href="www.zoo.de" >
  </map>
```

Die einzige offensichtliche Änderung besteht im Einfügen der Angabe `width`. In der im Beispiel gezeigten Form wird das Bild immer in der ganzen nutzbaren Breite des Browserfensters dargestellt. Wird das Browserfenster vergrößert oder verkleinert, so ändert sich auch die Größe des Bildes innerhalb des Fensters. Die Imagemap allerdings, auf die im `img`-Tag referenziert wird, bleibt davon unberührt. Der verweissensitive Bereich bleibt daher auch mit seiner Form und Größe an den festgelegten Koordinaten. Diese sind jedoch absolut und beziehen sich stets auf den linken oberen Eckpunkt des Bildes. Bei einer Größenänderung des Bildes verschiebt oder verformt sich das abgebildete Objekt, das der Startanker sein sollte, innerhalb des Bildes jedoch und verändert so seinen Bezug zum verweissensitiven Bereich. Insbesondere für die folgende Abbildung 28 soll hier klargestellt sein, dass im obigen HTML-Code ein Kreis als verweissensitive Fläche beschrieben wird, während in der Abbildung allerdings eine Kontur als Freiform gezeigt wird. Der beschriebene Effekt ist allerdings der gleiche.

In diesem Zusammenhang muss natürlich das derzeit so oft benutzte Schlagwort „Responsive Webdesign“ genannt werden, denn moderner Anwendungsgestaltung, die oftmals eine automatische Anpassung der Darstellung der Inhalte an die Präsentationsumgebung und deren Größe vorsehen, steht dieses Verhalten im Wege.

Abb. 28
Bild in Original- und in veränderter Größe ohne Anpassung der Imagemap

Auf dem Weg vom Link zum Hotspot, Teil II: Eigenschaften von Hyperimage-Links	
Position des Startankers:	Die Position ergibt sich durch die Definition von Bereichen in einer zusätzlich zum Bild zu definierenden Imagemap. Die definierte Position wird absolut zur linken oberen Ecke des Bildes beschrieben
Veränderung der Position des Startankers:	Die Definition der Position ist absolut und verändert sich bei einer Änderung der Darstellungsgröße des Bildes nicht. Keine zeitliche Änderung während der Darstellung des Hyperimages.
Aussehen des Startankers:	Keine direkte automatische Darstellung durch den Browser. Indirekte Darstellung durch Änderung des Mauszeigers und optionaler Nutzung von Tooltips beim Überfahren des verweissensitiven Bereichs mit dem (Maus-) Cursor.
Veränderung des Aussehens des Startankers:	Standardmäßig keine Änderung der Darstellung des Startankers durch den Browser. Standardmäßig Änderung des Mauszeigers beim Überfahren des Startankers durch den Browser.
Position des Zielankers:	Keine standardisierte Darstellung definiert.

Aussehen des Zielankers:	Keine standardisierte Darstellung definiert. Manche Browser unterstützen Tooltips. Manche Anwendungen zeigen Vorschaubilder.

3.3.2 Dynamisches Hypermedia

Statische Hypermedien werden in ihrer Darstellung, wie im vorangegangenen Kapitel beschrieben, erst dann verändert, wenn der Benutzer explizit eine Veränderung vornimmt. Eine selbsttätige Änderung ist diesen Hypermedien nicht zu eigen. In der Regel erfolgt eine Änderung durch die Aktivierung eines Links, jedoch kann es in den aktuellen, sogenannten Web2.0- oder Social-Media-Anwendungen auch weit darüber hinausgehen, indem zum Beispiel Inhalte bearbeitet, neu angelegt oder gelöscht werden. Doch auch dieses Verhalten ist stets interaktionsgetrieben und geht stets vom Benutzer aus.

Im Gegensatz dazu stehen solche Medien, bei denen sich während ihrer Präsentation der dargestellte Inhalt ändert, ohne dass der Benutzer das Medium explizit dazu aufrufen muss. Somit kann in Anlehnung an die Definition des vorigen Kapitels gesagt werden:

Dynamisches Hypermedia ist eine solche Ausprägung von Hypermedia, deren Führungsmedium sich während des Zeitraums der Präsentation auch ohne die explizite Interaktion eines Benutzers ändert.

Auch an dieser Stelle soll wiederum den klassischen Medienformen gefolgt werden und so können als die bekanntesten Vertreter dynamischer Hypermedien

- Hypervideo und
- Hyperaudio

angesehen werden. Darüber hinaus könnten zum Beispiel ebenso Animationen mit integrierten Verlinkungen berücksichtigt werden, die im weiteren Verlauf allerdings ebenso unter dem Begriff Hypervideo mitbehandelt werden sollen, wie möglicherweise auch solche Formen von Hypermedia, die

3D- und 360°-Medien als Basis nutzen. Auch letztere sollen im weiteren Verlauf zunächst nicht näher separat betrachtet werden.

In der Gruppe der dynamischen Hypermedien beginnt der in Abschnitt 3.1.4 eingeführte Begriff des Führungsmediums zur Geltung zu kommen. Durch die selbständige Änderung des jeweils aktuell gezeigten Ausschnitts des Inhalts geht die Kontrolle über den Verlauf der Präsentation zu einem nicht unwesentlichen Teil weg vom Benutzer hin zu einem vom Medium getriebenen Verlauf. Der Benutzer wird durch den Inhalt geführt und auch jede Interaktion, die er vornimmt, geschieht während der sich selbständig verändernden Darstellung dieses Inhalts.

3.3.2.1 Hypervideo

Wenn auch der Anteil von Videos im Internet im Vergleich zum Textanteil mittlerweile schon seit Längerem durch Dienste wie YouTube oder Vimeo und seit Neuerem auch durch Funktionalitäten wie den sogenannten Stories in Facebook, Instagram und anderen Social-Media-Diensten rasant steigt, so implementieren Videoinhalte den Hypermediagedanken nur sehr unvollständig. Bei dieser Betrachtung sollen Dienste wie Video-on-Demand zunächst unberücksichtigt bleiben, da hier meist der direkte und ausschließliche Konsum eines Videoinhalts, egal ob benutzergenerierter oder kommerzieller Herkunft, im Vordergrund steht und eine weitergehende Interaktion mit dem Videoinhalt in der Regel nicht den Hauptteil des Angebotes darstellt. Hier ist in der Regel lediglich eine Verschiebung des Präsentationsortes weg vom klassischen Fernsehen hin zum PC, zum Laptop oder aktuell zum (→) Tabloid zu beobachten. Der Umgang mit Videos analog zu den bekannten Umgangsformen des Hypertexts wird verstärkt von der Seite der Benutzer erwartet. Jedoch wird die Seite der Autoren und Produzenten dabei leider nur selten wirklich unterstützt. Videoinhalte werden von Entwicklern von Hypermediasystemen und -anwendungen, wie auch die meisten Bildinhalte, derzeit noch eher als lediglich schmückendes oder vertiefendes Beiwerk in einem Hypertext angesehen, ohne ihnen ein eigenes hypermediales Verhalten zu verleihen.

Nach Zahn [ZAH03] und Finke [FIN06] ist der Begriff Hypervideo, für den auch die Synonyme „hyperlinked Video“ oder „Hyper-Film“ gefunden werden können, bisher als alleinstehender Begriff noch nicht wirklich ausdefiniert. Vorherrschend sind zwei Strömungen:

- die eine bezieht sich auf die mögliche Nichtlinearität der Informationsstruktur,
- die andere auf die Narrativität, also die Erzählstruktur und die mögliche Einflussnahme des Betrachters darauf.

Diese beiden Strömungen spiegeln letztlich somit lediglich die Wurzeln des Mediums Hypervideo wieder, nämlich das konventionelle Video beziehungsweise den konventionellen Film und trennen diesen vom Hypermedia-Gedanken.

Natürlich soll bei der in diesem Buch verfolgten Betrachtungsweise der Schwerpunkt vor allem auf dem Hypermedia-Gedanken liegen. Das bedeutet für Hypervideo dann, wie auch schon in den früher beschriebenen Abschnitten Hypertext und Hyperimage, dass nicht nur ganze Dokumente miteinander vernetzt werden, sondern dass auch die Möglichkeit bestehen soll, von besonders definierten Stellen des Dokuments, hier eben des Videos, zu anderen definierten Stellen in- oder außerhalb des Dokuments verlinken zu können. Ohne an dieser Stelle die Diskussion führen zu wollen, ob dies nicht vielleicht auch für Text zutrifft, da auch Video ein visuelles Medium ist, gilt eine ähnliche Herangehensweise zur Definition dessen, was Hypervideo ist und der Beschreibung dieser definierten aktivierbaren Stellen wie im Hyperimage. Anders aber als bei Hypertext und Hyperimage ist bei Hypervideo das zeitliche Verhalten eben ein dynamisches. Die sichtbaren Dinge, die präsentiert werden, sind abhängig von der dem Medium immanenten Zeit. Dies muss deshalb zwingend Berücksichtigung in der Definition finden:

In einem Hypervideo können Teilregionen des Videobildes als Start und Zielanker zur Verlinkung definiert werden. Diese Definition erfolgt in der Regel durch die Angabe der Position und des Umrisses der Region

sowie zwingend mit Zeitangaben, wann die definierten Regionen sichtbar und nutzbar sind.

Auch bei Hypervideo sind es also Regionen im sichtbaren Bild, die verweissensitiv sein sollen, um als Anker der Links dienen zu können. Da sich jedoch der sichtbare Inhalt während der Zeit seiner Präsentation ändert, dürfen auch die verweissensitiven Flächen nicht statisch sein, sondern müssen sich in einer zum gezeigten Inhalt synchronisierten Weise ebenfalls verändern. Damit ist gemeint, dass Objekte im präsentierten Bild sowohl

- ihre Position als auch
- ihre Größe,
- ihre Form und
- gegebenenfalls auch ihre Farbe

verändern und die Darstellung der verweissensitiven Flächen diesen Änderungen folgen müssen. Unabhängig von Veränderungen sind lediglich wiederum solche Startanker, die sich auf eine abstrakte Ebene des gezeigten Inhalts beziehen, wie dies im späteren Kapitel 6 dieses Buches näher beschrieben werden soll.

Während für die statischen Ausprägungen standardmäßige Definitionen vorgesehen sind, gibt es solche für die dynamischen Ausprägungen bisher noch nicht. Generell kann jedoch gesagt werden, dass der Weg, der sich schon für die Beschreibung verweissensitiver Flächen in Hyperimages abzeichnet, nämlich die Trennung vom medialen Inhalt und der Beschreibung der Anker und Links, bei den dynamischen Hypermedien fortgeführt werden sollte. Eine Integration der Linkbeschreibung in das Medium wurde in der Vergangenheit zum Beispiel mit Ansätzen wie MPEG-7 [MAN02] und/ oder MPEG-21 [ISO14] verschiedentlich versucht, konnten sich allerdings bisher nicht wirklich durchsetzen. Ob eine solche Umsetzung in Zukunft aufgegriffen wird und ob diese dann sowohl technisch als realisierbar und darüber hinaus auch insgesamt als sinnvoll erachtet wird, sei dahingestellt. Im Folgenden wird in diesem Buch davon ausgegangen, dass eine Trennung von Inhalt und Verlinkung der sinnvollere und leichter handhabbare Weg ist.

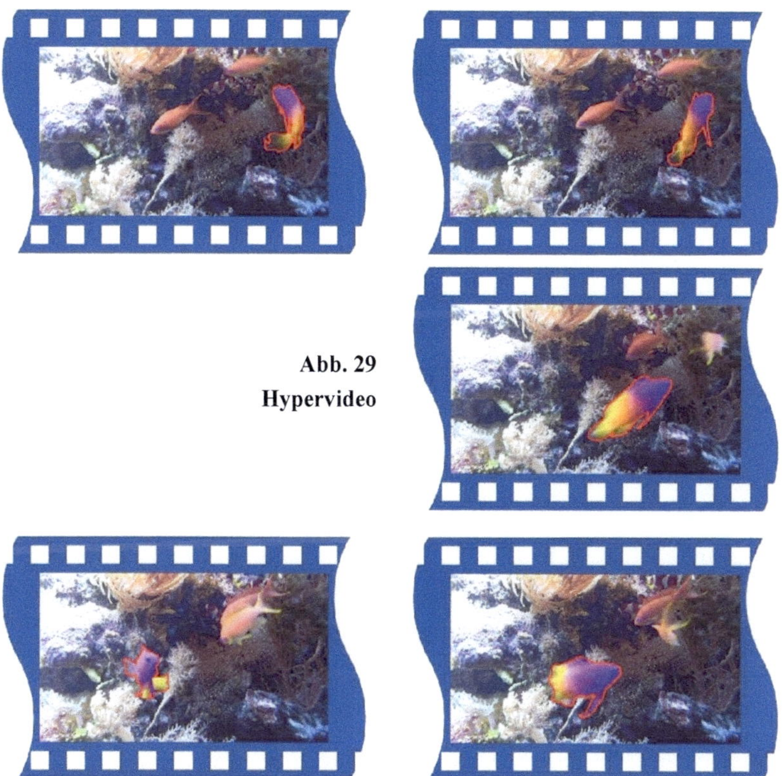

Abb. 29
Hypervideo

Die Ansprüche an die Beschreibung der Links als auch an die Darstellung der verweissensitiven Flächen der Startanker liegen bei Hypervideos noch mal um eine Stufe höher als bei Hyperimages. Aus Links werden nun endgültig Hotspots. Neben den Fragen, welche Position, welche Form und gegebenenfalls welche Farben der Startanker hat, kommen bei Hypervideo eine Reihe weiterer Fragen hinzu:

- Wann muss mit der Darstellung des Hotspots begonnen werden? Dazu wird die Angabe einer Startzeit oder eines Startframes benötigt.

- Wie lange lebt der Hotspot? Diese Angabe kann auf mindestens zwei Wegen erfolgen. Entweder wird beschrieben,
  - zu welcher absoluten Zeit beziehungsweise in welchem
  - Frame der Hotspot ausgeblendet wird oder
  - wie lange er angezeigt werden soll.
- Neben der Beschreibung der Position des Hotspots im sichtbaren Teil des Videos auf der Präsentationsfläche bekommen die Beschreibungen von Form, Größe und Farbe eine besondere Bedeutung, da beim Hypervideo für das Erkennen des Hotspots durch den Benutzer nicht unbedingt so viel Zeit zur Verfügung steht wie bei einem Hyperimage.
- Aus dem letztgenannten Punkt ergibt sich auch die Notwendigkeit, dass ein Hotspot sich in der Regel deutlich vom Hintergrund abheben sollte, um ein möglichst schnelles Erkennen zu gewährleisten.
- Durch die Eigendynamik des Mediums tritt ein weiterer Aspekt besonders hervor. Während sich bei den statischen Hypermedien die Startanker nicht verändern, müssen diese Aspekte bei der Beschreibung der Hotspots in dynamischen Hypermedien zwingend berücksichtigt werden: Verändert der Ausschnitt, auf den sich der Hotspot bezieht, innerhalb der Präsentationsfläche während der graphischen Darstellung
  - seine Position,
  - seine Größe,
  - seine Form,
  - seine Farbe oder
  - verschwindet er zeitweilig aus dem Sichtfeld, weil er von anderen Objekten verdeckt wird?

- In Bezug auf die Erkennbarkeit kann für die visuelle Darstellung eines Hotspots zudem die Frage bedeutend sein, ob sich während der Sichtbarkeit des Ausschnittes, auf den sich ein Hotspot bezieht, der Hintergrund ändert und sich so die Farbgebung des Hotspots verändern sollte, um die Erkennbarkeit zu gewährleisten.

An dieser Stelle soll nicht unerwähnt bleiben, dass die Darstellung eines Hotspots sowohl in einem statischen Bild wie beim Hyperimage als auch in einem dynamischen Video wie beim Hypervideo einen Eingriff in die jeweilige Bildsprache bedeutet. Darauf soll im späteren Kapitel 6 dieses Buches ebenfalls noch im Detail eingegangen werden.

Ist die technische Unterstützung von Hotspots in Hyperimages schon deutlich komplexer und ist ihre Handhabung in den Standards deutlich vernachlässigt, so existiert sie zumindest. Für Hypervideo gilt dies bisher leider überhaupt nicht. Weder gibt es eine direkte und allgemeine technische Unterstützung in den gängigen Browser-Familien noch gibt es einen allgemeingültigen Standard zur Beschreibung von Hotspots für Hypervideos. Zwar gab es durchaus gute Ansätze dazu, wie es zum Beispiel die Beschreibungssprache (→) SMIL (sprich: „smeil") zeigte [KEN02], auf die in einem der späteren Teile dieser Reihe mit dem Fokus der Technik eingehen wird, leider hat sich jedoch weder dieser noch ein anderer Ansatz erfolgreich durchsetzen können. Dies scheint ein weiteres Henne-Ei-Problem zu sein:

- Dadurch, dass es weder eine weitverbreitete technische Unterstützung noch einen echten Standard für Hypervideo gibt, scheint auch kein großes Interesse auf Seiten der Benutzer an Hypervideo zu bestehen.

- Dadurch, dass anscheinend kein großes Interesse auf Seiten der Benutzer an Hypervideo zu bestehen scheint, wird die Entwicklung einer technischen Unterstützung oder eines Standards für Hypervideo nicht vorangetrieben.

Das allerdings Erweiterungen von Diensten wie YouTube zum Beispiel durch Kommentarfunktionen im Bild und ähnliches von den Benutzern akzeptiert werden, zeigt, dass das Interesse an Hypervideo aber dennoch durchaus vorhanden ist.

Auf dem Weg vom Link zum Hotspot, Teil III: Eigenschaften von Hypervideo-Links	
Position des Startankers:	Die Beschreibung der Position des Startankers unterteilt sich in zwei Aspekte: • Die räumliche Position ergibt sich durch aktivierbare Bereiche im aktuellen Bild des Videos. • Die zeitliche Position beschreibt, wann der Anker gezeigt werden muss. Dies umfasst eine Startzeit/ -frame und eine Endzeit/ -frame oder eine Lebensdauer des Hotspots.
Veränderung der Position des Startankers:	Die Definition der Position des Startankers ist abhängig von der dem Video immanenten Zeit. Während der Darstellung des Startankers können sich dessen Position, Form, Größe und optional auch die Farbe ändern.
Aussehen des Startankers:	Es gibt derzeit keine allgemeine Browserunterstützung für Hypervideo. Verschiedene Anwendungsprogramme setzen das Prinzip der Hotspots in Hypervideo unterschiedlich um, auch wenn mit HTML5 Lösungsansätze möglich erscheinen.

Veränderung des Aussehens des Startankers:	Keine standardisierte Beschreibung definiert.
Position des Zielankers:	Keine standardisierte Darstellung definiert.
Aussehen des Zielankers:	Keine standardisierte Darstellung definiert.

3.3.2.2 Hyperaudio

Die bisher vorgestellten Ausprägungen sowohl von statischem als auch von dynamischem Hypermedia waren ausschließlich visueller Art. Einen Sonderfall stellt das im folgenden vorgestellte Hyperaudio dar. Wenn auch der visuelle Sinn die wichtigste Informationsquelle des Menschen darstellt [DIX03], so ist der auditive Sinn für den Menschen nicht minder wichtig, wie sich an der aktuellen rasanten Verbreitung von Geräten und Anwendungen wie Siri, Alexa oder Cortana deutlich zeigt [STA16]. Gerade dieser Sinn stellt den Hauptkanal sowohl für die zwischenmenschliche als auch für weitere Kommunikation dar. Daher ist es eigentlich umso verwunderlicher, dass die Informationsquelle WWW, die häufig als mittlerweile wichtigste Informationsquelle der Benutzer bezeichnet wird, diesen Sinn so stiefmütterlich behandelt. Mit einigen wenigen Ausnahmen sind nahezu keine Quellen zu finden, die den Versuch machen, auditive Medien interaktiv zu gestalten und zu nutzen oder diese gar mit dem Hypermedia-Gedanken in Verbindung zu bringen. Herangehensweisen wie die von Donker [DON07] oder auch die der gesprochenen Wikipedia [WIK16gw] müssen eher als Ausnahme angesehen werden. Die zurückhaltende Berücksichtigung dieser Art von Hyperaudio mag daran liegen, dass wir als Benutzer es gewohnt sind, dass die Benutzungsschnittstellen von Computern und Anwendungen vor allem visuell ausgelegt sind. Die Benutzerzielgruppen, die auf andere Sinne angewiesen sind, wie zum Beispiel Benutzer mit Sehbeeinträchtigungen, sind im Vergleich dazu als klein und daher kommerziell als eher unbedeutend anzusehen. Nichtsdestotrotz soll an dieser Stelle zumindest der Versuch unternommen werden, einige grundlegende Fragen zu diesem Hypermedium aufzuwerfen und diese im positiven Falle auch zu beantworten.

Um den Benutzer bei seiner Arbeit oder allgemein bei seinem Umgang mit Hypermedia zu unterstützen, ist es zumindest vorteilhaft, wenn nicht sogar zwingend notwendig, dass ein Link beziehungsweise sein Startanker sich vom nicht aktivierbaren Teil des Informationsinhaltes abhebt. Wie bei den bisher betrachteten Hypermediaformen, so besteht auch Hyperaudio aus solchen Informationsinhalten, bei denen besonders wichtige Teile als Anker für Links dienen. Während bei den visuellen Formen dieser Anker eine räumliche Beschreibung in Form der Positionsangabe benötigt, ist eine solche Beschreibungsform bei rein auditiven Medien nicht notwendig beziehungsweise gar nicht anwendbar. Ein Soundclip oder ein anderer auditiver Inhalt hat weder eine räumliche noch eine andere visuelle Darstellung. Somit entfallen sowohl Beschreibungsteile für räumliche Positionen als auch weitere Angaben, die zum Beispiel die Form oder die Farbe betreffen würden. Es müssen also andere Wege gefunden werden, die Startanker der Hyperaudiolinks zu beschreiben und diese bei der Präsentation darzustellen.

Während gesagt werden könnte, dass visuelle Informationen vom Menschen eher nichtlinear aufgenommen werden, so trifft dies bei auditiven Informationen in dieser Form nicht zu [NUD12]. Auch wenn viele Sinnesprozesse unbewusst ablaufen, so hat der Mensch beim Betrachten eines Bildes doch wesentlichen Einfluss darauf, wohin er seinen Blick richtet, also welchen Teil des Bildes er anschaut und dann in den Verarbeitungsprozess seines Wahrnehmungsapparates ein- bzw. weiterleitet. Beim Hören einer auditiven Information hat der Mensch die Möglichkeit zur Auswahl eines Teiles der Information nicht, abgesehen von eher unbewusst vorgenommenen Eingriffen beim sogenannten Cocktail-Party-Effekt [ANS11] oder ähnlichen. Die Information wird an das Ohr herangetragen und ohne direkten Einfluss des Menschen aufgenommen. In diesen Informationsfluss muss daher der Startanker eines Hyperaudiolinks eingebaut werden, und zwar so, dass er

- zeitlich mit der Information synchronisiert ist und
- sich, möglichst ohne zu stören, von der eigentlichen Information abhebt.

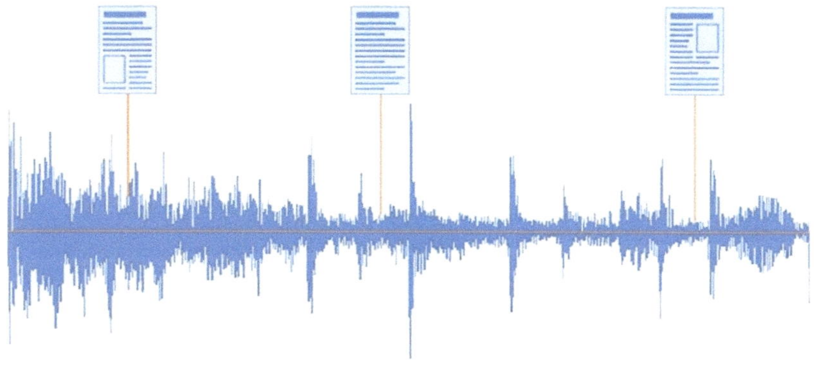

Abb. 30
Hyperaudio

Dies kann beispielsweise so realisiert werden, dass

- vor Beginn des Startankers und nach dessen Ende ein Signalton ertönt oder
- der Startanker durch einen besonderen Ton unterlegt wird oder
- sprachliche Inhalte des Startankers besonders betont werden.

Insbesondere die erste Darstellungsweise wird von sogenannten Screenreadern angewandt. Während des Vorlesens des Bildschirminhaltes werden die vorkommenden Textlinks mit einem gesprochenen Link angekündigt.

Ebenso wie sich die Darstellung der auditiven Informationen gegenüber der Darstellung visueller Informationen ändert, muss sich auch die Aktivierung ändern, schließlich gibt es auch dafür keine räumliche Fläche, die durch einen Mauszeiger angeklickt oder mit dem Finger „getoucht" werden könnte.

Für beide Teilprobleme gibt es derzeit keine allgemeingültigen Lösungsstrategien oder gar Standards. Dennoch sollen einige grundlegende

Überlegungen zu diesem Problemfeld die Betrachtung der „reinen“ Hypermediaformen abschließen:

Auf dem Weg vom Link zum Hotspot, Teil IV: Eigenschaften von Hyperaudio-Links	
Position des Startankers:	Die Beschreibung der Position des Startankers erfolgt durch die zeitliche Angabe, wann der Startanker hörbar sein muss. Eine räumliche Angabe für den Startanker entfällt.
Veränderung der Position des Startankers:	Die Definition der Position des Startankers ist abhängig von der, der auditiven Information immanenten, Zeit. Die Angabe ist absolut, Der Startanker fließt mit der Darstellung der Information mit
Aussehen des Startankers:	Es gibt derzeit keine allgemeine Browserunterstützung für Hyperaudio. Verschiedene Anwendungsprogramme, wie zum Beispiel Screenreader, weisen durch einen gesprochenen Hinweis, wie z.B. „Link“, auf den Startanker hin.
Veränderung des Aussehens des Startankers:	Es gibt derzeit keine allgemeine Browserunterstützung für Hyperaudio. Allerdings verändert der Startanker bei Hyperaudio sein Aussehen nicht, da er keines hat.
Position des Zielankers:	Keine standardisierte Darstellung definiert.
Aussehen des Zielankers:	Keine standardisierte Darstellung definiert.

3.3.3 Kombiniertes Hypermedia

Bei den bisher betrachteten Ausprägungen von Hypermedia standen vor allem die unterschiedlichen Beschreibungen und die verschiedenen Darstellungsweisen der Startanker der Links im Mittelpunkt. Dazu wurde nahezu unbemerkt vorausgesetzt, dass sich ein Hypermedium nur aus gleichen Basismedien zusammensetzt:

- Links in Hypertexten führen ausschließlich zu weiteren Hypertext-Dokumenten,
- Links in Hyperimages führen ausschließlich zu weiteren Hyperimage-Dokumenten,
- Links in Hypervideos führen ausschließlich zu weiteren Hypervideo-Dokumenten.

Allerdings wird dies in der Regel eher nicht oder nur selten auftreten. Vielmehr nutzen Hypermediaanwendungen üblicherweise eine Mischung verschiedener Medientypen. Letztlich sind solche Mischungen auch in klassischen Medien wie dem Buch mit der Zusammensetzung aus Text und Bild oder dem Video und Film mit Zusammensetzungen aus Bild, Ton und Text die Regel. Auch im Hypermediaumfeld kann aus diesen Kombinationen ein Mehrwert entstehen. Damit aber kommt hier dem Begriff des in Abschnitt 3.1.4 eingeführten Führungsmediums eine weitere besondere Bedeutung zu.

Kombiniertes Hypermedia setzt sich, wie es schon die Bezeichnung vermuten lässt, aus statischen und dynamischen Hypermedien in verschiedenen Anteilen zusammen. Dies hat für den Benutzer die Auswirkung, dass sich Teile des Inhaltes ohne explizite Benutzerinteraktion ändern können, während sich andere Teile nur durch die explizite Benutzerinteraktion ändern, wie es bei der Betrachtung der Zeitcharakteristika in den vorhergegangenen Kapiteln dargestellt wurde. Sowohl für die Rezeption auf Benutzerseite als auch für die Gestaltung auf der Autorenseite ist bei dieser Form des kombinierten Hypermedia die Frage nach einem Führungsmedium von zentraler Bedeutung.

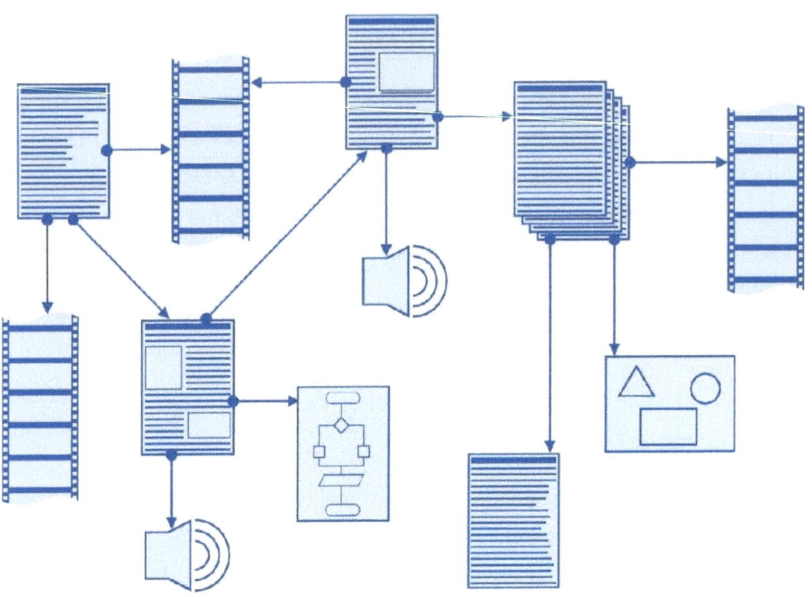

Abb. 31
Kombinierte Darstellung von statischen und dynamischen Medien (Video, Foto und Text)

3.3.3.1 Mit Führungsmedium

Bei einer Präsentation, die statische und dynamische Anteile kombiniert, stehen aus der Benutzerperspektive vor allem die beiden Fragen danach, …

- … ob und wie die angebotenen Informationen wahrgenommen werden können und …
- … ob und wie diese Informationen verarbeitet werden können.

Dies muss schon bei der Gestaltung der Präsentation unmittelbar vom Autor oder Produzenten berücksichtigt werden. Die zentralen Fragen lauten:

- Auf welche Teile der präsentierten Information soll der Benutzer seine Aufmerksamkeit richten?

- Wie kann verhindert werden, dass der Benutzer Informationen verpasst, wenn er seine Aufmerksamkeit auf die statischen Teile der Präsentation richtet, während parallel dynamische Teile weiterlaufen?
- Wie kann verhindert werden, dass der Benutzer die Orientierung in dem sich ihm eröffnenden Informationsraum verliert?

Das Problem, das die letzte der obigen Fragen aufwirft, kann durch ein Führungsmedium verringert oder sogar gänzlich beseitigt werden.

Wie oben schon mehrfach erwähnt, ist die derzeit vorherrschende Form von Hypermedia der Hypertext. Die aktuelle Umsetzung dieser Form bringt neben der statischen Charakteristik vor allem mit sich, dass es ein starkes Führungsmedium in Form des Textes gibt. Der Benutzer hangelt sich von Text zu Text, folgt an einigen Stellen Verweisen zu Bildern, die ihn entweder zum Ausgangstext zurückbringen oder zu einem weiteren, inhaltlich verwandten Text führen. Somit stellt das Führungsmedium, wie schon angedeutet, ein wichtiges Hilfsmittel zur Navigation durch den aufgespannten Informationsraum dar. Diese Hilfe wird noch einmal deutlich wichtiger, wenn …

- … der Benutzer sich durch einen Informationsraum bewegen möchte, in dem verschiedene Medienformen gleichgewichtig nebeneinander stehen sowie dann, wenn …
- … diese Medienformen unterschiedliche Charakteristika in Bezug auf ihr zeitbezogenes Eigenverhalten aufweisen.

Die Betrachtung der kombinierten Ausprägung von Hypermedia soll in Anlehnung an die vorherrschenden textuellen, also statischen Inhalte des World Wide Web als größtem, derzeit existierenden Hypermedium mit einem nicht wechselnden, statischen Führungsmedium beginnen.

Ohne sich dessen bewusst zu sein, folgt der Benutzer also einem Führungsmedium. Diese aus dem täglichen Umgang mit dem Internet oder genauer, dessen WWW-Teil, erlernte Erfahrung führt zu der Erwartungshaltung, dass es ein solches Führungsmedium auch tatsächlich immer gibt. Es überrascht den Benutzer nicht, dass er, wenn er dem individuellen Informationsfluss folgen will, nur durch die Nutzung von solchen Links, die ihm im Führungsmedium angeboten werden, auch tatsächlich zu dem nächsten relevanten Informationsknoten gelangt.

Hat dieses Führungsmedium einen statischen Charakter, so stellt die gleichwertige Kombination verschiedener Hypermedien für den Benutzer keine weitere Belastung dar. Dies wird später im weiteren Verlauf dieses Buches noch näher beschrieben. Beispielhaft stellt Abbildung 32 kombiniertes Hypermedia mit einem statischem Führungsmedium dar. Als dieses Führungsmedium dient in dieser Abbildung der Hypertext. Der Benutzer gelangt hier von einem Hypertext zum nächsten, um einem Pfad durch den aufgespannten Informationsraum zu folgen. Die Informationsknoten ändern sich während ihrer Darstellung auf Grund ihres statischen Charakters nicht. Der Benutzer hat so viel Zeit, die in den jeweiligen Knoten angebotenen Informationen aufzunehmen, wie er sich selbst dazu nehmen möchte.

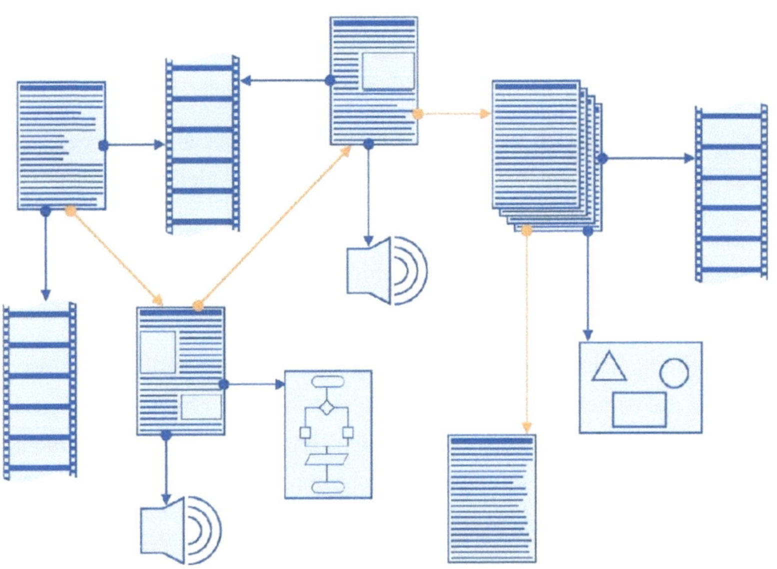

Abb. 32
Mit statischem Führungsmedium

Von den statischen Inhalten verweisen Links auf zusätzliche, begleitende Inhalte. In dieser Abbildung sind die Links monodirektional dargestellt. Es wird davon ausgegangen, dass die Hypermedia-Präsentationsschicht in diesem Beispiel die Funktion des Backtracking („Seite-zurück") besitzt. Bidirektionale Links würden stets wieder zu dem Ausgangsinhalt zurück verweisen, unabhängig ob entlang des Führungspfades oder von einem abseitigen Informationsknoten. Auch hier gilt:

- Für statische Zusatzinhalte kann sich der Benutzer ebenfalls die Zeit nehmen, die er für eine angemessene Verarbeitung benötigt.
- Dynamische Zusatzinhalte kann der Benutzer solange verfolgen, wie sie ihn interessieren und dann zum Ausgangsinhalt zurückkehren, wenn er es für sinnvoll erachtet.

Auch während der Benutzer die das Führungsmedium begleitenden Inhalte betrachtet, kann er sicher sein, dass ihm keine Teilinformation entgeht, weil das Führungsmedium sich gerade wegen seines statischen Charakters nicht ändert.

Dies ändert sich dann, wenn als Führungsmedium ein dynamisches Medium gewählt wird. Dieser Fall ist beispielhaft in Abbildung 33 dargestellt. Hier dient Hypervideo als Führungsmedium.

Der Pfad des Benutzers durch den aufgespannten Informationsraum beginnt am Anfang des ersten Hypervideos. Von ihm führt der Pfad …

- … durch eine Abfolge von Hypervideos durch den Informationsraum und …
- … aus den Hypervideos heraus erreicht der Benutzer zusätzliche begleitende Informationen zu dem jeweils aktuellen Videoinhalt.

Auch hier stellt die Navigation für den Benutzer zunächst keine besonderen Probleme dar. Er verfolgt die Videoinhalte bis …

- … er einen Link im Video entdeckt, der ihn zu einem anderen Hypervideo führt oder …
- … das Video an seinem Ende angelangt ist und er einen Link zu einem der nächsten Hypervideos auswählen kann.

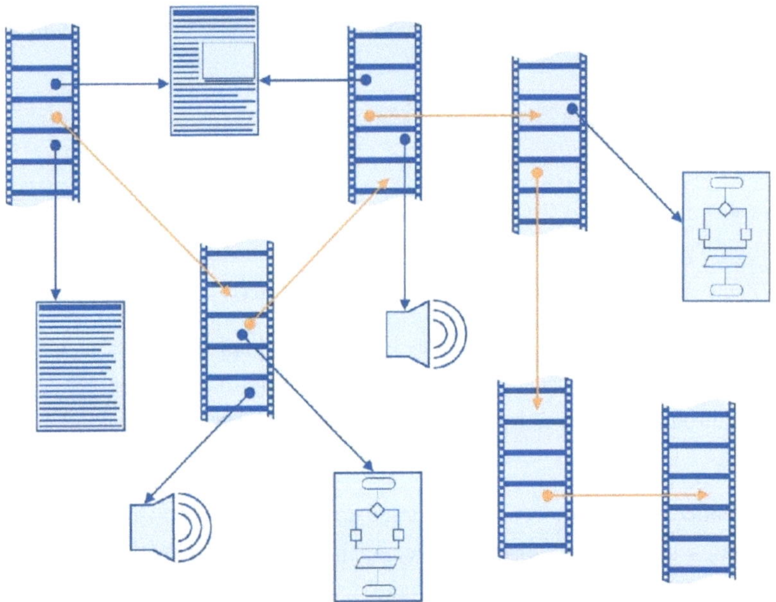

Abb. 33
Mit dynamischem Führungsmedium

Während des Betrachtens der Hypervideos stehen dem Benutzer die ihm in der Regel schon bekannten Steuerelemente normaler Videos wie „Vorlauf", „Rücklauf", „Stopp" oder „Start" zur Verfügung, um das Abspielen beeinflussen zu können. Problematisch kann es für den Benutzer dann werden, wenn er einen Link zu einem zusätzlichen Informationsmedium aktiviert, welches eine statische Charakteristik hat und parallel zum Führungsmedium präsentiert wird, wie in Abbildung 33 gezeigt.

Die zentrale Frage, die sich an dieser Stelle ergibt, ist die, ob das Führungsmedium, hier in Form eines Hypervideos, stoppt oder weiterläuft, während der Fokus der Präsentation auf der zusätzlichen Information liegt:

- Stoppt das Hypervideo, kann der Benutzer ohne Lücke zum Ausgangspunkt, im technischen Sinne dem entsprechenden Frame, zurückkehren und das Hypervideo von diesem Punkt aus weiterlaufen lassen. Er verpasst also keinen Teil der Information.
- Läuft das Hypervideo indes weiter, während der Fokus der Präsentation auf der zusätzlichen Information liegt, müsste der Benutzer seine Aufmerksamkeit teilen:
    - Ein Teil seiner Aufmerksamkeit läge dann in der Wahrnehmung und Verarbeitung der zusätzlichen Informationen.
    - Ein zweiter Teil seiner Aufmerksamkeit läge parallel in der Wahrnehmung und Verarbeitung des weiterlaufenden Hypervideos.

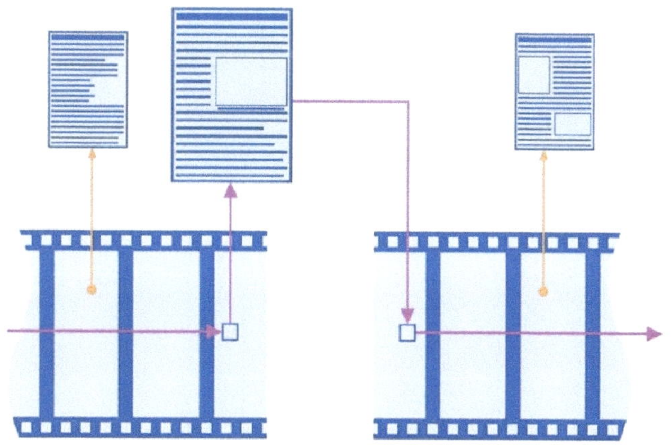

Abb. 34
Präsentation zusätzlicher Medien parallel zum Führungsmedium

Leider ist dies mit den menschlichen Sinnen und insbesondere mit der menschlichen Wahrnehmung und Verarbeitung nicht vereinbar, da die Aufmerksamkeit nicht teilbar ist [FUN13], wie es auch schon in Abbildung 14 in

Abschnitt 3.1.1 angesprochen wurde. Somit verpasst der Benutzer bei einer solchen Kombination stets einen Teil der angebotenen Informationen.

Diese Problematik erfährt eine weitere Steigerung, wenn die zusätzlichen Informationen zu einem dynamischen Führungsmedium mittels weiterer dynamischer Medien angeboten werden, denn dies vergrößert die Menge der verpassten Information beim Wechsel des Fokus auf das jeweils andere Medium. Mit entsprechender Gestaltung lassen sich die genannten Probleme zwar nicht in immer in Gänze lösen, aber zumindest lassen sie sich reduzieren, wie es in späteren Abschnitten dieses Buches noch näher gezeigt wird.

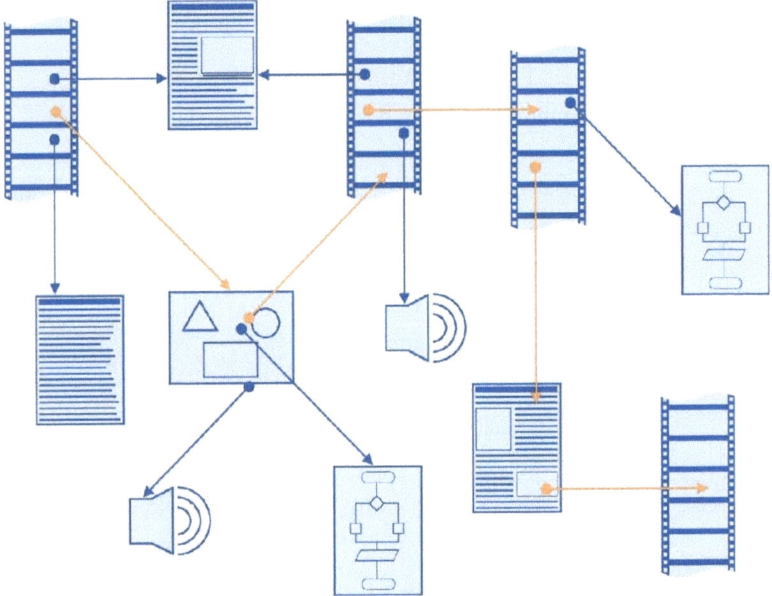

Abb. 35
Mit wechselndem Führungsmedium

Für den Benutzer sind diese Kombinationen kognitiv durchaus zu bewältigen, denn durch die Existenz einer erkennbaren Führung durch den Informationsraum stellt sich der Effekt eines Getting-Lost-in-Hyperspace nicht ein. Insbesondere die Beibehaltung einer Hypermedia-Ausprägung als Führungsmedium erhöht die Navigationssicherheit. Allerdings ist es nicht zwingend notwendig, dass während einer gesamten Präsentation durchgängig das gleiche Führungsmedium genutzt beziehungsweise angeboten werden muss. Vielmehr ist es durchaus auch vorstellbar, dass an einigen wenigen, aber sinnvollen Stellen das Führungsmedium von einer Ausprägung, zum Beispiel Hypertext, zu einer anderen Ausprägung, zum Beispiel Hypervideo, wechselt.

3.3.3.2 Ohne Führungsmedium

Auch wenn es so klingen mag, dass ein Führungsmedium in der kombinierten Nutzung von Hypermedia nahezu zwingend für einen kognitiv optimalen Umgang sei, so gibt es durchaus gestalterische Optionen und technische Möglichkeiten, auf ein Führungsmedium zu verzichten. Der in Abbildung 36 gezeigte Fall stellt einen ersten Schritt weg von der Nutzung eines Führungsmediums vor.

Geschieht der Wechsel zwischen verschiedenen Hypermedia-Ausprägungen als Führungshilfe sehr häufig, so ist schließlich für einen Benutzer ein Führungsmedium nicht mehr zu erkennen. Dies kann im Extremfall so weit gehen, dass der Benutzer bei jedem einzelnen notwendigen Schritt auf seinem Pfad durch den Informationsraum einer anderen Hypermedia-Ausprägung folgen muss als derjenigen, die ihn zu seiner aktuellen Position gebracht hat. Das eine solche Art der Gestaltung leicht zu einer Verunsicherung des Benutzers führen kann, liegt wohl auf der Hand.

Doch nicht allein der schnelle Wechsel zwischen kurzen Sequenzen mit einer bestimmten Hypermedia-Ausprägung als Führungsmedium ist ein Charakteristikum für den Verlust dieser Navigationshilfe. Vielmehr kann auch ein größeres Angebot von Verweisen und somit von Teilpfaden und eventuellen Abkürzungen dazu führen, dass der Benutzer nicht mehr auf einem Pfad durch den Informationsraum geleitet wird. Hier ist nun tatsächlich der Punkt gekommen, an dem der Lost-in-Hyperspace-Effekt seine volle Wirkung zeigt und der Benutzer leicht die Orientierung im aufgespannten Informationsraum verlieren kann, wie in Abschnitt 4.2 noch ausführlicher gezeigt werden wird. Die Wahrscheinlichkeit dazu wächst mit der Anzahl der genutzten

Hypermedia-Ausprägungen und dem Angebot an Verweisen innerhalb eines Informationsknotens und solchen zwischen den Informationsknoten.

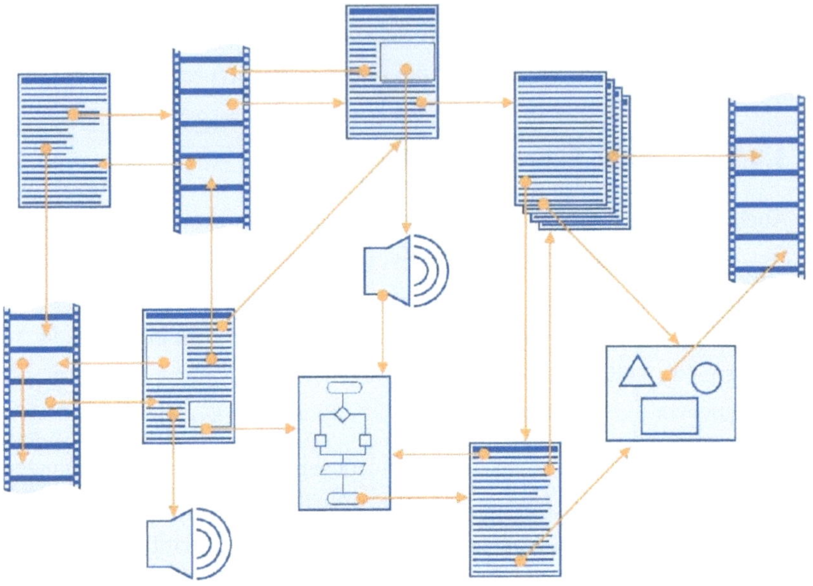

Abb. 36
Ohne Führungsmedium

3.3.4 Intelligentes Hypermedia

Bei den in den vorigen Abschnitten betrachteten hypermedialen Ausprägungen war die Dynamik im jeweiligen medialen Eigenverhalten offensichtlich. Während der Darstellung und der Betrachtung verändern sich die wahrnehmbaren Informationsteile durch das den Medien immanente Zeitverhalten. Ergänzend muss hier gesagt werden, dass der Begriff Betrachtung hier auch den auditiven Teil, also das Zuhören, einschließt. Allerdings bieten moderne Formen der Anwendungsentwicklung auch die Möglichkeit, eine Dynamik im Ablauf einer Präsentation und Benutzung zu integrieren, die für den Benutzer auf den ersten Blick nicht erkennbar ist, wenn solche Begriffe wie Proaktivität und ähnliche berücksichtigt werden.

In anderer Form beziehungsweise vor einem anderen Hintergrund werden solche Verhaltensweisen von Anwendungen schon realisiert und genutzt, aber durchaus auch kontrovers diskutiert. Gemeint ist die Berücksichtigung des Benutzerverhaltens bei der Internetsuche und bei Vorschlags- und Ratingfunktionen, wie es zum Beispiel in Online-Shops geschieht. Hier ist es mittlerweile die Regel, dass sich Suchergebnisse an vorher erfassten und stets aktualisierten (→) Benutzerprofilen orientieren. Der Kritikpunkt an dieser Stelle liegt darin, dass unbedarften und unaufmerksamen Internetnutzern auf diese Weise nur ein Teil der möglicherweise relevanten Suchergebnisse angeboten wird. Ein nicht unerheblicher Teil der Suchergebnisse wird entweder ganz ausgeblendet oder an das Ende der Ergebnisliste gestellt. Das derzeit hierzu diskutierte Schlagwort lautet natürlich „Filterblase“.

An dieser Stelle sollen die genannten und auch weitere Kritikpunkte nicht vertieft werden. Jedoch sind solche Arten technischer Verhaltensweisen auch für hypermediale Anwendungen vorstellbar und in verschiedenen Weisen interessant. Die Umsetzung könnte, unabhängig von der verwendeten dynamischen Verhaltensweise, so aussehen, dass …

- … sich zum Beispiel die Startanker von Links ändern, …
- … diese Startanker möglicherweise gar nicht gezeigt werden oder …
- … sich die jeweiligen Zielanker in ihrer Darstellung oder …
- … auch in ihrem Ziel verändern.

Der Benutzer wird diese Anpassungen, sofern er nicht gezielt darauf achtet, nur schwer erkennen können. Insbesondere die Veränderung von Verweiszielen stellt hier die größte Herausforderung, wenn nicht gar ein echtes Problem dar. Auch hier gilt, dass für den Benutzer möglicherweise Teile des aufgespannten Informationsraums nicht erreichbar sind, da die Hypermedia“intelligenz“ keine Verweise in Richtung dieser Teile anbietet. Möglicherweise relevante Inhalte für den Benutzer bleiben so ungenutzt oder unerreichbar.

Ein weiteres Problem ist die mögliche Nichtreproduzierbarkeit einer Benutzung der hypermedialen Anwendung. Wird eine solche Anwendung ein zweites oder weiteres Mal genutzt, besteht die Gefahr, dass diese sich aufgrund ihres schon vorhandenen Benutzerprofils anders verhält und andere Verweise anbietet, als der Benutzer sie von vorherigen Sitzungen kennt. Ein Nachvollziehen vorheriger Sitzungen ist somit nur schwer möglich.

Selbiges gilt auch dann, wenn vorhandene Benutzerprofile einer intelligenten Hypermedia-Anwendung gelöscht werden oder aus anderen Gründen nicht für die Anwendung nutzbar sind. Auch ein Vergleich der Sitzungen verschiedener Benutzer ist bei solchen Anwendungen zum Teil nur schwer möglich.

Nichtsdestotrotz können solche Anwendungen durchaus sinnvoll sein. Jede Entwicklung einer Hypermedia-Anwendung geht einher mit einem nicht unerheblichen Aufwand an Medienproduktion. Die intelligente, also dynamische Anpassung der Medienauswahl kann so den Vorteil haben, dass die produzierten Medien gezielter und auch häufiger eingesetzt werden können. Die Relation zwischen Produktionsaufwand und Nutzen kann auf diese Weise positiv beeinflusst werden.

Intelligentes Hypermedia ist eine besondere Form der dynamischen Hypermedien, bei der die Dynamik nicht offensichtlich sein muss. Vielmehr reagiert diese Form von Hypermedia implizit merklich auf das Verhalten des Benutzers während der Darstellung und Bearbeitung.

Drei Formen der „intelligenten" Ausprägung von Hypermedia sollen im Folgenden näher betrachtet werden:

- adaptierbare Hypermedien, bei denen der Benutzer selbst Einfluss auf die Präsentation und deren Abfolge nehmen kann,
- adaptive Hypermedien, bei denen die Hypermedia-Anwendung auf das Verhalten des Benutzers reagiert und
- narrative Hypermedien, bei denen die Hypermedia-Anwendung auf das Verhalten des Benutzers reagiert und dabei dramaturgische Modelle der Erzählung berücksichtigt.

Zunächst jedoch soll ein kurzer Exkurs erfolgen, in dem die Begriffe Adaptivität und Adaptierbarkeit, die in diesem Abschnitt eine wesentliche Rolle spielen, erörtert werden sollen.

3.3.4.1 Adaptivität und Adaptierbarkeit

Der zentrale Punkt für eine intelligente Dynamik von Anwendungen im Allgemeinen und von Hypermedia-Anwendungen im Speziellen ist der Benutzer. Unter der Berücksichtigung von persönlichen Faktoren wie ...

- ... Vorlieben, ...
- ... Vorwissen oder ...
- ... Interessen ...

sowie unter Einbeziehung von individuellen Faktoren wie ...

- ... Altersgruppe, ...
- ... Benutzergruppe oder ...
- ... Zielgruppe ...

... versucht die intelligente Hypermedia-Anwendung den Verlauf der Präsentation so zu gestalten, dass die Inhalte und die Reihenfolge der ausgewählten Informationsknoten den Wünschen und Bedürfnissen des Benutzers entsprechen. Das Ziel besteht darin, solche Inhalte, ...

- ... die für den Benutzer irrelevant sind, ...
- ... ihn nicht interessieren oder ...
- ... ihn zu diesem Zeitpunkt der Präsentation über- oder unterfordern ...

... erst gar nicht auszuwählen und zu präsentieren. Dies kann auf der einen Seite zu einer Verkleinerung des Angebots der Inhalte des Informationsraumes führen, da eine verschieden große Anzahl von Informationsknoten aus dem Angebot herausfällt. Auf der anderen Seite kann diese Art der Selektion jedoch auch dazu führen, dass der Benutzer Inhalte angeboten bekommt, die er bei einer manuellen Auswahl nicht berücksichtigt hätte, obwohl sie für ihn nützlich wären, wie an anderer Stelle, insbesondere im Umfeld des automatisierten digitalen Storytellings gezeigt wird [HOF10].

Diese Anpassung an den Benutzer und dessen Anforderungen kann auf zwei Wegen geschehen. Zum einen kann der Benutzer selbst aktiv Einfluss auf die Anpassung nehmen oder aber die Anwendung passt sich von selbst, automatisch an den Benutzer an. Diese Verhaltensweisen werden durch die Begriffe Adaptierbarkeit und Adaptivität beschrieben:

Die Begriffe Adaptivität und Adaptierbarkeit beschreiben die Anpassung von Parametern einer Anwendung an veränderte Bedingungen beziehungsweise an Einstellungen durch den Benutzer:

- **Eine Anwendung ist adaptierbar, wenn durch externe, manuelle Eingriffe des Benutzers Einstellungen der Anwendung individuell angepasst werden können, wie zum Beispiel Detailtiefe, Präsentationsdauer, Sequenzierung, usw.**
- **Eine Anwendung ist dagegen adaptiv, wenn sie sich selbständig im fließenden Ablauf an den Benutzer anpasst, indem seine Eingaben im Sinne des Anwendungszieles interpretiert werden. Dabei können sowohl direkte Eingaben wie Antworten auf Fragen, Auswahlentscheidungen, usw., als aber auch indirekte Eingaben wie Bearbeitungsgeschwindigkeit, Reaktionszeiten, usw. Grundlage der Adaptionsentscheidung sein.**

Die oben gegebene Definition lehnt sich an die Definition von Petko und Reusser [PET06] an, versucht sie aber aus ihrem ursprünglichen E-Learning-Kontext zu lösen und zu verallgemeinern und berücksichtigt dabei auch weitere Beschreibungen und Definitionen wie zum Beispiel jene von Jameson und Smyth, die die Theorie des sogenannten adaptiven Web verfolgen [JAM07].

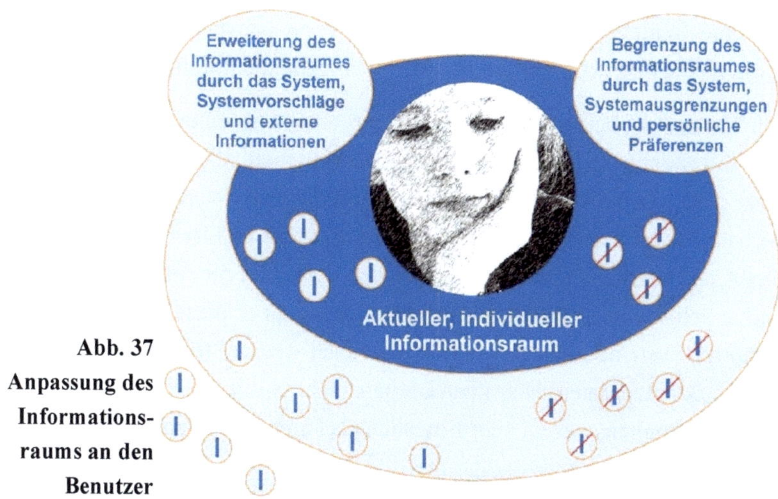

Abb. 37 Anpassung des Informations-raums an den Benutzer

Die oben aufgeführte Definition macht deutlich, dass Adaptivität im Unterschied zur Adaptierbarkeit kontinuierlich und automatisch ist. Während Adaptierbarkeit bedeutet, dass Einstellungen vom Benutzer selbst vorgenommen werden müssen und dieser in der Regel einmal individuell entscheidet, wann dies geschieht, bedeutet Adaptivität, dass die Anpassung einer Anwendung durch die Anwendung selbst erfolgt. Dies geschieht zu jedem Zeitpunkt und berücksichtigt dabei alle erfassten bzw. erfassbaren und berücksichtigten und berücksichtigbaren Parameter. Adaptivität ermöglicht somit eine automatische Selbstjustage und in gewissem Sinne auch eine Selbstkorrektur der Anwendung.

Beide Anpassungsweisen sind Reaktionen auf die Heterogenität der Benutzer. Die Anpassung an den Benutzer ist ein Weg, um den Erfolg einer Anwendung und ihren Nutzungsgrad zu erhöhen, da die Zahl der möglichen Benutzer erhöht werden kann, indem die Zahl der möglichen Zielgruppen erhöht wird. Zudem können auf diese Weise Aufwände in der Entwicklung einer Anwendung reduziert werden, wenn nicht für verschiedene Ziel- oder Benutzergruppen unterschiedliche Anwendungen entwickelt werden müssen, sondern nur eine. Nicht zuletzt kann der Erfolg auch davon initiiert sein, dass der einzelne Benutzer sich individueller durch die Anwendung angesprochen fühlt, da diese ja eben auf ihn persönlich eingeht und auf ihn reagiert.

Der Kernpunkt beider Anpassungsweisen besteht in einer Personalisierung der Anwendung. Dies ist, wie oben schon angedeutet, allerdings auch oftmals einer der Kritikpunkte an Anwendungen mit dieser Art von Verhalten. Adaptierbare Systeme haben hier den Vorteil, dass es für den Benutzer transparent bleibt, auf welchen Parametern das weitere Verhalten der Anwendung basiert und er selbst entscheiden kann, ob und wie genau er diese Angaben macht. Adaptive Systeme hingegen sind in der Regel weniger transparent in Bezug auf die Benutzerdaten. Hier kann oftmals nicht unmittelbar erkannt werden, welche Verhaltensweisen oder Eingaben als Parameter in das Benutzerprofil einfließen.

Mit welcher der Methoden eine genauere Anpassung an den Benutzer erreicht werden kann, ist sicherlich nicht so einfach zu beantworten und unterscheidet sich auch von Anwendungsziel zu Anwendungsziel. Maßgebend ist dabei sowohl die Zahl der berücksichtigten Parameter als auch die Genauigkeit ihrer jeweiligen Angabe ebenso wie die Genauigkeit ihrer jeweiligen Interpretation.

Aus der Benutzerperspektive erscheint die Adaptierbarkeit die vermeintlich unbequemere Anpassungsmöglichkeit zu sein, denn letztlich ist die Eingabe in der Regel ein Try-and-Error-Prozess, der in vielen Fällen zudem recht kompliziert und zeitaufwändig sein kann:

- Zunächst muss für den Benutzer erkennbar sein, welche Veränderungsoptionen bestehen. Dies allerdings ist vor allem eine Frage der Gestaltung der Benutzungsschnittstelle.
- Optimal für den Benutzer ist es, wenn er erkennen kann, welche Auswirkung die jeweilige Veränderungsoption hat und er darüber hinaus auch vergleichen könnte, wie die Anwendung bei anderen Einstellungen reagiert hätte oder reagieren würde.

- Wie bei jeder Anwendung ist es auch in Bezug auf die Adaptierbarkeit sinnvoll, wenn der Benutzer die Eingabeoptionen und im Besonderen deren Einteilung und Skalierung versteht.
- Um die Anpassung komfortabler zu gestalten, können Voreinstellungen für vordefinierte Ziel- oder Benutzergruppen sinnvoll sein. Somit muss der Benutzer nicht selbst die besten Einstellungen herausfinden, sondern er braucht auf dieser Grundlage lediglich noch eine Feinjustierung vorzunehmen.

Wenn auch vor dem eigentlichen Beginn der Arbeit mit der adaptierbaren Anwendung eine Reihe von Einstellungen und Eingaben durch den Benutzer vorgenommen werden müssen, so hat auch diese vermeintlich unkomfortable Art ein besonders Plus. Ist die Anwendung erst einmal an den Benutzer angepasst und wird die Art der Nutzung der Benutzerparameter durch die Anwendung transparent dargestellt, so kann der Benutzer stets mit einem Verhalten der Anwendung rechnen, dass vorhersagbar ist. Er wird also durch die Reaktion der Anwendung nicht überrascht. Somit ist an dieser Stelle nicht mit einer erhöhten mentalen Belastung zu rechnen.

Dies wiederum ist einer der möglichen Nachteile adaptiver Systeme. Durch die ständige Aktualisierung des Benutzerprofils kann sich auch ständig das Verhalten der adaptiven Anwendung ändern. Zwar passt sich die Anwendung stets an die aktuellen Benutzerbedürfnisse an, jedoch ist durch diese stetige Anpassung eine Vorhersage, wie die Anwendung auf die nächste Benutzereingabe reagieren wird, schwer zu treffen. Will der Benutzer das Verhalten der adaptiven Anwendung hinterfragen, so muss er dazu einen Teil seiner individuellen mentalen Verarbeitungskapazität nutzen. Dies wiederum hat zur Folge, dass die mentale Belastung des Benutzers steigt.

Während also auf der einen Seite eine mentale Überforderung durch die geschickte, individuell abgestimmte Auswahl und Reaktion der Anwendung vermieden und die mentale Belastung verringert werden soll, kann also auf der anderen Seite genau das Verhalten, das dieses Ziel unterstützen soll, die gegenteilige Wirkung erzielen. Es ist bei dem Entwurf solcher Anwendungen also unabdingbar, dass hier eine Analyse von Aufwand und Wirkung durchgeführt wird.

Die notwendige Personalisierung für die Anpassung des Anwendungsverhaltens benötigt ein Modell des Benutzers, das die Parameter für die Entscheidungen der Anwendung enthält. Essenziell sind dazu solche Informationen über den Benutzer für die Anwendung, die sein Wissen, seine Ziele und seine Interessen beschreiben. Darüber hinaus können weitere personenbezogene Angaben wie die seines Alters, seiner Zielgruppe und auch anwendungsbezogene Angaben wie die bevorzugte Eingabemöglichkeit oder das bevorzugte Ausgabemedium für die Anwendung relevant sein. Die Angaben müssen dazu in einer formalisierten Weise vorliegen, so dass die Anwendung die Angaben entsprechend interpretieren kann. Anders ausgedrückt kann also gesagt werden, dass die Modellierung des Benutzers dessen mentalen Zustand erfasst. [DBE04]

Die benötigten Parameter stammen sowohl bei adaptierbaren als auch bei adaptiven Systemen aus verschiedenen Quellen, die allgemein in zwei Arten unterteilt werden können:

- explizite Quellen, bei denen der Benutzer zur Eingabe von Informationen über sich aufgefordert wird und
- implizite Quellen, die verschiedene Verhaltensweisen des Benutzers wie das Auswahlverhalten, die Eingabegeschwindigkeit oder andere automatisch auswerten.

Oftmals werden beide Arten zugleich in der Anwendungsentwicklung eingesetzt. Der Benutzer gibt zum Beginn seiner Arbeit mit der Anwendung Antworten auf einige wenige Fragen, die die grundlegenden persönlichen Informationen beschreiben, wie zum Beispiel sein Alter und die Zielgruppe. Während der folgenden Arbeit wertet die Anwendung dann weitere Parameter aus. Somit wird zunächst eine grobe und im Nachhinein eine feinere Anpassung an den Benutzer erreicht. Der Vorteil dieses kombinierten Vorgehens besteht darin, dass die Anpassungsgeschwindigkeit der Anwendung an den Benutzer wesentlich erhöht wird gegenüber der nur auf impliziten Quellen basierenden Anpassung.

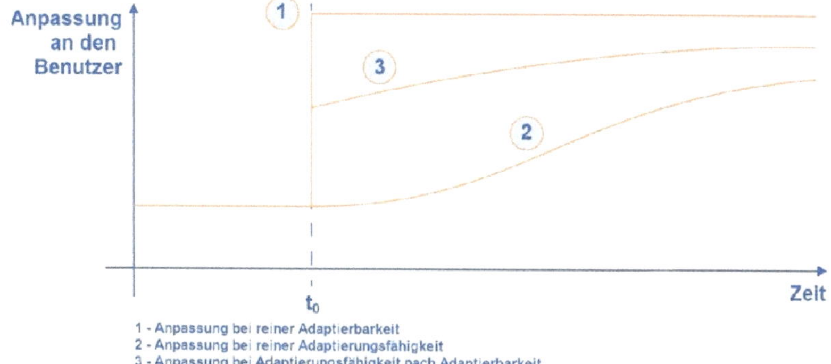

Abb. 38
Modellhafte Adaptionsgeschwindigkeiten (schematisch)

Adaptive Anwendungen kommen in der heutigen Zeit häufiger vor als oftmals vermutet wird, denn mittlerweile sind viele Anwendungen im Web so ausgelegt, dass sie sich an die Benutzerbedürfnisse anpassen. Allerdings wird diese Anpassung selten in den Fokus des Benutzers gerückt, so dass dieser davon häufig keine Ahnung hat. Das Ergebnis kann eine eventuelle Verbesserung von Suchergebnissen sein, eine bessere Darstellung des Inhaltes durch angepasste Erscheinungsbilder oder schlicht durch personalisierte Werbung. Gerade der letztgenannte Aspekt der Werbung in Kombination mit dem Begriff „Verbesserung“ zeigt noch einmal deutlich die Notwendigkeit der Diskussion an diesem Punkt. Allgemein jedoch gilt, dass viele Webseiten das Benutzerverhalten bei dessen Besuch mit den oft diskutierten (→) Cookies registrieren, insbesondere dann, wenn der Besucher sich auf der Webseite durch (s)eine persönliche Anmeldung zu erkennen gibt und damit (implizit) einverstanden erklärt. Das Ergebnis ist die implizite, kontinuierliche und automatische Aktualisierung des Benutzerprofils während des Browsens, ohne dass der Benutzer dies merkt oder in einer besonderen Form aktiv werden muss.

Eine der großen Herausforderungen bei der Entwicklung solcher Anwendungen ist die Komplexität der Intelligenz, die benötigt wird, um das Anpassungsverhalten zu optimieren. Daher werden oftmals hybride Systeme eingesetzt, die, ähnlich wie oben schon beschrieben, adaptierbare und adaptive Anteile kombinieren. Während oben jedoch eine strikte Trennung mit einem zu Beginn adaptierbaren Anteil und einem im späteren Verlauf nur noch adaptiven Teil beschrieben wurde, wird eine solche Trennung von hybriden Systemen vermieden, in dem zum Beispiel

- die Anwendung mögliche Elemente, die adaptierbar sind, vorschlägt. Der Benutzer kann diese Elemente, wenn er es möchte, dann bedienen.
- die Anwendung mögliche Einstellungen bestimmter Elemente, die adaptierbar sind, vorschlägt. Der Benutzer kann diese dann annehmen oder ablehnen.
- die Anwendung Vorschläge für den oder die nächsten Schritte macht. Der Benutzer kann aus diesen dann auswählen.
- die Anwendung Vorschläge für den oder die nächsten Schritte macht. Der Benutzer kann dies Vorschläge später bewerten. Dieses Verhalten ähnelt den bekannten (→) Rating-Werkzeugen.

3.3.4.2 Adaptives Hypermedia

Der Begriff Adaptives Hypermedia wurde von dem oben schon erwähnten Peter Brusilovsky schon weit vor dem Beginn des sogenannten Web2.0 und auch vor dem Aufstieg von Social-Media eingeführt [BRU96, BRU98]. Seinen Ideen zufolge sollte diese Form von Hypermedia drei Kriterien erfüllen:

- Es sollte sich um ein Hypermedia- oder Hypertextsystem handeln,
- es sollte über ein Benutzermodell verfügen und

- es sollte in Lage sein, die Hypermedien gemäß dem Benutzermodell anzupassen.

Insbesondere aus heutiger Sicht erscheint diese Beschreibung eine sehr allgemeingültige Beschreibung zu sein. Zum einen wird, entgegen der in Abschnitt 3.1.1 aufgestellten Definition, zwischen Hypertext und Hypermedia unterschieden, zum anderen wird nicht weiter darauf eingegangen, in welcher Weise die Hypermedien in dem Benutzermodell angepasst werden sollen.

Dennoch bleibt diese Definition durch die Einführung eines Benutzermodells für Hypermedia-Anwendungen und die ausdrückliche Berücksichtigung des Benutzers mit dem Ziel der medialen Anpassung grundlegend, denn sie weist wohl zum ersten Mal darauf hin, dass es keinen erfolgreichen One-size-fits-all-Ansatz für Hypermedia-Anwendungen gibt [STR11, MAG08]. Mit der Einführung eines individuellen Benutzermodells wird implizit darauf hingewiesen, dass die Benutzer und ihre Bedürfnisse in Bezug auf den Umgang mit Hypermedia-Anwendungen nicht eine große homogene Gruppe darstellen, sondern vielmehr von ausgesprochener Heterogenität sind.

Dies tritt noch wesentlich verstärkt dann zu Tage, wenn es sich um Web- und Internet-Anwendungen handelt. Hier wird oftmals schon rein traditionell eben diesem Ansatz gefolgt. So wird unter anderem meistens vorausgesetzt, dass alle Benutzer

- auf einem vergleichbaren Wissensstand sind,
- die gleichen Ziele verfolgen,
- die gleiche Motivation und
- die gleichen Präferenzen haben.
- Zudem wird vorausgesetzt, dass alle Benutzer gleichermaßen gut mit identischem, statischem Material, zum Beispiel bei Anwendungen zum Web-basierten Lernen, umgehen können.

Dies hat zur Folge, dass die realisierten Anwendungen neben den statischen und gleichen medialen Inhalten auch für alle Benutzer gleich aussehen und gleiche Navigationsstrukturen und Navigationshilfen sowie gleiche Bearbeitungswerkzeuge zur Verfügung stellen, wie zum Beispiel

- Featured Items in Online-Shops,
- Guided Tours in virtuellen Museen,
- Informationsangebote und Tipps auf Web-Beratungsseiten.

Aus Sicht der Entwickler aber ebenso auch aus Sicht der Medienproduzenten ist es durchaus nachzuvollziehen, wenn ein One-size-fits-all-Ansatz verfolgt wird, da hier der Entwicklungs- und Produktionsaufwand überschaubar bleibt. Werden hingegen verschiedene Ziel- und Benutzergruppen bei Entwicklung und Produktion berücksichtigt, kann der Aufwand schnell enorm ansteigen. Offensichtlich wird dies schon bei dem einfachen Beispiel, eine Anwendung zu internationalisieren:

- Für jede vorzuhaltende Sprache sind alle Medien, die Texte beinhalten, zu produzieren. Dies beschränkt sich nicht nur auf die reinen Textdateien, sondern umfasst auch gesprochene Texte wie zum Beispiel die Audiospuren von Videos und möglicherweise auch Beschriftungen innerhalb von Diagrammen, Grafiken und Animationen.
- Zu solchen unmittelbaren Faktoren können noch weitere, mittelbare Faktoren hinzukommen. Gemeint ist hier die Problematik solcher Anwendungen, die Benutzer verschiedener Kulturen adressieren sollen. Ausdrucksweisen, Farb- und Formgebungen können hier zu Akzeptanz- und Verständnisproblemen führen.

Entsprechend ausgelegt, können adaptive Systeme zur Lösung der oben genannten Probleme beitragen. Je nach Aufwand, der für die Realisierung des adaptiven Verhaltens betrieben werden kann oder soll, können verschiedene Umsetzungswege genutzt werden, Inhalte, Strukturen und Darstellungen so zu verändern, dass es den größtmöglichen Gewinn für den Benutzer bringt:

- Auswahl des Inhalts: Wie am Beispiel der Internationalisierung schon angerissen, werden bestimmte Inhalte sinnvollerweise nur Benutzern entsprechender Zielgruppen angeboten.
- Darstellung des Inhalts: Die angebotene mediale Form des Inhalts kann an die Präferenzen des Benutzers oder auch für einen barrierefreien Zugang angepasst werden. So kann anstelle eines gesprochenen Textes für Benutzer mit Hörbeeinträchtigungen der geschriebene Text angeboten werden. Darüber hinaus können solche Inhalte, die von besonderer Relevanz für den Benutzer sind oder die ihm an anderer Stelle schon einmal angeboten wurden, hervorgehoben werden.
- Unterstützung der Navigation: Schon herkömmliche Browser verändern, sofern es nicht durch gestalterische Eingriffe beeinflusst oder abgestellt wird, die Darstellung der Startanker von Links. So werden in der Regel solche Links, denen der Benutzer schon einmal folgte, farblich anders dargestellt als solche, denen er noch nicht folgte. Weitergehende Möglichkeiten zur angepassten Unterstützung der Navigation sind hier durchaus vorstellbar, wie zum Beispiel das völlige Verbergen von Links, die für den einzelnen Benutzer irrelevant sind. Dies kann durch das Löschen dieser Links zum Beispiel in Textlisten geschehen. Ein anderer Weg kann in der Nutzung von Transparenz für solche Startanker bestehen, die auf einem eigenen (→) Layer über dem eigentlichen medialen Inhalt dargestellt werden.

In Abbildung 39 wird versucht dies zu verdeutlichen. In der Browserdarstellung sind verschiedene farbig unterscheidbare Links dargestellt. Die Farben könnten zum Beispiel als Hinweis darauf gesehen werden, welcher Link für eine bestimmte Wissensdisziplin der relevanteste ist. Zwar sind alle Links dargestellt und somit auch erreichbar, aber je nach Benutzerpräferenz wird jeweils ein anderer Link über die farbliche Kennzeichnung hinaus besonders hervorgehoben.

Abb. 39 Adaptives Hypermedia

Selbstverständlich schließen sich verschiedene Arten der dynamischen Anpassung für bestimmte Medien aus. So wäre es weder aus gestalterischer Sicht noch aus Sicht der Benutzungsergonomie akzeptabel, wenn jedes Wort in einem Fließtext in einer anderen Farbe oder einem anderen Farbton dargestellt wird, weil dies der Anpassung der Navigation an den Benutzer dient, wie Abbildung 40 dies zeigt. Ebenso fatal wäre die Nutzung von Transparenz auf Textlinks in Fließtexten, da hier die entstehenden Lücken im Fließtext eher zur Verwirrung führen als zur Hilfe dienen würden, wie dies in Abbildung 41 gezeigt wird, obwohl dies bei Hotspots in Bildern und Videos ausgesprochen gut funktioniert, wie Versuche in dieser Richtung gezeigt haben [HOF06].

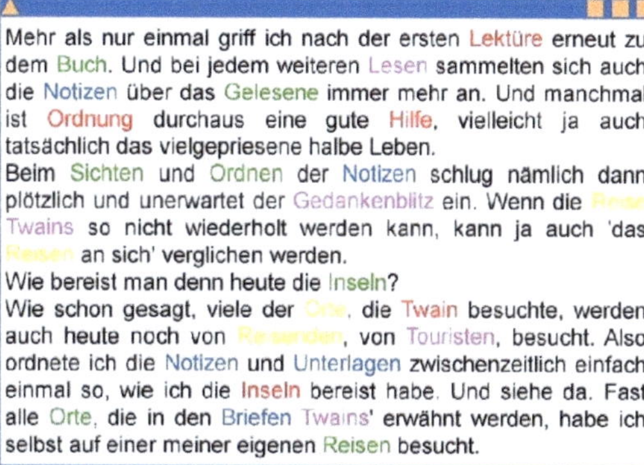
Mehr als nur einmal griff ich nach der ersten Lektüre erneut zu dem Buch. Und bei jedem weiteren Lesen sammelten sich auch die Notizen über das Gelesene immer mehr an. Und manchmal ist Ordnung durchaus eine gute Hilfe, vielleicht ja auch tatsächlich das vielgepriesene halbe Leben.
Beim Sichten und Ordnen der Notizen schlug nämlich dann plötzlich und unerwartet der Gedankenblitz ein. Wenn die Reise Twains so nicht wiederholt werden kann, kann ja auch 'das Reisen an sich' verglichen werden.
Wie bereist man denn heute die Inseln?
Wie schon gesagt, viele der Orte, die Twain besuchte, werden auch heute noch von Reisenden, von Touristen, besucht. Also ordnete ich die Notizen und Unterlagen zwischenzeitlich einfach einmal so, wie ich die Inseln bereist habe. Und siehe da. Fast alle Orte, die in den Briefen Twains' erwähnt werden, habe ich selbst auf einer meiner eigenen Reisen besucht.

Abb. 40 Überbordende farbliche Anpassung

Mehr als nur einmal griff ich nach der ersten Lektüre erneut zu dem . Und bei jedem weiteren Lesen sammelten sich auch die Notizen über das immer mehr an. Und manchmal ist durchaus eine gute , vielleicht ja auch tatsächlich das vielgepriesene halbe Leben.
Beim Sichten und Ordnen der Notizen schlug nämlich dann plötzlich und unerwartet der ein. Wenn die Twains so nicht wiederholt werden kann, kann ja auch 'das Reisen an sich' verglichen werden.
Wie bereist man denn heute die Inseln?
Wie schon gesagt, viele der , die besuchte, werden auch heute noch von Reisenden, von Touristen, besucht. Also ordnete ich die Notizen und zwischenzeitlich einfach einmal so, wie ich die Inseln bereist habe. Und siehe da. Fast alle Orte, die in den Briefen ' erwähnt werden, habe ich selbst auf einer meiner eigenen Reisen besucht.

Abb. 41 Textlücken durch Transparenz

3.3.4.3 Narratives Hypermedia

Die bis hierher beschriebenen Formen von intelligentem Hypermedia, egal ob adaptiv oder adaptierbar, greifen vor allem in die Auswahl der angebotenen Inhalte und deren Darstellung sowie in die Anpassung der Navigationshilfen ein. Eine weitere Möglichkeit zur Anpassung einer Präsentation an den

Benutzer ist das Aufbrechen der narrativen Strukturen bei der Vermittlung der Inhalte.

Schon früh in der Entwicklung und Anwendung von Hypermedia versuchten auch Schriftsteller, die neuen Möglichkeiten, die sich durch die Vernetzung von Inhalten bieten, auf künstlerische Weise zu nutzen, wie es auch Andrzejewski beschreibt [AND07]. Suter beschreibt dies ebenfalls sehr anschaulich, wenn er sagt, dass sich „elektronische Hypertexte (…) oft dadurch aus[zeichnen], dass sie keinen eindeutigen Narrationspfad vorgeben, sondern ganze Netzwerke von Möglichkeiten anbieten. Raum und Zeit nehmen dabei wie in traditionellen Texten eine zentrale, ‘erzählungskonstituierende’ Rolle ein. Raum- und Zeitdimensionen werden in Hyperfiktionen über das Prinzip des Weges verknüpft.“ [SUT00] Die von Suter beschriebene Hypertextliteratur beruht auf dem aktiven Eingreifen des Benutzers, also hier des Lesers, in das hyperliterarische Stück. Er entscheidet, welchem Verweis innerhalb der Erzählung er folgen will.

Die Berücksichtigung der Vernetzung und der sich daraus bildenden narrativen Netzwerke ist ein erster Schritt zum Aufbrechen der Linearität in der Narration. Sowohl Romane als auch Filme, Theaterstücke oder Hörspiele folgen in der Regel einem linearen Ablauf. In der Mehrheit orientiert sich dieser Ablauf am realen zeitlichen Ablauf innerhalb der Handlung. In einigen wenigen Ausnahmen orientiert sich der Ablauf dagegen auch an anderen Merkmalen wie zum Beispiel einer handlungsimmanenten Logik. Ein recht eindrückliches Beispiel dafür stellt Umberto Ecos „Das Foucaultsche Pendel“ dar, bei dem zunächst Handlungsstränge in verschiedenen Zeitaltern parallel erzählt werden, bis sie an einem logisch sinnvollen Punkt in der Narration zusammengeführt werden. [ECO92]

Letztendlich aber bleibt die (→) Rezeption der Narration linear. Der Leser, oder allgemeiner: das Publikum, verzweigt zwar in der Handlung und bricht die Linearität der Handlung auf. Allerdings setzt sich die vom Publikum empfangene Narration auch weiterhin aus einer linearen Abfolge von Teilstücken zusammen [HOF10]. Auch wenn möglicherweise Dinge parallel wahrgenommen werden können, wie zum Beispiel Gehörtes und Gesehenes, so ist dennoch die Verarbeitungsmöglichkeit des Publikums oftmals nicht in der Lage, beides parallel, in diesem Sinne also nichtlinear, zu verarbeiten.

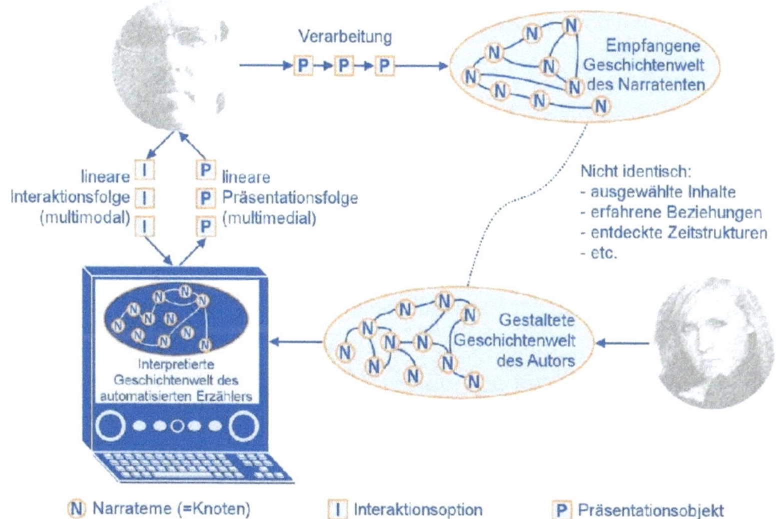

Abb. 42
Nichtlineare Handlungswelten

Wenn auch die Rezeption der Narration linear bleibt, und wenn auch die Handlung in der Regel einer linearen inhaltlichen Logik folgt, so besteht dennoch die Möglichkeit, die Darstellung der Handlung in gewisser Weise zu entlinearisieren. Dies kann am Beispiel eines Krimis sehr gut erklärt werden:

- Üblicherweise geschieht als Anstoß der logischen Handlung eine verbrecherische Tat (1).
- Nachdem die Tat wird entdeckt wird (2), …
- … werden Anstrengungen unternommen, den Tathergang zu entschlüsseln (3).
- Die sich daraus ergebenden Tatverdächtigen werden im nächsten Schritt ermittelt und gestellt (4).

- Oftmals schließt die Handlung mit der Erklärung des oder der Täter, warum es zu der Tat kam (5) …
- … und der Verurteilung oder zumindest der endgültigen Verhaftung (6).

Diese sechs Teilstücke der Gesamthandlung lassen sich auf verschiedene Weise zusammensetzen. Werden für die verschiedenen Kombinationsmöglichkeiten nun entsprechend geeignete Erzähltheorien berücksichtigt, so können sich in allen Kombinationsmöglichkeiten durchaus dramaturgisch sinnvolle und für das Publikum spannende Narrationen ergeben. Das dies tatsächlich funktioniert, zeigt der Vergleich einer normalen Folge einer Fernsehreihe wie „Tatort“ oder „Polizeiruf 110“ mit anderen Kriminalstücken. Während die ersteren in der Regel dem obigen Ablauf (1)-(2)-(3)-(4)-(5)-(6) folgen, nutzen Autoren für andere Stücke auch die Möglichkeit, Publikum und virtuelle Ermittler erst einmal im Dunkel oder auf unterschiedlichen Wissensniveaus stehen zu lassen. So können sich auch Handlungsaufbauten wie (4)-(6)-(5)-(1) oder andere als erfolgreich, dramaturgisch sinnvoll und für das Publikum spannend erweisen. Ein gutes Beispiel, neben unzähligen anderen, bildet Stanley Kubricks Film Lolita aus dem Jahre 1962, der ausgesprochen gekonnt mit der oben aufgeführten Abfolge spielt und diese sogar noch einmal auf besondere Weise zusammensetzt, in dem Anfang und Ende des Films in dem obengenannten Punkt (5) zusammenlaufen. [KUB62]

Intelligente Hypermediaanwendungen können dieses Aufbrechen der Gesamthandlung in Teilstücke nutzen, um dem Publikum den individuell besten, also spannendsten, dramaturgischen Handlungsverlauf zu präsentieren.

Beispiele wie das oben beschriebene Krimibeispiel basieren dabei auf der langen und erfolgreichen Geschichte der Literatur- und auch der Theatertheorie. Insbesondere die Handlungstheorien von Genette sind hier ausgesprochen hilfreich [GEN66, GEN69; GEN72; GEN83; GEN94], denn er führte mit der Beschreibung von Analepsen und Prolepsen als sogenannte „Ellipsen einer Handlung“ theoretische Hilfsmittel ein, die die Basis für eine erfolgreiche Realisierung von narrativem Hypermedia sein können.

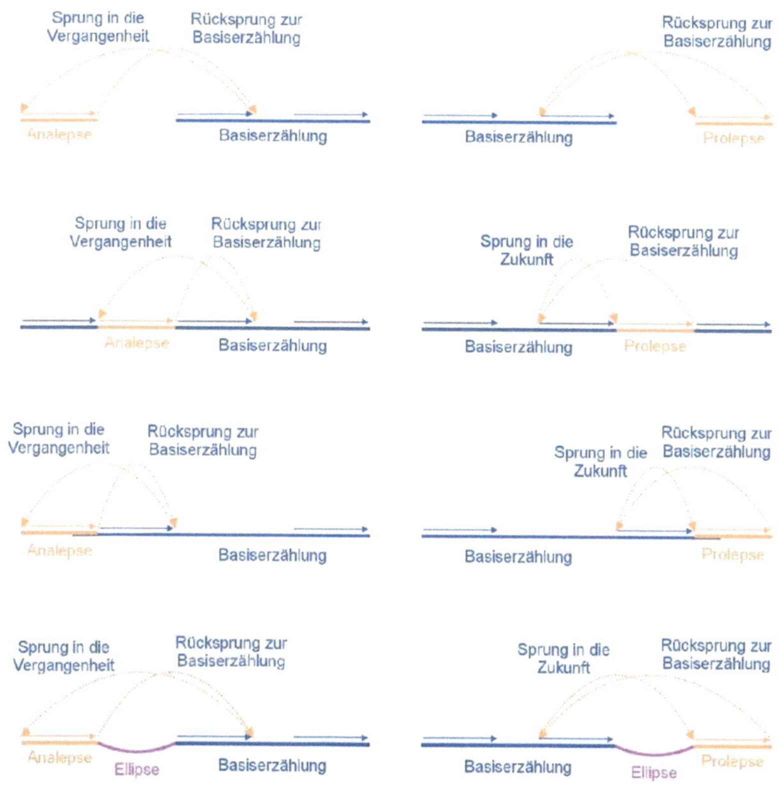

Abb. 43
Ellipsen als Hilfsmittel zur Strukturierung von narrativem Hypermedia

Eine andere Art von Erzählung kann für die hypermediale Darstellung ebenfalls interessant sein. Dabei handelt es sich um den sogenannten Perspektivenfilm, bei dem die Handlung ebenfalls in Teilhandlungen aufgebrochen wird und jede der Teilhandlungen aus der Perspektive eines in der Handlung auftretenden Charakters erzählt wird.

Das herausragende und wahrscheinlich bekannteste Beispiel für diese Art der Erzählung ist sicherlich der Film „Rashomon“ von Akira Kurosawa aus dem Jahr 1950 [KUR50]. Auch dabei handelt es sich um eine Kriminalhandlung, bei der das Geschehene aus den Perspektiven der verschiedenen involvierten

Personen in den Rollen Opfer, Täter und Zeuge erzählt wird. Im Kinofilm werden diese Perspektiven nacheinander gezeigt, da es hier an der möglichen Interaktion fehlt, damit das Publikum in die Darstellung oder die Wahl der Perspektive eingreifen könnte. Aktuelle Techniken wie DVD/ Blu-Ray [JES04] oder eben auch Hypermedia bieten dem Publikum nun die Möglichkeit, die Perspektive, aus der die Handlung erzählt wird, während der Präsentation auszuwählen und zu wechseln.

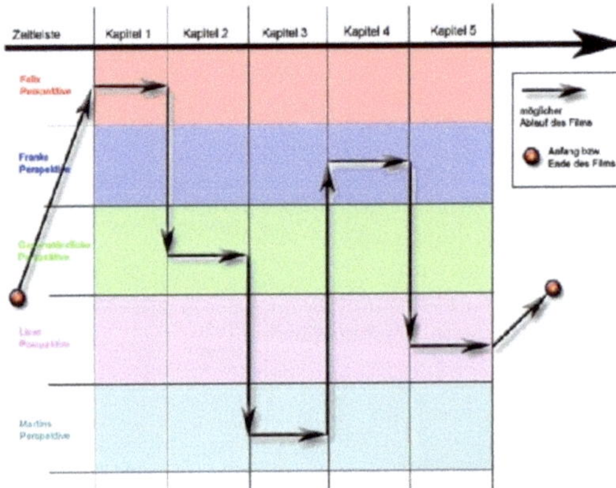

Abb. 44 Perspektivenfilm auf DVD Interaktionsmöglichkeit zum Perspektivwechsel nur am Ende jedes Kapitels

Auch hier kann die intelligente, narrative Hypermedia-Anwendung sich dem Benutzer anpassen und, in der einfachsten Umsetzungsvariante, nur die Verweise zu Perspektiven verändern, die der Benutzer schon gesehen hat oder aber, in einer komplexeren Realisierungsform, dem Benutzer nur die

Perspektiven anbieten, die dramaturgisch sinnvoll sind. Insbesondere die letztere Realisierung setzt die Existenz eines guten Benutzermodells und darüber hinaus eines guten Dramaturgiemodells voraus.

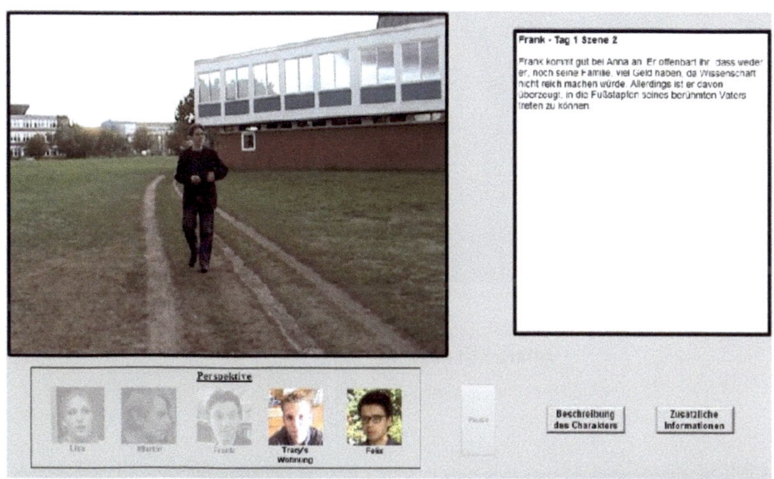

Abb. 45
Perspektivenfilm als Hypermedia
Ständige Interaktionsmöglichkeit zum Perspektivwechsel

Der Hinweis auf interaktive Kinoerlebnisse soll und darf an dieser Stelle nicht fehlen. Dieses Thema aber soll im Rahmen dieses Buches nicht weiter vertieft werden, da bei diesen Anwendungen in der Regel das soziale Gruppenerlebnis im Zentrum [WIN10] steht, wie es beispielhaft in Abbildung 46 gezeigt wird. Für „normale“ Hypermedia-Anwendungen ist dieser Aspekt allerdings wohl eher irrelevant. Zudem erfordert diese Form auch ein gänzlich anderes Herangehen an die Gestaltung der Interaktion als es für Hypermedia-Anwendungen, die in der Regel eben für einzelne Benutzer konzipiert sind und um die es in diesem Buch vornehmlich gehen soll, sinnvoll ist. Viele und ausgesprochen spannende erfolgreiche Arbeiten auf diesem Gebiet hat Glorianna Davenport mit ihrer interactive cinema group am Massachusetts Institute of Technology (MIT) aufzuweisen.

Abb. 46
Interaktives Kino

Einen technisch aktuelleren und auch einen etwas anderen Ansatz als die des oben genannten MIT zeigt das Projekt „Last Call" der Berliner Filiale der Agentur Jung von Matt (Abbildung 47, [THI11]). Auch dieses ist eine Umsetzung für interaktives Kino und hat damit ebenfalls den sozialen Gruppenaspekt im Fokus. Allerdings wird durch die crossmediale, beziehungsweise genauer gesagt: die (→) crossmodale, Interaktion ein weitaus höherer Grad der Individualisierung erreicht. Eine einzelne Person aus der Gruppe des Publikums wird ausgewählt, über den Verlauf der Handlung zu entscheiden. Dies geschieht über das Smartphone oder Handy, also ein ganz alltägliches Gerät. Der ausgewählte Besucher gibt vor dem Besuch der Veranstaltung seine Telefonnummer an und damit die Zustimmung, während der Veranstaltung angerufen zu werden. Während der Vorführung wird aus der Liste der Telefonnummern an bestimmten Stellen des Films ein Gast ausgewählt und dieser von der Hauptperson im Film angerufen und gezielt nach dessen Hilfe gefragt. Diese Hilfe beeinflusst dann den weiteren Verlauf des Geschehens auf der Leinwand. Somit erreicht dieser Ansatz ein Aufbrechen des normalerweise vorgegebenen, feststehenden Handlungsverlaufs. Durch die (→) Crossmedialität und die Beeinflussbarkeit der Handlung kann so eine stärkere (→) Immersion des Publikums in die Handlung erreicht werden.

Abb. 47 Interaktives Kino mit cross-medialer Interaktion (Last Call)

3.4 Hypermedia vs. Interactive TV

Schon länger sind auf dem Markt verschiedene Formen des interaktiven Fernsehens (iTV) zu finden. [ORA04] Die folgende Kategorisierung soll einen Überblick über unterschiedliche Arten der Wechselwirkungen zwischen Fernsehzuschauer und „Fernsehgerät“ bieten, die sich durchaus von den

Wechselwirkungen zwischen Hypermedia-Benutzer und Hypermedia-Anwendung unterscheiden, wie sich schon in den Abbildungen 19 und 20 in Abschnitt 3.1.3 zu erkennen ist.

3.4.1 Erweitertes Fernsehen

Beim erweiterten Fernsehen (Enhanced TV) kann der Zuschauer auf zusammen mit dem Fernsehsignal ausgestrahlte Zusatzinformationen zugreifen. Ein Rückkanal ist dabei nicht vorgesehen. Die Informationen werden in der Regel über dem eigentlichen Videobild dargestellt [JEN05]. Dazu zählen heute gebräuchliche Anwendungen wie Videotext und elektronische Programmführer (Electronic Program Guide, EPG). Die Interaktivität beschränkt sich dabei auf die wählbare Darstellung der Zusatzinformationen.

3.4.2 Personalisiertes Fernsehen

Personalisiertes Fernsehen ermöglicht durch Zwischenspeicherung des Fernsehsignals die asynchrone Wiedergabe. Es stehen Funktionen wie das Pausieren, Zurückspulen, zeitversetztes Fernsehen (Time Shifting) oder Zeitlupe zur Verfügung [JEN05]. Meist durch den Einsatz einer (externen) Festplatte wird das Empfangsgerät zum persönlichen Videorekorder (Personal Video Recorder, PVR). Hier ermöglicht die Interaktivität lediglich den Einfluss auf die zeitliche Dimension der Wiedergabe.

3.4.3 Programmgebundenes unidirektional interaktives Fernsehen

Mangels technischer Möglichkeiten des Empfangsgerätes wird heute meist ein zweites Medium zu Hilfe genommen, um einen Rückkanal vom Zuschauer zum Sender herzustellen. Über das Telefon, SMS, E-Mail oder (meist internet-basiertem) Chat kann der Nutzer mit dem Sender Kontakt aufnehmen. Zu den üblichen Interaktionen zählen beispielsweise die Bestellung von Produkten im Home-Shopping und die Freischaltung von Kanälen oder einzelnen Sendungen bei Pay-per-Channel oder Pay-per-View. Eine Einflussnahme auf das Programm ist etwa durch die Teilnahme an Abstimmungen und Spielen möglich. [JEN05; BRA00]

Der Musiksender MTV setzte mit seinem Kanal MTV Flux, später umbenannt in MTV One+1, ganz auf Interaktivität [ZEI06]. Die Nutzer sollten das Programm des Senders komplett selbst gestalten. Sie moderierten das Programm und stellten ihre eigenen Inhalte zur Verfügung. Die Interaktion geschah über das dazugehörige Internetportal. Angemeldete Nutzer hatten beispielsweise die Möglichkeit, eigene Videoclips hochzuladen und über ihre virtuelle Repräsentation, ihre individuellen Avatare, Gefühle am Bildschirm zum Ausdruck zu bringen. MTV Flux startete im September 2006 in Großbritannien nachdem es zuvor ist in Japan und Italien getestet wurde. Anstoß gab der Trend eines vermehrten Angebots von Internetdiensten, die dem Nutzer eine umfangreiche Selbstdarstellung und den Aufbau eines sozialen Netzwerks ermöglichen, wie zum Beispiel MySpace, dass zur damaligen Zeit noch hochaktuell war. Beide Beispiele, sowohl MTV Flux als auch MySpace mussten allerdings, jedes auf seine Weise, der rasanten Entwicklung und Veränderung des WWW Tribut zollen, indem MTV Flux nach mehreren Umgestaltungen eingestellt bzw. in das Hauptprogramm integriert wurde und MySpace zwar noch existiert, aber heutzutage eine vollkommen unbedeutende Rolle im Internet spielt.

3.4.4 Programmgebundenes bidirektional interaktives Fernsehen

Während das „klassische" Fernsehen ein Broadcasting-Medium ist und den One-to-many-Ansatz verfolgt, bzw. diesen aus technischen Gründen verfolgen muss, ermöglicht ein bidirektionaler Punkt-zu-Punkt-Interaktionskanal Zusatzfunktionen wie Webseitenabruf, E-Mail, Chat, usw. direkt aus dem TV-Programm heraus.

Der Empfang der Informationen bleibt über die Punkt-zu-Mehrpunkt-Verbindung aber programmgebunden. So genannte Quick-Hit-Anwendungen mit anwählbaren Hotspots ermöglichen Home-Shopping, elektronisches Abstimmen (E-Voting) oder die Teilnahme an Spielen per Tastendruck. [BRA00]

Ein System, das einen integrierten Rückkanal vorsieht, ist die MHP-Plattform (multimedia home platform) für die Übertragung und Darstellung interaktiver

Inhalte im digitalen Fernsehen. Der Rückkanal ist optional und nur bei einem Teil der verfügbaren MHP-fähigen Geräte in Form eines Modems implementiert. [REI05; PIE06]

3.4.5 (Interaktives) Fernsehen auf Abruf

Beim nichtlinearen Fernsehen mit bidirektionalem Punkt-zu-Punkt-Interaktionskanal wird von Video-auf-Abruf oder (→) Video-on-Demand (VoD) gesprochen. Nachdem Pilotversuche Anfang der Neunziger an den hohen Kosten für den technischen Aufbau von VoD-Angeboten scheiterten [BRA00], rührt sich erst in jüngerer Zeit wieder etwas auf diesem Markt, dafür allerdings mit enormer Vehemenz. Jetzt, da das Internet-Fernsehen nach Expertenmeinungen seinen Durchbruch genommen hat [BIT06], ist der Schritt zum gewinnbringenden Verkauf von VoD-Diensten mittlerweile erfolgreich genommen. Nachdem der Internetanbieter T-Online schon seit Ende 2004 Videofilme zum Download anbot, folgte im September desselben Jahres Amazon, wohl das weltweit größte „Internet-Versandhaus“, mit dem Dienst „Unbox“. Ebenso nahm bereits Ende Juli 2006 der Dienst Maxdome des Fernsehsenders ProSieben den Regelbetrieb auf. Auch der Disney-Konzern testete das Angebot von Fernsehserien für den iPod als eine Ausprägung mobiler Videoabspielgeräte und strahlt Fernsehserien mit Hinblick auf die Erschließung eines multilingualen Publikums über das Internet aus, ebenso wie auch Apple diesen Markt als interessant für sich erkannt hat und versucht, ihn zu besetzen. Durch den Abruf der Videos über das weltweite Datennetz ist das Angebot von zahlreichen verschiedenen Sprachspuren im Vergleich zum herkömmlichen Punkt-zu-Mehrpunkt-Fernsehen ((→) Broadcast) nämlich unkritisch [ZEI11], während die Anzahl der erreichbaren Haushalte um ein Vielfaches steigt.

Wenngleich kontrovers diskutiert, so sorgt die Digitalisierung dennoch beim herkömmlichen Fernsehen für Zuschauerschwund, was sowohl der Lehrstuhl Wirtschaftsinformatik und Neue Medien der Uni Siegen, das Fraunhofer Institut für angewandte Informationstechnik (FIT) als auch die Fortbildungsakademie Medien der Universität Siegen in einer vom Software-Hersteller Buhl Data in Auftrag gegebenen Studie herausfanden [HEI06]. Helmut

Hauptmeier von der Fortbildungsakademie Medien der Universität Siegen ist der Meinung, dass der Zuschauer digitaler Angebote bei dem Überangebot an Programmkanälen zwingend darauf angewiesen sei, sich etwa über das Internet einen eigenen Zugang zum Programmangebot zu verschaffen [HEI06].

Das die Themen Interaktion, Vernetzung, und individueller Abruf von Programminhalten auch für die „klassischen“ Fernsehanstalten verstärkt von Interesse sind, belegen die steigende Zahl der sendereigenen Mediatheken sowie die enormen Aufwände und Ressourcen, die diese Anstalten für deren Entwicklung und Betrieb bereitstellen.

Weil sich die Auftritte und Gestaltungen solcher Angebote fast schon in regelmäßigen Perioden ändern oder den vermeintlichen Benutzerwünschen angepasst werden, soll an dieser Stelle lediglich ein sehr grober Blick auf solche Mediatheken-Angebote geworfen werden. Da es zu den in Abschnitt 3.3.4.1 besprochenen Aspekten der Adaptivität und Adaptierbarkeit passt, wurden deshalb stellvertretend für die Angebote vieler anderer Fernsehanstalten die Mediatheken von ARD und ZDF im Stand vom August 2018 ausgewählt.

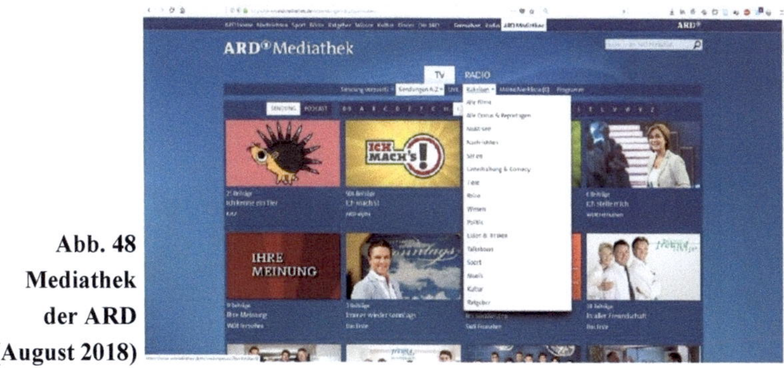

Abb. 48 Mediathek der ARD (August 2018)

Die ARD wählt hier den wohl einfachsten Weg, der keine weitere Personalisierung oder Adaptierbarkeit durch und an den Benutzer vorsieht. Diese wird hier auf Seiten der Anbieter eingeführt, indem der Benutzer die Möglichkeit hat, seine „Ziel“sendung durch Kategorien und Unterkategorien auf mehreren Ebenen selbst zu finden (Abb. 48). Es wird also für die Seite des Benutzers …

- … explizit vorausgesetzt, dass dieser genau weiß, was er sucht und …
- … implizit entschieden, dass der Benutzer keine weiteren Informationen zu ähnlichen Sendungen bekommen soll oder wünscht.

Anders aufgebaut hingegen ist das Angebot der Mediathek des ZDF. Für den schnellen Zugang steht auch hier eine einfache Navigation durch Kategorien und Unterkategorien zur Verfügung (Abb. 49).

Darüber hinaus kann der Benutzer dieses Angebot aber auch durch eine Personalisierung anreichern. Hierzu muss er zunächst eine Registrierung vornehmen, und kann dann sowohl Darstellungs- und Präsentationspräferenzen als auch thematische und inhaltliche Präferenzen und Vorlieben einstellen und so ein erweitertes, proaktives Angebot der Mediathek nutzen.

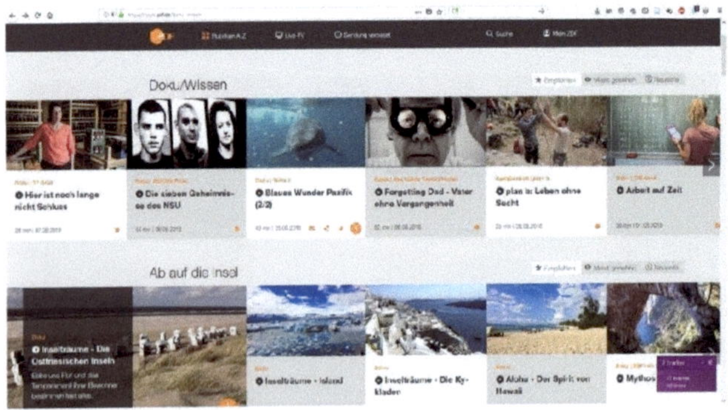

Abb. 49 Mediathek des ZDF, allgemeines Angebot (August 2018)

In beiden gezeigten Angeboten werden Zusatzinformationen zu den ausgewählten Sendungen stets und ausschließlich außerhalb der Präsentation der ausgewählten Sendung dargestellt. Zudem wird auf eine Interaktion des Benutzers mit beziehungsweise innerhalb der Sendung verzichtet. Der Benutzer kann Objekte, die in der ausgewählten Sendung gezeigt werden, nicht aktivieren, um gezielt Zusatzinformationen zu genau diesem Objekt zu erhalten.

Es erfolgt also keine Kombination von (Hyper-) Medien, wie in Abschnitt 3.3.3 beschrieben.

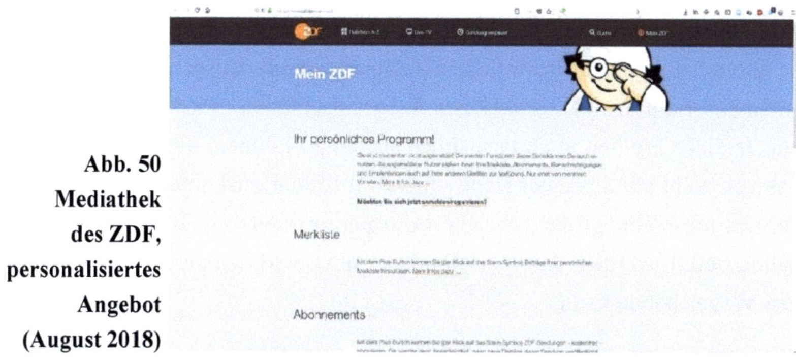

Abb. 50 Mediathek des ZDF, personalisiertes Angebot (August 2018)

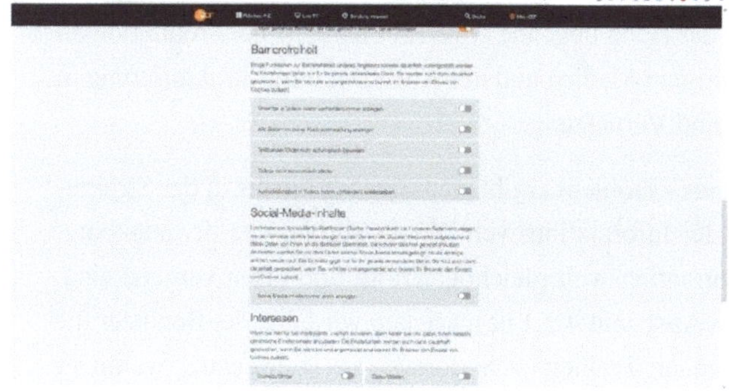

4 Navigation und Interaktion

Interaktion bedeutet Freiheit für den Benutzer!

Er allein hat die Wahl, zu welchem Zeitpunkt seines Besuchs in der angebotenen Informationswelt er welchen Weg einschlagen möchte. Um dem Benutzer diese Freiheit auch tatsächlich bieten zu können, darf die Informationswelt nicht nur aus einer Handvoll von Informationsknoten bestehen, sondern es muss eine große Zahl von Informationsknoten definiert und mit Inhalten befüllt werden, damit der Benutzer auch wirklich eine Wahl des eigenen Weges haben kann.

Diese Situation allerdings birgt mindestens zwei Probleme:

- Das auf der Hand liegende erste Probleme ist die Produktion all der benötigten Medien und der Aufwand ihrer Strukturierung in Knoten und Vernetzung.
- Ein weiteres Problem ergibt sich darüber hinaus in der Strukturierung der Informationswelt: Wenn alle Inhalte der angebotenen Informationswelt gleichberechtigt und offen vernetzt sind, wie es in Abschnitt 4.2.1 beschrieben wird, hat der Benutzer die vollkommene Freiheit sich dorthin zu „bewegen", wohin er möchte.
    - Wohin aber möchte er, oder in anderen Worten, was ist sein Ziel?
    - Weiß er, wie er dorthin gelangen kann?
    - Kennt er seine eigene aktuelle Position in der Informationswelt?
- Oder…
    - … hat er die Orientierung in der Fülle der Informationen und Informationsknoten verloren?

Hier kann der Autor natürlich eingreifen, indem er Wege durch das Entfernen von Vernetzungen einschränkt. Aber dies schränkt andererseits unmittelbar auch die Freiheit des Benutzers ein.

Letztendlich bedeutet dies ein Dilemma in der Strukturierung von Informationswelten. Die Wünsche der Benutzer in Bezug auf die „Bewegungsfreiheit" stehen den Wünschen der Strukturierung und damit der Kontrolle der Inhalte durch den Autor entgegen. Diesem Problemfeld widmen sich die folgenden Abschnitte.

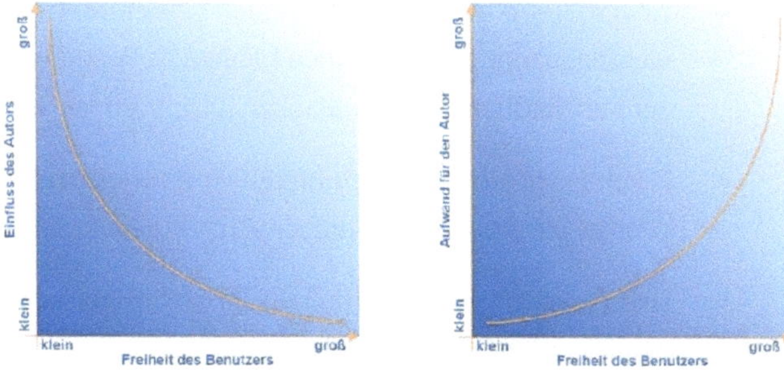

Abb. 51
Beziehung zwischen der Freiheit von Benutzer und Autor

4.1 Navigation und Struktur

Generell kann die Betrachtung von Hypermedia aus zwei Perspektiven erfolgen:

- Die eine ist eine äußere oder technisch induzierte Perspektive mit dem Schwerpunkt auf der kombinierten Betrachtung des anzubietenden Inhaltes mit dem System, dass die Interaktion und die Präsentation steuert.
- Die andere Perspektive ist eine innere oder eher eine medial induzierte Perspektive, die ihren Schwerpunkt auf den Inhalt legt. Dieser Betrachtungsansatz stellt das technische System in seiner Gänze als Schnittstelle zwischen Benutzer(n) und Medien dar.

Die Inhalte sind für den Benutzer nur über das Hypermediasystem, als Anwendung, zum Beispiel in Form eines Browsers, erreichbar oder gar zu bearbeiten.

Kern einer jeden Hypermedia-Anwendung ist, wie auch in den obigen zwei Punkten erkennbar, die Information als Inhalt der Anwendung. Damit der Benutzer diesen Inhalt für seine Ziele erfolgreich nutzen kann, muss der Inhalt für die Darstellung und die Interaktion aufbereitet sein. Dies umfasst verschiedene Aspekte der Strukturierung:

- Erstens muss der Inhalt in seiner Gesamtheit „aufgebrochen“ werden, damit er in einzelnen kleinen Teilen, die für den Benutzer verständlich und handhabbar sind, vorliegt.
- Zweitens müssen die Teilinhalte strukturiert werden, damit ein geordneter und übersichtlicher Zugriff gewährleistet ist.
- Drittens müssen die Teilinhalte in technisch handhabbare Medien überführt werden. Dies ist analog zu jeder üblichen Medienproduktion.
- Viertens müssen diese Medien miteinander in Verbindung gebracht werden. Dazu müssen, gemäß der in Abschnitt 3.1.1 eingeführten Benennung, Anker in den Teilinhalten definiert werden, die als Start- und Zielpunkte für Links dienen.

Von besonderer Bedeutung sind die Punkte zwei und vier, denn hier entscheiden sich wesentliche Teile für die Gestaltung des Hypermedia-Angebots. Dies bezieht Fragen ein, die die Vorhaltung der Medien, den Zugriff auf diese Medien, den Umgang mit diesen Medien betreffen und vor allem, wie diese Medien miteinander zusammen- und voneinander abhängen. Neben den Aspekten der Vollständigkeit und der Verständlichkeit berühren diese Fragen auch weitere Aspekte wie zum Beispiel juristische oder gestalterische Fragen. Generell kann hier zwischen einer geschlossenen Struktur und einer offenen Struktur des Inhalts unterschieden werden.

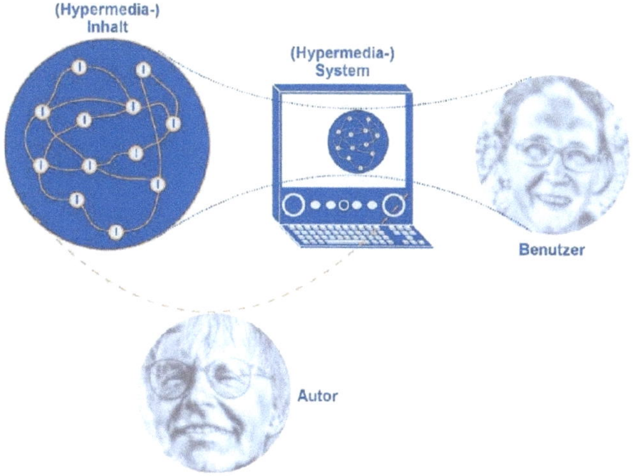

Abb. 52
Perspektiven zur Strukturbetrachtung: Autor und Benutzer

4.1.1 Geschlossene Struktur

Die geschlossene (Inhalts-) Struktur begrenzt den Inhalt. Alle Medien und Teilinhalte werden innerhalb einer eigens für dieses eine Hypermedia-Angebot aufgespannten Informationswelt vorgehalten. Sämtliche Links des Hypermedia-Angebots verweisen auf Ziele innerhalb der eigenen Informationswelt, kein Link führt nach „außen". Auf den ersten Blick erscheint dies als eine sehr restriktive Struktur, da der Autor des Hypermedia-Angebots für alle (Teil-) Inhalte selbst sorgen muss und für diese verantwortlich ist. Genau hierin aber liegen eine Reihe von Vorteilen.

Die Begrenzung des Inhalts durch eine geschlossene Struktur geht, wenn die im vorigen Abschnitt vorgestellten Aspekte der Strukturierung berücksichtigt werden, über die Beschränkung der Anzahl verfügbarer (Teil-) Informationen weit hinaus. Unter der Prämisse, dass Verständlichkeit für Anwendungen, die einem Publikum Informationen anbieten, das höchste Ziel sein sollte, meint Geschlossenheit der Struktur hier …

- … auf oberster Ebene die beschränkende Geschlossenheit des Inhalts durch seine Begrenzung, darüber hinaus …
- … auf einer zweiten Ebene auch eine äußere Geschlossenheit in der Präsentation durch eine einheitliche Medienwahl und deren Gestaltung sowie …
- … auf einer dritten Ebene auch eine innere Geschlossenheit in Bezug auf die Ausdrucks- und Darstellungsweise der zu vermittelnden Information.

Grundlegend für Verständlichkeit ist die Vollständigkeit der Information, die vermittelt werden soll. Werden die oben aufgeführten Aspekte der Strukturierung als Arbeitsschritte einer Medienproduktion betrachtet, so muss schon während der ersten beiden Schritte, dem „Aufbrechen“ und dem „Strukturieren“ des Inhaltes, beachtet werden, dass keine relevanten Teilinformationen verloren gehen. Fehlen Teilinformationen oder kann der spätere Benutzer bestimmte Teilinformationen innerhalb der Struktur nicht finden, so beeinträchtigt dies die Verständlichkeit. Hier mag es vorteilhaft sein, wenn der Anbieter oder Autor eine zweistufige Analyse seiner Arbeit durchführt.

- Zunächst sollte analysiert werden, wie der Inhalt strukturiert werden kann und nach erfolgter Strukturierung sollte dann …
- … des Weiteren analysiert werden, ob die Teilinformationen in angemessener Weise zur Vermittlung der Gesamtinformation beitragen und ob alle Teilinformationen den sinnvoll passenden Platz innerhalb der geschaffenen Struktur haben.

Ein nicht unbedeutender Aspekt soll die Betrachtung der geschlossenen Struktur abschließen. Dadurch, dass nur der Autor oder ein Autorenteam allein für die Inhalte und deren Vernetzung verantwortlich ist, besteht keine Gefahr durch Links, die nach „außen“ weisen und damit auf Ziele verweisen, die …

- … es entweder nicht oder nicht mehr gibt (tote Links) oder die …

- … eventuell aus juristischer Sicht bedenklich sind (geistiges Urhebertum, illegale Inhalte, etc.).

Die geschlossene (Inhalts-) Struktur begrenzt also die aufgespannte Informationswelt auf ausschließlich vom Autor zu dieser Informationswelt hinzugefügte Knoten und Links. Kein Link weist aus dieser Struktur heraus auf externe Quellen.

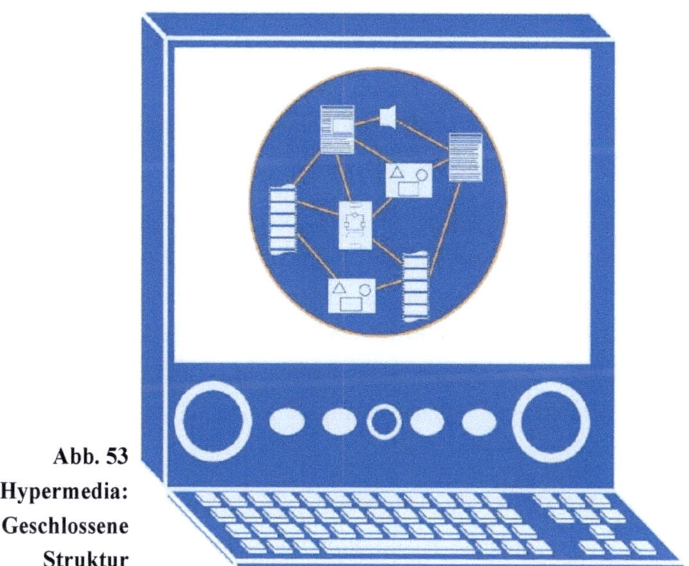

Abb. 53 Hypermedia: Geschlossene Struktur

4.1.2 Offene Struktur

Im Gegensatz zur geschlossenen (Inhalts-) Struktur setzt die offene Struktur keine Grenzen für den Inhalt. Sowohl alle Medien und Teilinhalte, die Teil des eigenen angebotenen Hypermedia-Angebotes und der so aufgespannten Informationswelt sind, sowie auch alle darüber hinaus erreichbaren Medien, wie zum Beispiel alle weiteren Seiten im Internet, können in einer solchen Struktur genutzt werden. Dies bedeutet, dass es für Links im Hypermedia-Angebot ebenfalls keine Einschränkungen in Bezug auf das jeweilige Ziel gibt. Die Links können somit gleichberechtigt auch auf außerhalb der „eigenen“ Informationswelt liegende Quellen zielen. Die Restrikitvität der geschlossenen Struktur ist somit wesentlich aufgebrochen. Dies mag auf den ersten Blick vorteilhaft erscheinen, da der Autor des Hypermedia-Angebots nicht mehr für alle (Teil-) Inhalte selbst sorgen muss und nicht mehr alleine für diese verantwortlich ist. Genau hierin aber liegen eine Reihe von Fallstricken.

Wie im obigen Abschnitt gezeigt, geht die strukturelle Begrenzung über Einschränkungen im Informationsangebot hinaus und schließt auch die Einheitlichkeit der Medienwahl und ihrer Gestaltung als auch die innere Geschlossenheit in Bezug auf Ausdrucks- und Darstellungsweise ein. Durch die Öffnung der Struktur verliert der Autor hier jedoch seinen Einfluss auf allen drei eingeführten Ebenen:

- Zwar kann auf der obersten Ebene davon ausgegangen werden, dass durch die Offenheit der Struktur (Teil-) Informationen zu jedem nur erdenklichen Aspekt des Informationszieles zu finden sind. Inwieweit allerdings diese Informationen relevant für dieses Ziel sind, und ob sie überhaupt zielführend sind, ist für das Publikum als Benutzer allerdings nur schwer einzuschätzen.
- Auch die Geschlossenheit in der Präsentation und der Darstellungsweise sind durch den Autor nicht mehr zu beeinflussen. Professionelle, redaktionsbetreute Inhalte können hier unmittelbar neben amateur- und laienhaft produzierten Inhalten liegen ebenso wie visuelle und auditive Gestaltungen von (Teil-) Information zu (Teil-) Information voneinander abweichen können.
- Selbiges gilt zudem auch für unterschiedliche Ausdrucksweisen und -formen, die sich ungefiltert vermengen können.

Dies hat grundlegende Auswirkungen auf die Verständlichkeit der Information, die vermittelt werden soll.

Sollen die oben aufgeführten Aspekte der Strukturierung auch bei der offenen Struktur als Arbeitsschritte einer Medienproduktion betrachtet werden, so müssen die Arbeitsinhalte der einzelnen Schritte den Besonderheiten, die sich durch die Offenheit einstellen, angepasst werden. Insbesondere das

„Aufbrechen“ des Inhalts muss hier zu einem „Eingrenzen“ werden. Die Aufgabe des Autors liegt darin, die direkten Links, die aus der eigenen Informationswelt heraus führen, sorgfältig zu prüfen und nur solche direkten Links zu verwenden, die zu wirklich relevanten „auswärtigen“ Quellen führen. Der Autor muss sich hier der Tatsache bewusst sein, dass er keinen Einfluss auf die weiterführenden Links in diesen Inhalten hat.

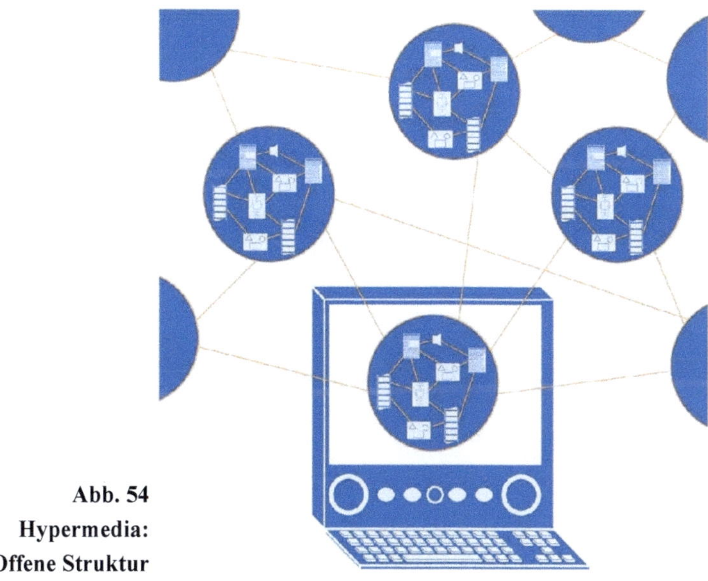

Abb. 54
Hypermedia:
Offene Struktur

Wenn auch ein direkter Einfluss des Autors auf die Links, denen der Benutzer folgen kann, nicht möglich ist, so können, zumindest an einigen Stellen in den eigenen Inhalten, Hinweise und Bewertungen möglicher externer Quellen dem Benutzer eine Hilfe sein.

Zudem kann auch die einheitliche Gestaltung der eigenen Inhalte eine Hilfe für den Benutzer sein. Ändert sich die Gestaltung in Form, Farbe, Ausdruck, usw. kann der Benutzer daran erkennen, dass er auf seinem Weg durch die offene Informationswelt zu einer anderen, auswärtigen Informationsquelle gewechselt ist.

Auch die Betrachtung der offenen Struktur soll mit dem rechtlichen Aspekt abgeschlossen werden. Dadurch, dass der Autor oder das Autorenteam ihre Inhalte und deren Vernetzung letztlich für alle erreichbaren Inhalte des Internet öffnet, sind sie auch für die Gefahren verantwortlich, die durch Links entstehen, die nach „außen" weisen und damit auf Ziele, die …

- … es entweder nicht oder nicht mehr gibt, also die toten Links, oder die …
- … eventuell aus juristischer Sicht bedenklich sind (geistiges Urhebertum, illegale Inhalte, etc.).

Die offene (Inhalts-) Struktur setzt einer aufgespannten Informationswelt keine Grenzen. Sowohl vom Autor direkt zu dieser Informationswelt hinzugefügte Knoten und Links als auch alle auf allen möglichen Wegen erreichbaren externen Quellen können für die Ziele der Struktur eingebunden werden. Links können somit auch aus dieser Struktur heraus auf externe Quellen weisen.

4.2 Verloren …

Die im letzten Abschnitt vorgestellte offene (Inhalts-) Struktur zeigt sehr deutlich eine der großen Herausforderungen in der Gestaltung von Hypermedien. Würde der Fall der „totalen Offenheit und Vernetztheit" erreicht, so wäre eine Informationswelt aufgespannt, die aus einer unbegrenzten Zahl von Informationsknoten bestünde, von denen jeder einzelne mit jedem anderen verlinkt wäre. Von einem Startpunkt als Eintritt in die Informationswelt kann der Benutzer jeden nur erdenkbaren Weg von diesem Startpunkt aus zu seinem individuellen Ziel wählen und er würde dieses Ziel auch erreichen. Wird dieser Fall noch durch eine Gleichberechtigung der Offenheit und Vernetztheit verallgemeinert, so wäre es darüber hinaus sogar egal, mit welchem Informationsknoten der Weg des Benutzers beginnen würde. Es ist leicht vorstellbar, welche Auswirkung dies auf die mentale Belastung des Benutzers hätte. Ohne Anhaltspunkt, wo sich er sich befindet und welcher nächste Informationsknoten der beste auf dem Weg zum Erreichen seines individuellen

Zieles ist, verliert der Benutzer leicht die Übersicht und damit einhergehend auch die Orientierung in der Informationswelt.

Diese Auswirkung ist im Grunde schon seit den Anfangszeiten der vernetzten (Hyper-) Medien bekannt. Conklin [CON87] führte dafür wohl als erster schon 1987 den Begriff des „Lost-in-Hyperspace“ ein. [EDW99]

Selbstverständlich ist der gedachte Extremfall der „gleichberechtigten Offenheit und Vernetztheit“ nur ein theoretisches Gedankenspiel. Allerdings setzt die Desorientierung in Informationswelten durchaus auch schon bei kleinen Strukturen ein. [EDW99]

4.2.1 ... in der Struktur

Eine der wichtigsten Aktivitäten des Benutzers, sich mit den Inhalten einer aufgespannten Informationswelt auseinander zu setzen, ist es, einen Weg durch die Inhalte zu finden, der den eigenen Bedürfnissen entspricht und zielführend ist. Neben dem Beitrag zur Rezeption des Inhalts ist die Navigation aber in erster Linie eine Auseinandersetzung mit der Struktur der Informationswelt beziehungsweise mit ihrem strukturellen Aufbau. Um sein Ziel „sicher“ erreichen zu können, muss der Benutzer den Aufbau der Struktur verstehen. Dabei muss das Verständnis nicht auf der obersten Wahrnehmungsebene einsetzen, es kann sich vielmehr durchaus auch um ein „gefühltes Verständnis“ handeln, bei dem der Benutzer sich rein intuitiv durch die Informationswelt bewegt. Ob diese Bewegung innerhalb einer geschlossenen oder einer offenen Struktur stattfindet, ist dabei nicht von Belang. Vielmehr ist es der strukturelle Aufbau, der für die Navigation hilfreich ist oder diese behindert.

Hypermedia, unabhängig ob statisch, dynamisch, kombiniert oder intelligent, folgt im Regelfalle nicht der linearen Struktur eines analogen Mediums wie es bei Büchern oder Filmen in der Regel der Fall ist. Vielmehr ist es durch die Möglichkeit zur Verlinkung vor allem die netzartige Struktur, die die hypermediale Charakteristik ausmacht. Zwischen beiden Extremen kann die Informationswelt mittels einer Reihe verschiedenster Ordnungen und Strukturen aufgebaut werden.

Zur Betrachtung, wie Informationswelten strukturiert werden können, wird im Folgenden die nahe Verwandtschaft zwischen der literarischen Form der Hypertextfiktion zu der Idee von Hypermedia genutzt. [HOF10] Die grundlegendste Unterscheidung möglicher Strukturaufbauten ist die Unterteilung in lineare und nichtlineare Strukturen, wie sie in Abbildung 55 dargestellt wird.

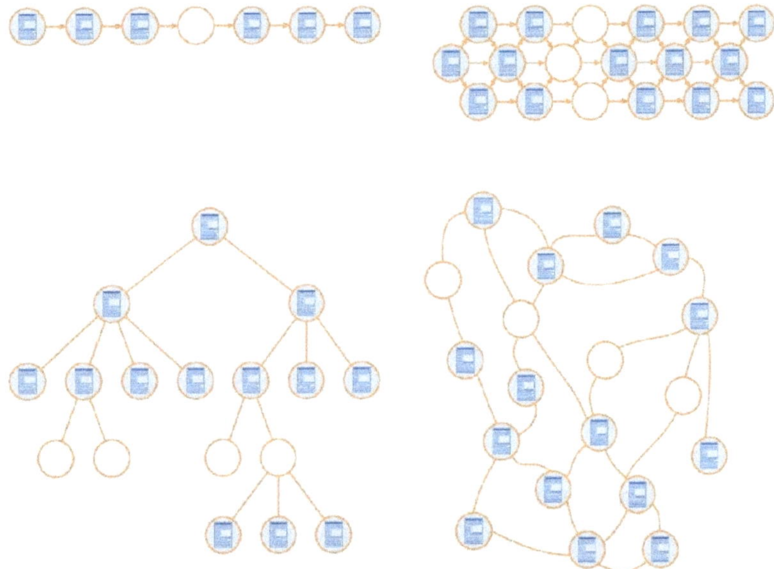

Abb. 55
Strukturelle Aufbaumöglichkeiten
(Linear, Baum, Netz, etc.)

Die basale Struktur geht von dem ursprünglichen, rein linearen Aufbau von Geschichten aus (Abb. 55, oben links). Von ihr kann jede weitere nichtlineare Form abgeleitet werden [SAW96]. Diese Struktur reizt jedoch die Möglichkeiten, über die aktuelle und auch zukünftige Hypermedien verfügen bzw. verfügen werden, in Bezug auf die Freiheit der Navigation innerhalb der Informationswelt nicht aus. Dieser Aufbau ist prädestiniert für Medien, die in ihrer Präsentation ebenfalls ausschließlich linear funktionieren, wie dies bei allen klassischen Präsentationsmedien wie Buch, Hörspiel oder Film der Fall ist.

Wesentlich aufwendiger sind Strukturen mit parallelen Informationswegen (Abb. 55, oben rechts). Auch wenn diese Wege jeder für sich noch linear aufgebaut sind, so geben sie dem Benutzer die Möglichkeit, durch die Wahl des Weges aus verschiedenen Perspektiven auf die angebotene Information zu blicken. Jeweils am Ende eines Kapitels kann der Benutzer wählen, aus welcher Perspektive er die nächsten Kapitel behandeln möchte. Gerade diese Struktur wurde häufig schon für das Medium Film angewandt. Ein Meilenstein solcher Perspektivenfilme ist „Rashomon" von Akira Kurosawa [KUR50]. Wirkliche Eingriffnahme in die Handlung und die Handlungsstränge werden dem Zuschauer erst mit moderner Technik, wie zum Beispiel der DVD oder der Blu-ray, geboten. Wenn sich auch eine große Zahl von Regisseuren mit den sich aus diesen Techniken ergebenden Möglichkeiten auseinandersetzt und erste filmische Versuche produziert werden, so wurde die Wirkung auf den Zuschauer bisher nur in wenigen Studien untersucht. [JES04]

Von der linearen Grundstruktur wird in all jenen Strukturen abgewichen, die sich auf eine hierarchische oder Baumstruktur abbilden lassen (Abb. 55, unten links). Hier hat der Benutzer einen definierten Einstiegspunkt in die Handlungswelt. Von diesem Punkt aus kann er durch Links zu weiteren untergeordneten oder „späteren" Knoten gelangen. Von jedem Knoten kann es eine unterschiedliche Zahl von Verbindungen zu weiteren Unterknoten geben. Der Nachteil dieser Art von Struktur liegt darin, dass es für den Autor mit wachsender Größe der Struktur immer aufwendiger wird, diese wirklich schlüssig mit Inhalten zu füllen. Daher wird oftmals von der symmetrischen Struktur abgewichen und die Struktur in verschiedenen Tiefen beendet. Dabei kann es vorkommen, dass ein einzelner Strang wesentlich kürzer ist als ein anderer. Ebenfalls weniger aufwendig in der Produktionsarbeit ist es, den Baum so aufzubauen, dass die Handlung von den einzelnen Knoten so weitergeleitet wird, dass jeder mögliche Strang zu einem einzigen definierten Ende weist. Diese Aussage gilt jedoch nur für den technischen Produktionsaufwand, da die Zahl der Knoten optimiert wird. Die Inhalte der Knoten müssen aber inhaltlich immer noch so aufeinander abgestimmt werden, dass jeder Strang für sich genommen in sich schlüssig ist.

Eine oftmals in Spielen aber auch in einigen Lernumgebungen genutzte Form der Baumstruktur führt neben den normalen Knoten sogenannte Schlüsselknoten ein. Dies sind Knoten, bei denen die Weiterleitung und Verlinkung zum Beispiel davon abhängig ist, ob bestimmte andere Schlüsselknoten schon vom Benutzer besucht wurden oder davon, wie sich der Benutzer auf seinem bisherigen Weg durch die Informationswelt verhalten hat:

- Hat er in der Vergangenheit den Schlüsselknoten A besucht, kann er nun den Knoten C besuchen.
- Hat er in der Vergangenheit den Schlüsselknoten A nicht besucht, würde er über Knoten B zu Knoten C geleitet.

Somit kann sichergestellt werden, dass der Benutzer alle wichtigen Informationen auch tatsächlich mitnimmt und erhält.

Die Strukturen, die den heutigen Techniken sowohl in der Gestaltung als auch in der Präsentation und der Interaktion am weitesten entgegengekommen, sind die verschiedenen Arten der Netz- oder Cloudstrukturen (Abb. 55, unten rechts). Hierbei wird innerhalb einer Informationswelt von jedem Knoten zu vielen anderen Knoten verlinkt. Im Extremfall können hier alle Knoten miteinander verlinkt sein. Hier nun kann der Bogen zu den eingeführten offenen und geschlossenen Strukturen wieder aufgenommen werden:

- Sind alle Knoten in einer Informationswelt angeordnet handelt es sich um eine geschlossene Struktur.
- Kann der Benutzer aus einer Informationswelt in andere Informationswelten oder gar allgemein ins Internet gelangen, so handelt es sich um eine offene Struktur.

4.2.2 … in Navigation

Wie zu Beginn des vorigen Abschnitts schon gesagt wurde, ist die Navigation die zentrale Tätigkeit des Benutzers in einer Informationswelt. Allerdings ändern sich sowohl die Art der Navigation und als auch die Ansprüche und Erfordernisse des Benutzers in Bezug auf die Navigationsmöglichkeiten und –hilfen durch die neuen medialen Möglichkeiten und die technische Umsetzung sowie nicht zuletzt auch durch die Veränderungen im strukturellen Aufbau.

Die Antwort auf die Frage nach dem „Wo bin ich?" kann bei Hypermedien nicht mehr so einfach „Du bist hier!" lauten, wie es Dubberly und Mitsch so schön anschaulich mit ihrer Abbildung „When faced with a book, most people have certain assumptions about where to start and where to go next." beschreiben. ([DUB12], Abb. 56)

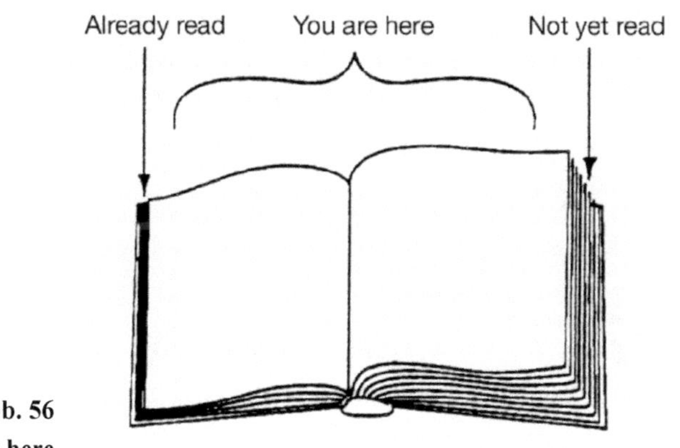

Abb. 56
You are here

Im Medium Buch lässt sich die gestellte Frage noch sehr einfach mit „Du bist auf Seite 82 von 153 Seiten." beantworten und auch ohne explizite Seitenangabe ist es für den Benutzer, in dem Falle: für den Leser, unmittelbar erkennbar, wo er sich befindet und wie weit er schon auf seinem Weg durch die lineare Informationswelt des Buches vorangeschritten ist (Abb. 56).

Das eine Antwort auf die oben gestellte Frage für ein Medium mit zeitlich statischem Charakter, wie es ein Buch ist, leicht zu finden ist, mag logisch erscheinen. Jedoch ist die Schwierigkeit, eine Antwort auf diese Frage zu finden, nicht abhängig vom Medium und seinem zeitlichen Charakter. Dies wird deutlich, wenn sich der Benutzer die Frage „Wo bin ich?" zum Beispiel im

Medium Film stellt. Hierbei fällt die Antwort ebenfalls noch leicht: „Du bist in Szene 4.“ oder: „Du hast schon 73 Minuten von 93 Minuten gesehen.“ In beiden Fällen, Buch und Film, ist mit der Antwort auch die Frage geklärt, wie lang der Weg des Benutzers/ Lesers/ Zuschauers bis zum Ende des Mediums noch ist.

Ist es an sich schon erstaunlich, dass die Antwort in zeitlich statischen und zeitlich dynamischen Medien auf gleiche Weise ausfällt, so wird die Komplexität der Orientierung und der Navigation innerhalb von Medien noch deutlicher, wenn das „Wo bin ich?“ bei der Betrachtung eines einzelnen Bildes beantwortet werden soll. Dabei kann die Antwort dabei natürlich auf das Räumliche bezogen werden: „Ich bin kurz neben der Mitte links.“. Allerdings sagt diese Antwort jedoch in der Regel nichts darüber aus, wie weit der Benutzer die Wahrnehmung des Bildes und dessen Verarbeitung abgeschlossen hat. Hier kommen zwei weitere Aspekte der Medienwahrnehmung zum Tragen:

- Der eine ist kognitionspsychologischer Art und hängt damit zusammen, dass der Mensch Bilder anders wahrnimmt als Gelesenes oder Gehörtes.
- Der andere Aspekt ist semantischer Art und hängt damit zusammen, dass auch die inhaltliche Aussage in einem Bild anders gefunden werden muss als in einem Text oder auch in einem Film. Im Abschnitt Wahrnehmung im (Multi-) Media-Band der Beyond-Reihe wird dies noch eine wichtige Rolle in Bezug auf das Storytelling spielen.

Die Komplexität der Frage erreicht allerdings noch einmal ein weiteres, höheres Niveau, wenn die verschiedenen Medientypen nicht einzeln, sondern in Kombination präsentiert und genutzt werden, so wie es in Abschnitt 3.3.3 am Beispiel der kombinierten Hypermedien vorgestellt wurde. Das Vorhandensein eines Führungsmediums kann hier für Orientierung und Navigation ausgesprochen hilfreich sein, da die Navigation in diesem Fall vor allem am Führungsmedium entlang stattfinden kann. Ohne ein Führungsmedium wird die Navigation für den Benutzer leicht zu einer solch komplexen Aufgabe, dass sie entweder vom eigentlichen Benutzungsziel ablenkt oder den Benutzer gar so weit überfordert, dass er die Benutzung frustriert aufgibt.

Das Niveau der Komplexität kann allerdings auch darüber hinaus noch weiter steigen. Gerade die neuen Medien im aktuellen Web 2.0 und auch die absehbar zukünftigen Medien werden die Navigation noch einmal schwieriger machen.

Bei zeitlich dynamischen Medien wie Film oder auditiven Medien kann davon ausgegangen werden, dass für den Benutzer die Veränderlichkeit der Medien bekannt oder zumindest erkennbar ist. Er weiß also, dass das Medium sich während der Benutzung verändert, selbst wenn der Benutzer das Medium nicht aktiv oder unmittelbar rezipiert. Problematischer ist dies hingegen bei solchen Medien, bei denen die Veränderung nicht unmittelbar erkennbar ist oder erwartet wird. Als Beispiel solcher Medien können Wikis dienen. Der Benutzer weiß zwar in aller Regel, dass die Inhalte eines Wikis von anderen Benutzern bearbeitet werden können und sich somit die Inhalte seit dem letzten Besuch bzw. der letzten Benutzung verändert haben können. Ob und inwieweit dies allerdings tatsächlich geschehen ist, kann der Benutzer nur durch einen Vergleich mit seiner Erinnerung oder durch einen expliziten Blick auf die Versionsgeschichte erkennen. Üblicherweise hat die Veränderung in Wikis und ähnlichen Anwendungen oder Medien Auswirkung auf den Inhalt und die Aussage. Allerdings können durch die Bearbeitungen auch Links entfernt, eingefügt oder verändert werden, was wiederum direkt Einfluss auf die Navigation im Medium hat.

In Wikis und ähnlichen Medien ist die Veränderung zumindest immer noch erkennbar, wenngleich für dieses Erkennen sowohl aktive (Inter-) Aktion als auch aktive Wahrnehmung durch den Benutzer notwendig ist. Die sogenannten „intelligenten“ Medien dagegen bieten allerdings auch diese Möglichkeit nicht mehr. Gemeint sind damit eben solche Medien, die in Abschnitt 3.3.4.2 vorgestellt wurden, und die sich, ohne dass es der Benutzer erkennen kann, auf diesen einstellen. Der präsentierte Inhalt des Mediums kann sich von Benutzung zu Benutzung grundlegend ändern, nur weil das Medium das Benutzerverhalten interpretiert und sich auf den Benutzer dadurch einstellt, dass es sowohl sein Aussehen, seine Inhalte oder gar seine inhaltliche Struktur an die vermeintlich erkannten Bedürfnisse des Benutzers anpasst.

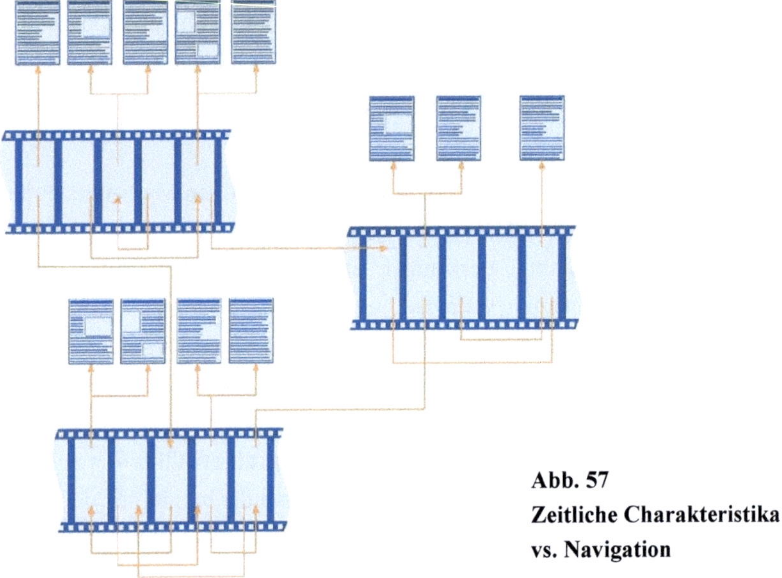

Abb. 57
Zeitliche Charakteristika vs. Navigation

Die Komplexität der Navigation in (Hyper-) Medien kann verschiedene Niveaus annehmen, die abhängig von der Art der Medien und ihrer einzelnen Rezeption über die menschlichen Modalitäten sind sowie davon, ob sie einzeln („rein") oder in Kombination genutzt auftreten:

Komplexität 1 (geringste)	einzeln auftretende, linear rezipierte Medien	z.B. reiner Text, reiner Audio-Strom, o.ä.
Komplexität 2	einzeln auftretende, nicht linear, sondern parallel rezipierte Medien	z.B. reines Bild
Komplexität 3	kombiniert auftretende Medien mit Führungsmedium	

Komplexität 4	kombiniert auftretende Medien ohne Führungs-medium	
Komplexität 5	interaktive, ambiente Medien	z.B. Second-Screen Medien
Komplexität 6 (höchste)	„intelligente“ Medien	z.B. proaktive Chatbots

Um die Komplexität der Navigationsaufgabe soweit zu reduzieren, dass der Benutzer bereit ist, das (Hyper-) Medium für seine Zwecke zu nutzen und durch die aufgespannte Informationswelt zu navigieren, gibt es für den Autor verschiedenste Ansätze und Hilfsmittel, die er bei der Strukturierung der Inhalte und der Realisierung der Anwendung nutzen kann:

- Wenn auch letztlich die Inhalte wieder in gewisser Weise linearisiert werden, so können „Guided Tours“ doch eine gute Einstiegshilfe in die Thematik der Informationswelt sein. So kann der Benutzer einen ersten allgemeinen Überblick bekommen und sich dann, wenn er es für angemessen hält, von der Tour lösen und seinen eigenen Weg einschlagen.

- Die erweiterte Form der „Guided Tour“ ist nach Zellweger ein „Path“, eine vom Autor angelegte Sequenz von Knoten in der Informationswelt, die dem Benutzer vorgeschlagen wird, ohne dass er diesen Vorschlägen folgen muss. [ZEL89]

- Zumindest bei der Nutzung derzeit üblicher Internetbrowser als Präsentations- und Interaktionswerkzeug helfen die History- und Backtrackingmechanismen dieser Anwendungen dem Benutzer ebenfalls bei der Navigation. Allerdings bereiten diese Mechanismen in einigen Fällen auch Schwierigkeiten, denn in der Regel sind diese Hilfsmittel nicht für dynamische (Hyper-) Medien ausgelegt.

> Für die Gestaltung bzw. die Definition solcher „Guided Tours“ oder „Paths“ sind diese Hilfsmittel nicht unbedingt zielführend, da der Benutzer ja eben gezielt geführt werden soll und nicht selbständig in den Verlauf der „Tour“ eingreifen soll.

Generell kann die Möglichkeit, dass der Benutzer an von ihm definierten Stellen eigene „Bookmarks“ anlegen kann, für die Navigation hilfreich sein. Allerdings gilt auch hier, dass die derzeit übliche Form von Bookmarks nur für statische (Hyper-) Medien ausgelegt ist und es noch keine dynamischen Bookmarks gibt und auch die Frage, wie ein solches „dynamisches Bookmark“ aussehen und realisiert werden könnte, noch ungeklärt ist.

4.2.3 … in Interaktion

Zwar wird im späteren Kapitel 6 noch einmal ausführlich auf die Fragen nach dem Aussehen von Hotspots eingegangen. Allerdings geht es in diesem Abschnitt dann vor allem um die Anker der Links und die Gestaltung speziell für dynamische Medien. Im Folgenden soll hier aber zunächst das generelle Mediendesign im Fokus stehen, da die Übersichtlichkeit in einer Informationswelt nicht ausschließlich durch eine geeignete Strukturierung der Inhalte erreicht wird. Vielmehr kann die Übersichtlichkeit wesentlich durch eine geeignete Wahl des Designs der Inhalte unterstützt werden.

Der medienbezogene Gestaltungsprozess soll in diesem Kontext in fünf Ebenen betrachtet werden.

- Auf Ebene 1 erfolgt die Produktion der einzelnen Medien.
- Auf Ebene 2 erfolgt die aufeinander abgestimmte Zusammenstellung der Medien, die in den einzelnen Informationsknoten gemeinsam benutzt werden sollen.
- Auf Ebene 3 erfolgt die Kombination und strukturierte Vernetzung der Informationsknoten und ihrer Inhalte sowie die Abstimmung der Gestaltung im Sinne einer einheitlichen Gestaltung.

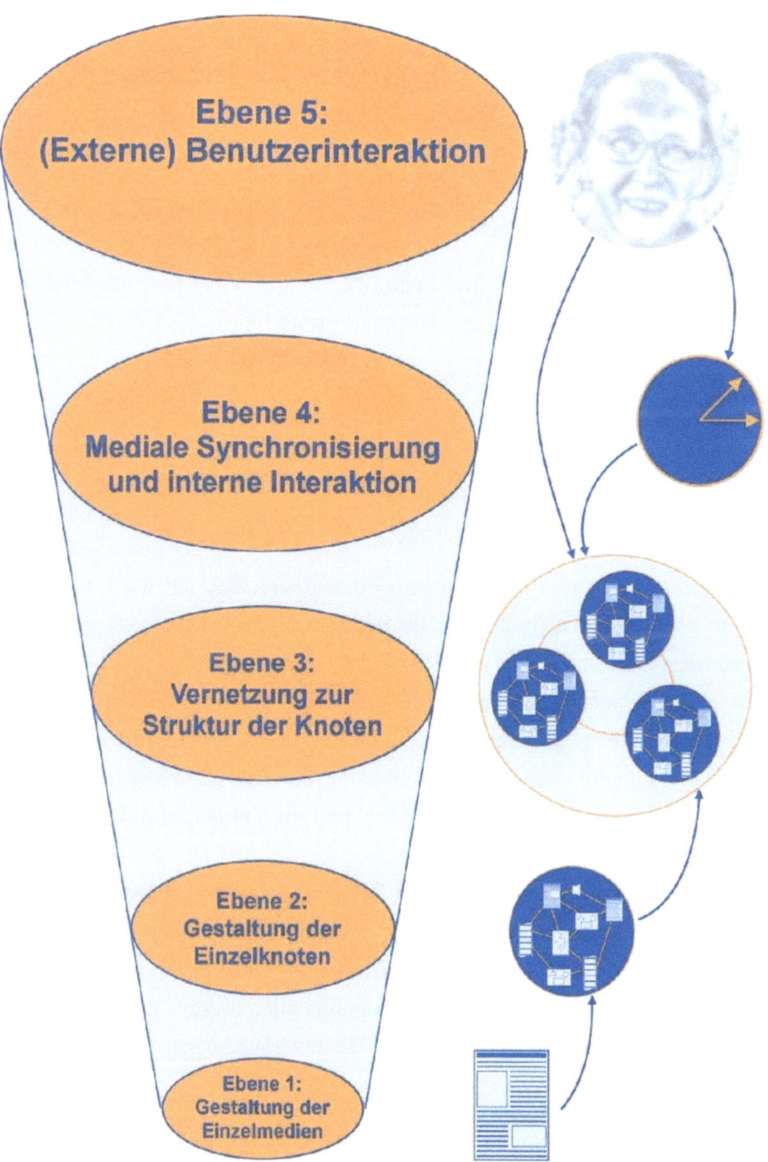

Abb. 58
Ein Ebenenmodell für den hypermedialen Gestaltungsprozess

- Auf Ebene 4 erfolgt die Synchronisierung der zeitabhängigen und dynamischen Medien und Informationsknoten sowie die Integration und Gestaltung der medialen, inneren Interaktion. Dieser Punkt umfasst dabei sowohl …
    - … die Interaktion einzelner Medien untereinander, zum Beispiel den gegenseitigen Aufruf durch Label, als auch …
    - … die Interaktion zwischen Kanten, zwischen den Medien und zwischen den Informationsknoten.
- Auf der obersten Ebene 5 schließlich wird die Benutzungsschnittstelle definiert und die Interaktionsmöglichkeiten, die dem Benutzer die Navigation im aufgespannten Informationsraum und den Umgang mit den Medien ermöglichen sollen, festgelegt.

Die unterste Ebene 1 des Prozesses bezieht sich also auf das einzelne Medium. Hier muss die Gestaltung die medientypischen Erfordernisse jedes verwendeten Einzelmediums erfüllen. Damit kommen auf dieser Ebene direkte, klassische Fragen der Mediengestaltung zum Tragen. Formen, Farben und Kontraste, wie sie der Benutzer üblicherweise bei gleichen Medien von anderer Stelle kennt und erwartet, sollten das durchgängige Stilelement bilden, um keine Unsicherheit im Verständnis und im Umgang mit dem Einzelmedium aufkommen zu lassen. Unübliche Formen zum Beispiel für Icons oder zu verspielte oder schwer zu lesende Schriftarten sind für den einfachen, auch intuitiven Umgang mit den (Einzel-) Medien eher ungeeignet. Eine Beeinträchtigung in der Wahrnehmung, Erkennung und im Umgang mit Einzelmedien kann zu einer Störung des Umgangs mit der Anwendung und der Informationswelt führen und damit die Benutzerakzeptanz negativ beeinflussen.

Auch wenn es in seltenen Fällen, wie zum Beispiel aus künstlerischer Sicht, sinnvoll und reizvoll sein kann, gewohnte Gestaltungsregeln zu brechen, so führt dies in aller Regel jedoch eher dazu, dass die Akzeptanz durch den Benutzer auf die Probe gestellt wird. Textgestaltungen zum Beispiel, wie sie in

Arno Schmitts Werk „Zettel's Traum“ zu finden sind (siehe Abb. 4 in Abschnitt 2.1), stellen für den Benutzer/ Leser höhere Ansprüche an die mentale und kognitive Leistung als gewöhnlich gebrochener Text in Zeitungen oder Büchern. Ist das Anwendungsziel ein künstlerisches oder unterhaltendes, kann der Benutzer durchaus dazu bereit sein, diese erhöhte erforderliche Leistung aufzubringen. Ist das Anwendungsziel aber zum Beispiel ein pädagogisches Ziel und erfordert die Arbeit an und mit der Anwendung für den Benutzer an sich schon eine hohe Verständnisleistung, scheint eine solche Art der Gestaltung kontraproduktiv.

Diese Anforderungen gelten auch für Bilder, Videos und alle weiteren verwendeten Medienarten. Für den Autor bedeutet dies, dass er neben dem Anwendungsziel auch sehr genau die Benutzerzielgruppen, die er adressieren möchte, und deren Erwartungshaltungen an die einzelnen Medien analysieren muss.

Die darüberliegende Ebene 2 bezieht sich auf das Zusammenspiel der Medien, die in einem Informationsknoten gemeinsam genutzt werden. Hier erscheint es sinnvoll darauf zu achten, dass die Gestaltung der Einzelmedien aufeinander abgestimmt wird. Dies gilt sowohl für visuelle und auditive als auch für semantische Aspekte. Der intuitive Umgang mit der Anwendung fällt dem Benutzer leichter, wenn die gleichzeitig präsentierten Medien in ihrer Gestaltung einer Linie folgen. Sind die Anker von Links, denen der Benutzer noch nicht gefolgt ist, in Texten zum Beispiel in blau unterstrichen, und die, denen er schon einmal folgte, grün, so ist es für den Benutzer wesentlich einfacher, wenn diese Farbgebung auch für die Anker von Links in Bildern und Videos gilt. An dieser Stelle kommen zudem aber auch schon ästhetische Anforderungen hinzu. Widersprechen sich Form- und Farbgebung der einzelnen Medien, so trägt auch dies nicht zu einer hohen Benutzerakzeptanz bei.

Auf der Ebene 3 wird das gerade eingeführte Bestreben der Einheitlichkeit der Einzelmedien auf alle Medien innerhalb eines Informationsknotens erweitert und auf die Informationsknoten übertragen. Auch die gemeinsame Gestaltung der Informationsknoten muss im Zusammenspiel stimmig sein.

Bei einem Vergleich von Informationsknoten mit einem Kapitel in einem Buch oder auch mit einem Lernkapitel in einer Lehr-/ Lernanwendung, so kann es zwar sinnvoll sein, wenn sich die einzelnen Kapitel in ihrer Darstellung voneinander unterscheiden. Dies kann durchaus die Orientierung des Benutzers unterstützen, da er auf diese Weise schnell und deutlich erkennen kann, dass er ein Kapitel verlassen und ein anderes betreten hat. Wenn jedoch die Unterschiede so groß werden, dass der Benutzer in jedem Kapitel beziehungsweise Informationsknoten erst einmal neu den Überblick finden und lernen muss, sich neu zu orientieren und zurecht zu finden, so verlangt dies von ihm eine unnötige zusätzliche mentale Arbeit, die im Extremfall wiederum dazu führen kann, dass er die Benutzung der Anwendung unter- oder gar gänzlich abbricht.

Neben den reinen Gestaltungszielen steht auf dieser oberen Ebene 3 noch eine weitere Aufgabe für den Autor an. Die auf der unteren Ebene begonnene Strukturierung durch die Zusammenstellung und Gruppierung der Inhalte einzelner Knoten wird auf dieser höheren Ebene weitergeführt, indem die vernetzte Struktur der Informationsknoten durch die Definition von Links festgelegt wird.

Standen bei den bisherigen drei Ebenen vor allem die Strukturierung und die Darstellung der Medien und Informationsknoten und damit eher statische Aspekte im Vordergrund, so widmet sich die Ebene 4 zweier weiterer unterschiedlicher Aspekte, die die Dynamik der medialen Anwendung betreffen.

Auf dieser Ebene muss final definiert werden, wie die Medien und Informationsknoten miteinander „funktionieren“. Dies bedeutet, es muss eine Synchronisierung der Medien in Bezug auf ihr immanentes dynamisches, zeitliches Verhalten erfolgen:

- Filme dürfen weder zu früh noch zu spät gestartet werden.
- Begleitende Texte und Bilder müssen sowohl zur korrekten Zeit als auch am passenden Ort erscheinen.
- usw.

In einem Wort kann dies als Gestaltung von Medien-Medien-Interaktion bezeichnet werden. Jedoch müsste, der Genauigkeit halber, die Bezeichnung allerdings Medien-Technik-Interaktion lauten, denn eine Darstellung der Medien kann jeweils nur dann erfolgen, wenn der entsprechende technische Präsentationskanal frei und nutzbar ist, der Videokanal also auch für das Abspielen des Videos bereit ist, der Bild- und Textkanal für die Darstellung von Bildern und Texten bereit ist, der Audiokanal für das Abspielen von auditiven Inhalten bereit ist, usw.

Ebene 5 schließlich bildet die Definition der Benutzungsschnittstelle und beschreibt die Interaktion des Benutzers mit dem Informationsraum und mit dessen Inhalten. Dies umfasst sowohl …

- … die Wahl des allgemeinen Interaktionsparadigmas, z.B. (→) modale Dialoge, (→) WIMP, (→) (Multi-) Touch, usw., in der Anwendung als auch
- die Wahl des Interaktionsparadigmas innerhalb eines Informationsknotens als darüber hinaus auch
- die Wahl des Interaktionsparadigmas für den Umgang mit den einzelnen Medien.

Interessant sind bei der Betrachtung dieser Ebene auch das Verhalten und die Akzeptanzmuster der Benutzer, wenn diese mit ungewohnten oder auch neuen Interaktionsparadigmen konfrontiert werden. Dies kann dann geschehen, wenn ein Softwarehersteller oder Medienanbieter eine neue Anwendung oder eine neue, umgestaltete Version einer schon verbreiteten Anwendung auf den Markt bringt. Letzteres konnte in der (näheren) Vergangenheit am Beispiel der Umstellung der menüorientierten Benutzungsoberfläche auf die „ribbon“-orientierte zum Beispiel bei Office-Programmen beobachtet werden. Die lange bekannte, gelernte Umgangsweise mit den verschiedenen Programmen musste hier grundlegend umgestellt werden. Wenn auch bei dem Entwurf und der Realisierung der neuen Benutzungsschnittstelle versucht wurde, die Benutzer frühzeitig und eng in den Entwicklungsprozess einzubinden, fiel vielen Benutzern die Umstellung doch vergleichsweise schwer.

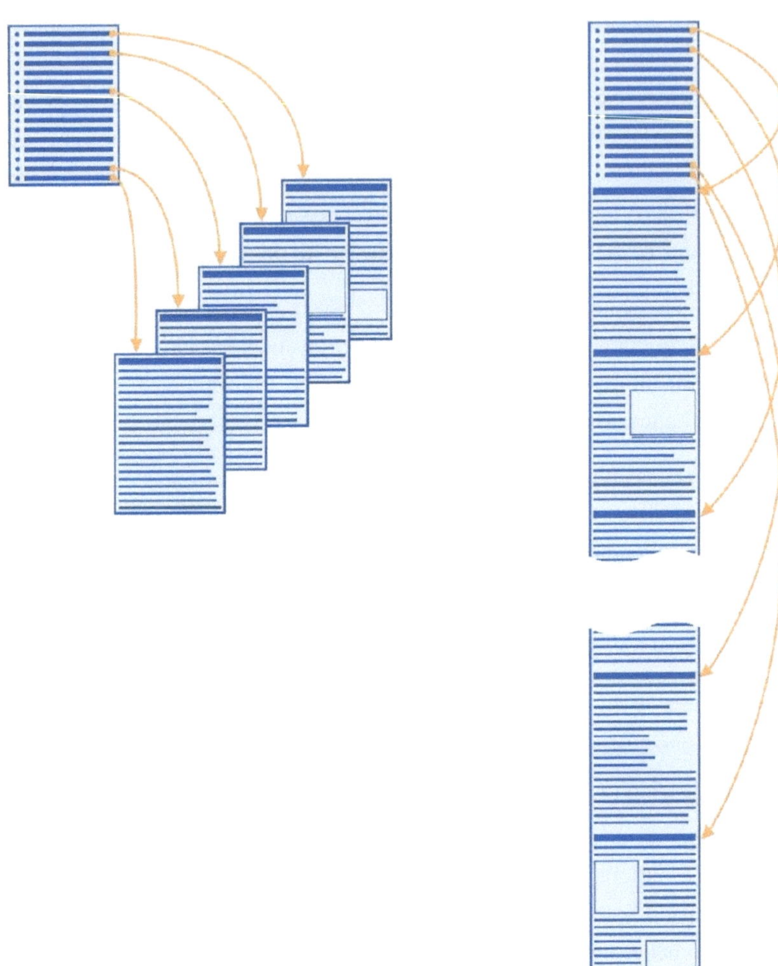

Abb. 59
One-Page-Navigation in HTML 5
Scrollen (rechts) anstelle von Menü (links)

Auch die Ablehnung der neuen Programmversionen war dementsprechend hoch. Erst nach und nach konnten sich die Benutzer mit dem neuen Bedienkonzept anfreunden. Ähnliches ist in der aktuelleren Entwicklung von Web-Angeboten und –Anwendungen zu beobachten. Durch die immer weitere

Verbreitung und Nutzung von HTML5 verbreitete sich hier eine vielleicht nicht gänzlich neue, aber zumindest bis hierher eher seltener genutzte Form der Navigation. Auch hier wurde mehr und mehr von Menü- oder Hierarchie-Strukturen als Navigationswerkzeug und -mittel Abstand genommen. Vielmehr gewann als Hauptelement für die Navigation das Scrollen mehr und mehr an Bedeutung.

4.3 Live-Aspekte

Der Begriff „live“ wird meist in Verbindung mit Rundfunk- und Fernsehübertragungen verwendet. Laut dem Fremdwörterbuch des Duden ist eine Livesendung eine „Sendung, die unmittelbar vom Ort der Aufnahme aus gesendet wird“. Ereignis, Aufnahme, Verarbeitung und Sendung sind bei einer Livesendung nicht zeitlich voneinander getrennt. Nach Volker Herres, dem ehemaligen Programmdirektor der ARD, kennt das Fernsehen verschiedene Formen der Live-Berichterstattung [HER97]:

- Unmittelbare Übertragung von Ereignissen, die unabhängig vom Fernsehen stattfinden, wie Sportveranstaltungen,
- Live-Ausstrahlung von für das Fernsehen inszenierten Veranstaltungen, wie Quiz-Sendungen oder Unterhaltungsshows,
- Live-Studiosendungen mit zum Teil vorproduzierten Elementen, wie Nachrichtensendungen,
- Live-Schaltungen zu Reportern am Ort eines Geschehens.

Wird die Fernsehübertragung zur Basis einer hypermedialen Anwendung, so ergibt sich daraus, wie in den Abschnitten 3.1 und 3.1.4 dargestellt, zweierlei:

- Zum einen ist die hypermediale Anwendung eine solche mit einem Führungsmedium. In diesem Falle stellt das Fernsehprogramm dieses Führungsmedium dar, denn alle weiterführenden und zusätzlichen Medien dienen lediglich der Anreicherung des Fernsehinhaltes. Zudem hat der Benutzer das primäre Ziel, dem Fernsehprogramm folgen zu wollen.

- Zum anderem ist es nahezu banal zu erwähnen, dass die hypermediale Anwendung eine Hypervideo-basierte Anwendung und damit eine solche mit einem dynamischen Hypermedium ist.

Bei der bisherigen Betrachtung insbesondere von Hypervideo (Abschnitt 3.3.2.1) wurde stets nahezu implizit davon ausgegangen, dass die (hyper-) medialen Inhalte vorproduziert und somit zum Zeitpunkt der Benutzung final fertig sind. Dies bedeutet, dass die Informationsstrukturen jeweils einen definierten Anfang sowie ein definiertes Ende haben. Für ein Fernsehprogramm trifft dies im Regelfalle ebenfalls zu. Im Falle eines Liveausgestrahlten Programmes aber ändert sich diese implizite Annahme. Häufig ist zwar auch bei Live-Programmen ein struktureller, wenn nicht gar auch ein chronologischer Ablauf der Informationsreihenfolge definiert. Aus diesem Grund erscheint eine genauere Unterscheidung der in dem Live-Programm auftretenden Links besonders sinnvoll, auch wenn eine solche Unterscheidung auch in nicht live angebotenen Anwendungen nützlich sein mag. Gemäß des Zieles, auf das ein Link verweist kann, er als ein …

- … objektbezogener Link oder als ein …
- … situativer Link …

… betrachtet werden. Beide Arten von Links bergen in Live-Anwendungen ganz eigene Problematiken. In Abbildung 60 wird diese Unterscheidung greifbar dargestellt.

Als objektbezogene Links werden solche Links bezeichnet, die als Ziel auf ein Medien- oder Informationsobjekt verweisen. Dabei ist es irrelevant, ob der Startanker des Links ebenfalls ein Objekt oder eine Situation, wie z.B. ein Label, ist.

Zur Definition objektbezogener Links in Live-Programmen bedarf es zweier Voraussetzungen. Zum einen müssen Startzeit und Startposition eines Links bekannt sein, zum anderen müssen die Zielmedien bzw. Zielknoten vorproduziert sein, damit diese auch verknüpft werden können. Ist letzteres durchaus leicht zu lösen, so kann ersteres durchaus größere Probleme bereiten, wie im weiteren Verlauf dieses Abschnitts noch verdeutlicht werden soll.

Während objektbezogene Links ein greifbares Ziel in Form von Medien oder Informationsknoten und damit letztlich in Form von existenten Dateien haben, ist dies bei situativen links ein wenig anders.

Als situative Links werden solche Links bezeichnet, die als Ziel auf einen anderen Zeitpunkt innerhalb des Programms verweisen. Dabei ist es irrelevant, ob der Startanker des Links ein Objekt oder eine Situation, wie z.B. ein Label, ist.

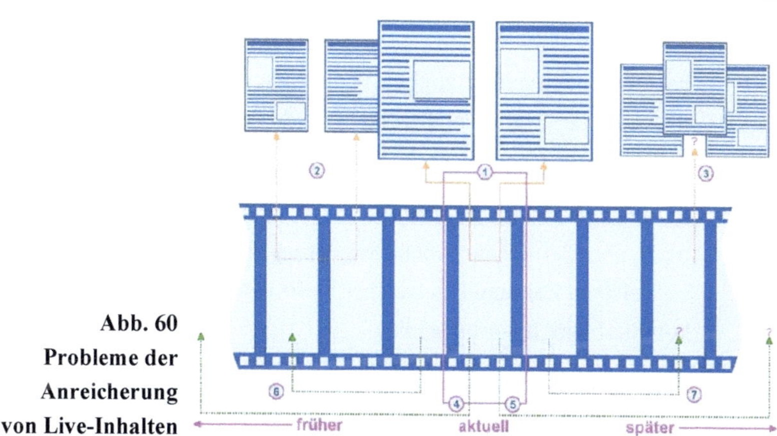

Abb. 60 Probleme der Anreicherung von Live-Inhalten

Der Zielanker verbleibt hier im Führungsmedium selbst, liegt aber an einer anderen als der aktuellen zeitlichen Position. Diese kann sowohl ein früherer Zeitpunkt sein als auch zukünftiger. Stellt dies zwar das Analogon zum Vor- und Zurückspringen in Videoclips dar, so liegt die Problematik besonders bei Links, die in die Zukunft weisen, auf der Hand, denn der zukünftige Inhalt ist aktuell noch nicht produziert und somit auch noch nicht existent.

Zur näheren Betrachtung der Problematik der Gestaltung von Links in Live-Inhalten muss neben der Unterscheidung der Links des Weiteren berücksichtigt werden, um welche Art von Live-Programm es sich handelt. Wenn auch, wie oben schon gesagt, in der Regel ein Programmplan besteht, so kann dieser doch elementar unterschiedlich sein, wie ein vergleichender Blick auf eine live ausgestrahlte Musiksendung und auf ein live ausgestrahltes Sportprogramm eindrücklich zeigen. Im allgemeinen Programmschema der

Sendeanstalt ist zwar für beide Programme ein zeitlicher Block für die Ausstrahlung des Angebotes definiert und vorgesehen, aber …

- … im Falle der Musiksendung ist in der Regel ein fester Ablauf wie zumindest die Reihenfolge der auftretenden Künstler geplant. Darüber hinaus können auch Kamerapositionen und -fahrten wie auch die Positionen und Bewegungen der Künstler geplant sein. Abweichungen vom geplanten Ablauf werden bei solchen Programmen vor allem in den genauen Zeiten liegen. Verlängert sich ein einzelner Block, so verschieben sich alle nachfolgenden Inhalte zeitlich, auch wenn sie selbst in ihrem inneren Ablauf wiederum unverändert und wie geplant ablaufen.
- … im Falle eines Sportprogramms, wie z.B. eines Fußballspiels, ist hingegen zwar der Zeitblock des eigentlichen Spieles geplant, aber der genaue Ablauf wiederum nicht. Welcher Spieler zu welchem Zeitpunkt an welcher Stelle des Feldes den Ball bekommt, bleibt unvorhersehbar.

Dies bedeutet, dass die Links im Beispiel der Musiksendung vorproduziert werden können und es lediglich eines synchronisierten Abgleiches während des Sendungsverlaufs bedarf, ob der geplante Zeitplan noch aktuell ist und ein Link zum Beispiel zu zusätzlichen Informationen zum Künstler zur vordefinierten Zeit in das Programm integriert werden kann oder ob sein zeitliches Erscheinen verschoben werden muss. Im Falle des Fußballspiels ist eine Vorproduktion deutlich schwieriger, da ein Link, der zum Beispiel zu zusätzlichen Informationen zum ballführenden Spieler leitet, immer zur jeweiligen aktuellen Zeit generiert werden und zudem auch räumlich an die Bewegung des entsprechenden Spielers angepasst werden muss.

Zur Verdeutlichung der Problematik wird in der folgenden Fallbetrachtung das Augenmerk auf einige besondere Konstellationen gerichtet und diese mit ihren Besonderheiten und den sich daraus ergebenden möglichen Problemen tabellarisch im Überblick betrachtet.

Fall 1:	Art:	objektbezogener Link	
	Start:	Position:	ganzes Bild, Bildausschnitt oder Meta-Anker
		Zeit:	aktuelle Zeit
	Ziel:	Position:	ergänzender Inhalt zum Führungsmedium
		Zeit:	synchron zur aktuellen Zeit
	Problem:	Zielmedien/ -knoten müssen vorproduziert sein Position des Startankers muss definiert sein Bewegung und zeitliches Verhalten des Links müssen bekannt sein	

Fall 2:	Art:	objektbezogener Link	
	Start:	Position:	ganzes Bild, Bildausschnitt oder Meta-Anker
		Zeit:	in der Vergangenheit
	Ziel:	Position:	ergänzender Inhalt zum Führungsmedium
		Zeit:	synchron zur aktuellen Zeit
	Problem:	Zielmedien/ -knoten müssen vorproduziert sein Position des Startankers muss definiert sein	

		Bewegung und zeitliches Verhalten des Links müssen bekannt sein	
		Link und Medien/ Knoten müssen im Falle von Programmwiederholungen archivierbar und zugreifbar sein	

Fall 3:	Art:	objektbezogener Link	
	Start:	Position:	ganzes Bild, Bildausschnitt oder Meta-Anker
		Zeit:	in der Zukunft
	Ziel:	Position:	ergänzender Inhalt zum Führungsmedium
		Zeit:	synchron zur Startzeit
	Problem:	Zielmedien/ -knoten müssen vorproduziert sein	
		Position des Startankers muss definiert sein	
		Bewegung und zeitliches Verhalten des Links müssen bekannt sein	
		Link muss im Falle von Änderungen im Programmablauf anpassbar sein	

Fall 4:	Art:	situativer Link	
	Start:	Position:	ganzes Bild, Bildausschnitt oder Meta-Anker
		Zeit:	aktuelle Zeit

	Ziel:	Position:	im Führungsmedium
		Zeit:	in der Vergangenheit
	Problem:	Position des Startankers muss definiert sein Bewegung und zeitliches Verhalten des Links müssen bekannt sein Zeitlicher Ablaufplan muss archiviert sein, damit die korrekte Zielzeit erreicht werden kann Inhalt des Führungsmediums als Zielmedium muss archiviert und zugreifbar sein	

Fall 5:	Art:	situativer Link	
	Start:	Position:	ganzes Bild, Bildausschnitt oder Meta-Anker
		Zeit:	aktuelle Zeit
	Ziel:	Position:	im Führungsmedium
		Zeit:	in der Zukunft
	Problem:	Position des Startankers muss definiert sein Bewegung und zeitliches Verhalten des Links müssen bekannt sein Link muss im Falle von Änderungen im Programmablauf anpassbar sein	

Fall 6:	Art:	situativer Link	
	Start:	Position:	ganzes Bild, Bildausschnitt oder Meta-Anker
		Zeit:	in der Vergangenheit
	Ziel:	Position:	im Führungsmedium
		Zeit:	in der Vergangenheit
	Problem:	Position des Startankers muss definiert sein Bewegung und zeitliches Verhalten des Links müssen bekannt sein Link muss im Falle von Programmwiederholungen archivierbar und zugreifbar sein Zeitlicher Ablaufplan muss archiviert sein, damit die korrekte Zielzeit erreicht werden kann Inhalt des Führungsmediums als Zielmedium muss archiviert und zugreifbar sein	

Fall 7:	Art:	situativer Link	
	Start:	Position:	ganzes Bild, Bildausschnitt oder Meta-Anker
		Zeit:	in der Zukunft
	Ziel:	Position:	im Führungsmedium
		Zeit:	in der Zukunft
	Problem:	Position des Startankers muss definiert sein	

	Bewegung und zeitliches Verhalten des Links müssen bekannt sein Link muss im Falle von Änderungen im Programmablauf anpassbar sein

Die Fälle situativer Links von einem zukünftigen zu einem vergangenen Zeitpunkt oder von einem vergangenem zu einem zukünftigen Zeitpunkt brauchen nicht weiter im Einzelnen betrachtet zu werden, da diese aus obiger Tabelle abgeleitet werden kann.

Die strukturellen Unterschiede zwischen vorproduzierten Hypermedia-Angeboten und mit Hypermedia angereicherten Live-Fernsehprogrammen haben auch Unterschiede in den Benutzerrollen und in den Benutzungsprozessen zur Folge. Im Allgemeinen kann gesagt werden, dass es zwei Klassen von Benutzern rund um (hyper-) mediale Angebote gibt:

- das Publikum auf der einen Seite und
- die Redakteure/ Produzenten/ Autoren auf der Seite des medialen Anbieters.

Das hauptsächliche Ziel des Publikums besteht in der Regel darin, sich zu informieren, weiterzubilden oder unterhalten zu werden. Hier ist zunächst kein großer Unterschied zu Benutzern vorproduzierter Angebote auszumachen.

Auf der Anbieterseite ist dagegen eine Änderung und Anpassung der Benutzerrollen und -prozesse notwendig. Für Live-Fernsehangebote muss das Programm sowohl mit zusätzlichen Inhalten angereichert werden als auch die Vernetzung zwischen dem Programm als Führungsmedium und den zusätzlichen Medien-/ Informationsangeboten geschaffen werden. Dies bedeutet, dass aus dem Autor oder dem Autorenteam Redakteure oder Redaktionsteams werden müssen, die ...

- ... das Programm planen und den Ablauf terminieren,

- … neben dem eigentlichen Programm zusätzliche Medien produzieren,
- … die interaktiven Elemente in Form der Links gestalterisch als auch für die aktuelle Nutzung während des ablaufenden Programmes vorzubereiten haben.

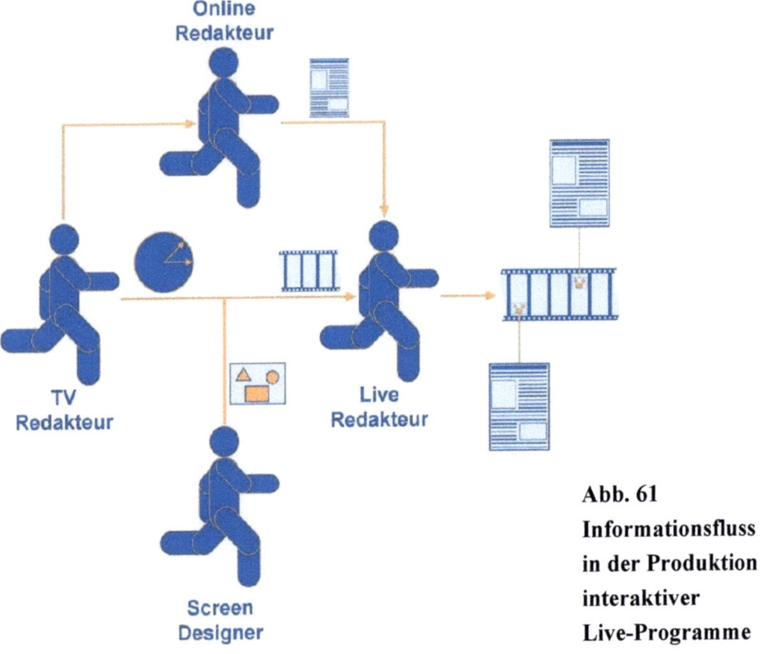

Abb. 61 Informationsfluss in der Produktion interaktiver Live-Programme

Neben diesen vorbereitenden Aufgaben müssen der einzelne Redakteur oder das Redaktionsteam während des Programmablaufs …

- … das Live-Programm beobachten und die vorbereiteten interaktiven Inhalte in Form der Links in das laufende Programm einbringen, …
- … diese Elemente publizieren und nach ihrer Veröffentlichung mit dem Führungsmedium synchronisiert archivieren, …

- … und darüber hinaus auch eventuell weitergehende Feedback-Interaktionen auswerten und darauf aktuell und gezielt reagieren.

Diese notwendigen Veränderungen in den Prozessabläufen bedeuten eine deutliche Änderung in den Aufgabenbereichen rund um solche Angebote [HOF08].

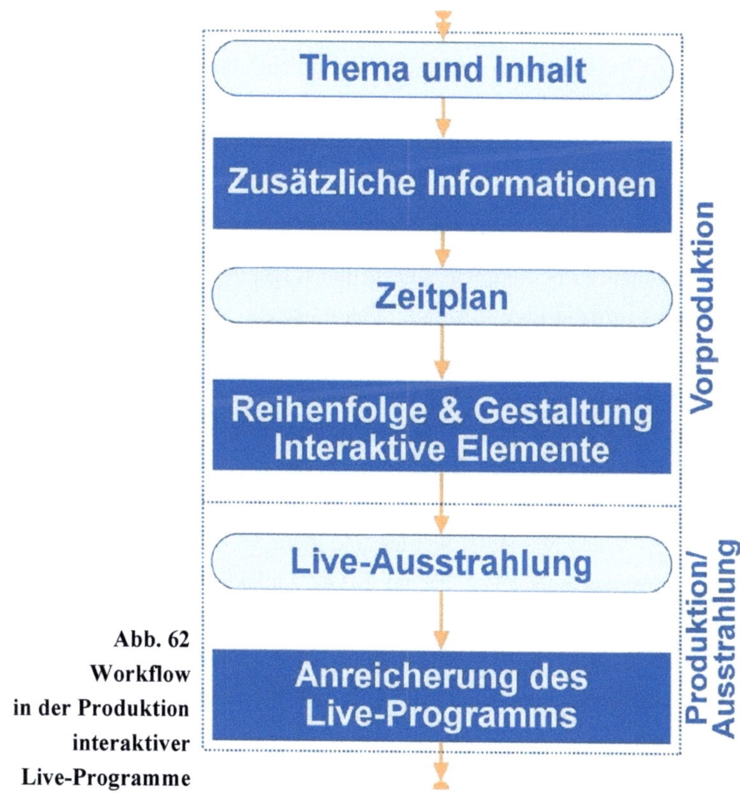

Abb. 62 Workflow in der Produktion interaktiver Live-Programme

5 Interaktion und Erscheinung

In den bisherigen Kapiteln wurde versucht, Hypermedia möglichst allgemein zu definieren und zu beschreiben. Das Ziel war, dadurch die breit angelegte Idee, die ursprünglich im Gedanken von Hypermedia steckte, zu berücksichtigen und die aus vielen Quellen stammenden unterschiedlichen Ansätze zusammenzuführen. Darüber hinaus sollten die sich eröffnenden Potenziale dargestellt werden, wenn Medien mit unterschiedlichsten zeitlichen und interaktiven Charakteristika miteinander kombiniert und durch die Möglichkeiten der Hypermedia-Idee erweitert werden. Allerdings bringt dies das Problem mit sich, dass die Betrachtung bis hierher überwiegend theoretisch und abstrakt bleiben musste.

Um einen stärkeren praktischen Zugang zu den beschriebenen medialen Möglichkeiten zu bekommen, soll in den folgenden Abschnitten die allgemeine Hypermedia-Idee mit einer Fokussierung auf Hypervideo reduziert werden. Die Übertragung der beschriebenen Aspekte auf andere dynamische Hypermedien sollte in der Regel nicht schwer sein. Zudem wird die Betrachtung zur weiteren Vereinfachung in den folgenden Abschnitten auf ein „reines“ Hypervideo reduziert. Dabei, wie bei der gesamten folgenden Betrachtung in diesem Kapitel, soll zunächst ausschließlich die Einbindung von Hotspots in ein Video betrachtet werden und nicht, welche Aktion mit der Aktivierung des Hotspots ausgelöst wird. Die Zielaktionen werden später zunächst als Einzelaktionen betrachtet und schließlich mit der Einführung sogenannter „CHacts“ in Abschnitt 6.4 dergestalt erweitert, dass auch das Auslösen mehrerer verschiedener Aktionen mit nur einem Aktivierungs“klick“ möglich ist.

Drei Aspekte, die eng miteinander in Beziehung stehen, bilden daher den Fokus der nächsten Seiten:

- Zunächst werden Fragen nach der Erscheinung von Hotspots betrachtet. Dabei geht es vor allem um die zeitlichen Aspekte des Auftretens und Verschwindens der Hotspots.

- Danach folgt die Betrachtung von Fragen nach dem Verhalten von Hotspots. Hier geht es darum, wie die Veränderung von Hotspots während der Sichtbarkeit dargestellt und sichtbar gemacht werden kann.
- Schließlich wird im darauf folgenden Abschnitt betrachtet, wie Hotspots gestaltet werden können und sollten, damit sie optimal in die Anwendung und das umgebende Medium angepasst sind. Ein Thema dabei wird auch die Darstellung der Verbindung eines Hotspots zu einem Objekt im Film sein.

Alle drei Aspekte tangieren, neben Technik und Benutzererwartung und -akzeptanz, auch stets die Bild- beziehungsweise Filmsprache und damit auch die visuelle Ästhetik.

5.1 Erscheinen und Verhalten

Bisher, und insbesondere in Abschnitt 3.3, konzentrierte sich die Betrachtung auf die Medien und deren Charakteristika an sich. Im Folgenden sollen die Medien aber lediglich als Träger für Elemente gesehen werden, die eine wie auch immer geartete Interaktion mit dem Benutzer zulassen. Landläufig könnte dies als Gestaltung von Links bezeichnet werden. Wie aber in den Abschnitten 3.3.1.1 bis 3.3.2.2 schon einführend näher beschrieben wurde, ist ein Link, bzw. eben genauer: ein Hotspot, ein durchaus komplexes Konstrukt. Diese Betrachtung wird nun hier wieder aufgegriffen. Dazu werden die in den obigen Abschnitten eingeführten Verhaltenscharakteristika der Links konkretisiert und insbesondere auf ihr Erscheinen in der Darstellung/ Präsentation und auf ihr Verhalten in und während der Präsentation näher untersucht. Zunächst soll dazu eine Differenzierung in Links und Hotspots mit einem vermeintlich statischen Verhalten und solche mit einem vermeintlich dynamischen Verhalten erfolgen.

Diese folgende Betrachtung ist dabei unabhängig von der oben eingeführten Betrachtung der Charakteristika der Medien. Wenn im Folgenden von statischen und dynamischen Hotspots die Rede sein wird, so können diese ganz allgemein sowohl in Medien mit statischem als auch in solchen mit dynamischem Verhalten integriert sein. Selbstverständlich müssen dabei aber stets die Fragen berücksichtigt werden, …

- … ob der Benutzer einen Hotspot mit einem statischen Eigenverhalten in einem Medium mit dynamischem Verhalten sowie ebenso …
- …ob der Benutzer einen Hotspot mit einem dynamischen Eigenverhalten in einem Medium mit statischem Verhalten erwartet und akzeptiert.

Gerade die letztgenannte Frage ist eine besondere Herausforderung, denn der Benutzer wird hier mit einer Situation konfrontiert, die sich eigentlich in sich widerspricht. Wie oben im Detail besprochen, ändert sich zum Beispiel der Inhalt eines Bildes nicht, egal wie lange dieses Bild präsentiert oder betrachtet wird. Daher wird es dem Benutzer fremd erscheinen, wenn ein Teil der Präsentation des Inhaltes sich dennoch verändert. Ein solches unerwartetes Verhalten kann zu einer Verringerung der Akzeptanz des Mediums oder des gesamten Informationsangebotes führen.

Für ein besseres Verständnis zur erfolgreichen und optimalen Integration von Links bzw. Hotspots in Medien werden im Folgenden zwei grundlegende Fragen angesprochen. Die eine ist die generelle Frage, was denn alles als Link bzw. als dessen Ausgangspunkt und Startanker dienen kann. Hier unterscheiden sich statische und dynamische Hotspots nicht wirklich stark voneinander.

Die zweite Frage ist die Frage nach dem Verhalten eines Links oder Hotspots. Zur genaueren Beantwortung müssen hierzu alle Veränderungen über die gesamte Lebensdauer eines Hotspots betrachtet werden (Abb. 63). Diese Betrachtung unterteilt die Gesamtlebensdauer in die drei Phasen

- des Erscheinens,
- des eigentlichen Verhaltens und
- des Verschwindens des Hotspots,

wobei das Erscheinen und das Verschwinden jeweils ebenfalls unterschiedlich dynamisch sein kann.

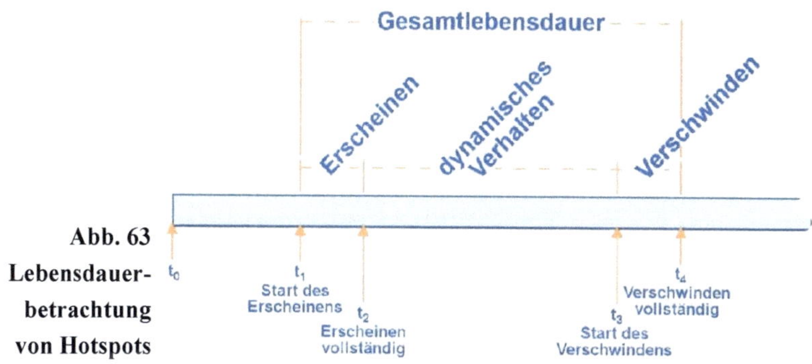

Abb. 63 Lebensdauerbetrachtung von Hotspots

5.2 „Statische" Hotspots

Die Betrachtung statischer Hotspot muss, natürlich nicht zuletzt der der Einfachheit und Anschaulichkeit halber, mit der Betrachtung der üblichen Textlinks beginnen, da diese Art der Links, wie auch in ihrer Betrachtung in Abschnitt 3.3.1.1 schon deutlich gemacht, alle ausschließlich statischer Natur sind.

Der Lebenszyklus eines statischen Textlinks beginnt synchron mit dem „Leben" des Textes, in das der Link eingebettet ist. Streng genommen könnte hier noch eingeschränkt werden, dass der Lebenszyklus eigentlich erst dann beginnt, wenn der Textlink auf dem Bildschirm sichtbar wird. Dies ergibt sich daraus, dass häufig Texte umfangreicher sind, als sie auf einem Bildschirm bzw. in einem Browserfenster dargestellt werden können und es somit auch Textlinks gibt, die zwar im Text verankert sind, deren Startanker aber eben erst dann sichtbar werden, wenn sie, zumeist wahrscheinlich durch den Benutzer, in das Browserfenster gescrollt werden. Mit dem sichtbar werden, erscheint der statische Textlink vollständig und unmittelbar. So wie er nun dargestellt wird, bleibt er ohne Veränderung solange sichtbar, bis der Text, in den er eingebettet ist, wieder aus dem Browserfenster oder Bildschirm bewegt wird. Sowohl die Position innerhalb des Mediums, hier eben des Textes, als auch das Aussehen des Textlinks verändern sich hier durch keinerlei Eigenverhalten des Links.

Als statischer Hotspot wird ein Hotspot bezeichnet, der sich durch sein eigenes Verhalten über seine gesamte Lebensdauer hinweg in keinem Charakteristikum verändert.

Veränderungen, die durch eine wie auch immer geartete Benutzerinteraktion angestoßen werden, wie zum Beispiel die farbliche Änderung nach dem Anklicken eines Textlinks, fallen nicht unter diese Betrachtung.

5.2.1 Was ist alles ein Hotspot?

Bei Textlinks ist die Frage, was als Startanker dienen darf, eigentlich obsolet. In diesem Fall ist es im Regelfall der Text beziehungsweise ein definierter struktureller Ausschnitt eines Textes, der als Startanker dient (Abb. 64, oben links) und auch vom Benutzer erwartet wird. Allerdings kann von dieser Sichtweise durch die Anwendung technischer Hilfsmittel durchaus abgewichen werden, wie es Abbildung 64 zeigt.

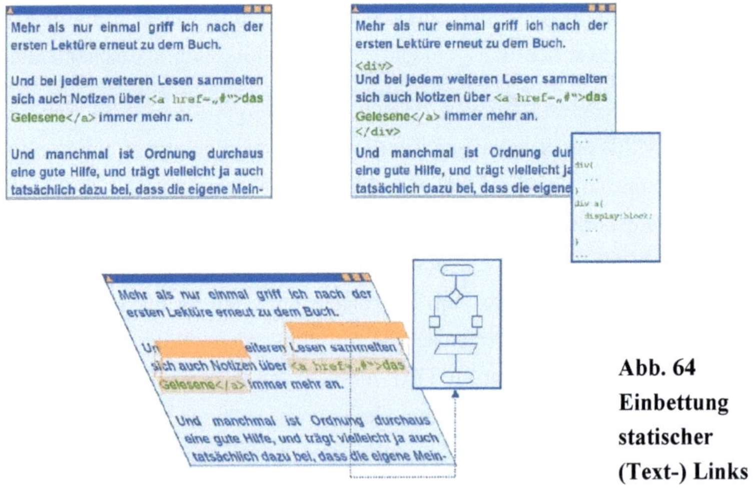

Abb. 64 Einbettung statischer (Text-) Links

Sowohl mit der Standardauszeichnungssprache HTML als auch in Kombination mit dem aktuellen CSS-Beschreibungsstandard, ist es ohne Probleme möglich, ganze Textstrukturen als Link bzw. als dessen Startanker zu definieren, wie es in Abbildung 64 oben rechts exemplarisch gezeigt wird. Theoretisch wäre es mit Hilfe einer Skriptsprache wie JavaScript auch möglich, einen aktivierbaren Bereich auf einer übergeordneten, transparenten Ebene zu definieren. In der Praxis müssten für einen solchen Ansatz allerdings eine Vielzahl von Problemen gelöst werden, damit der aktivierbare Bereich stets korrekt über dem zugeordneten Wort positioniert ist. Diese Probleme ähneln den Problemen der Darstellung von Hotspots in Bildern, wie sie auch in Abbildung 27 in Abschnitt 3.3.1.2 dargestellt wurden.

Während in Texten die Bestimmung und Festlegung der Startanker von Links bzw. Hotspots mit der Auswahl Buchstabe, Wort, Satz, Absatz, usw. eigentlich recht eingeschränkt, aber dadurch letztlich wiederum relativ einfach ist, ist die Frage nach der Festlegung von Startankern in Bildern ein wenig komplexer. Natürlich kann auch hier, wie auch heute noch als häufigste Form in Internetanwendungen zu finden, das ganze Bild der Startanker sein.

Sinnvoller erscheint hier aber die Möglichkeit, einzelne Bereiche als Startanker zu definieren, die entweder für Objekte stehen, wie in Abbildung 65 rechts, oder die für Navigationsziele stehen, wie im in Abbildung 65 links gezeigten Beispiel eines Gebäude-/ Raumplans. Da sich die Inhalte in einem Medium wie dem Bild nicht ändern, sind hier statische Hotspots das richtige Werkzeug, die allerdings leider, wie schon mehrfach erwähnt, eben nur rudimentär durch die derzeit aktuellen Programmier-/ oder Beschreibungssprachen unterstützt werden, wie es schon in Abschnitt 3.3.1.2 am Beispiel der Imagemaps beschrieben wurde.

Außer bei reinen Textlinks erscheint es also sinnvoll, den Startanker eines Hotspots in Bezug zu einem Objekt zu setzen. Dieser Ansatz wird bei der Betrachtung der dynamischen Hotspots in Abschnitt 5.3 noch näher dargestellt und erweitert. Neben der direkten Integration von Links und deren Startankern in die Medien, wie es bei der üblichen Handhabung von Textlinks der Fall ist sowie bei der mittelbaren Integration wie zum Beispiel durch die oben vorgestellten Imagemaps, ist es auch möglich, Hotspots mit unabhängigen Startankern zu definieren, die eine indirekte Beziehung zum Startmedium beschreiben. Diese Art von Beziehung könnte als Meta-Hotspot bezeichnet werden. Bei statischen (Hyper-) Medien hat diese Art von Links allerdings eher geringe Relevanz, weshalb ihre Betrachtung erst in Zusammenhang mit dynamischen Medien und dynamischen Hotspots vertieft wird.

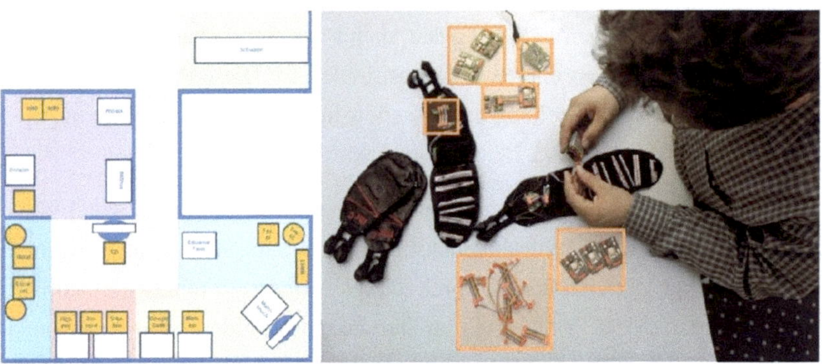

Abb. 65
Statische Hotspots in Bildern

5.2.2 Wie verhalten sich Hotspots?

Die in Abbildung 63 eingeführten Phasen der Lebensdauer von Hotspots kann der Definition in Abschnitt 5.2 für statische Hotspots wieder reduziert werden auf eine einzige Phase. Der Definition folgend verändern sich statische Hotspots während ihrer Lebensdauer in keinem Charakteristikum. Dies wiederum bedeutet, dass der Startanker eines statischen Hotspots unmittelbar und ohne zeitliche oder räumliche Veränderung vollständig an seiner definierten Position erscheint. In diesem Zustand bleibt der Startanker, bis der Hotspot wieder verschwindet. Auch dieses Verschwinden erfolgt unmittelbar und ohne eine zeitliche oder räumliche Veränderung.

5.3 „Dynamische" Hotspots

Statische Hotspots sind durch ihre Nutzung im Internet/ WWW üblich und können als dem Benutzer allgemein bekannt vorausgesetzt werden. Das Hotspots dynamisiert werden können, indem sie zum Beispiel animiert werden, ist für viele Benutzer allerdings ebenso überraschend für wie für eine Vielzahl von Autoren auch.

Abb. 66
Bewegung von Hotspots in einem statischen Medium

Als dynamischer Hotspot wird ein Hotspot bezeichnet, der sich aus der Beschreibung seines eigenen Verhaltens heraus während seiner Lebensdauer in mindestens einem Charakteristikum verändert.

Dieser Überraschungseffekt verstärkt sich dann noch einmal, wenn die Dynamisierung der Hotspots, oder genauer die Dynamisierung des Startankers eines Hotspots, in einem statischen Medium erfolgt. In einem solchen Fall ist es für die Erhaltung der Benutzerakzeptanz zwingend notwendig, dass das Ziel, das mit diesem unüblichen und eventuell befremdlichen medialen Verhalten erreicht werden soll, dem Benutzer im Vorfeld vermittelt wird. So wird sich der Betrachter der Abbildung eines Gemäldes allgemein schon gestört fühlen, wenn eine Veränderung der Originalabbildung durch die Integration von Hotspots erfolgt (Abb. 66 [MON72]). Wenn deren sichtbare Startanker sich dann noch über dem Gemälde bewegen und verändern, erhöht dies die Störung durch eine gefühlte Unsicherheit und senkt damit zugleich auch die Benutzerakzeptanz. Wenn im Vorfeld allerdings vermittelt wird, dass Erläuterungen im Sinne einer geführten Bildbesprechung mit diesem ungewöhnlichen Verhalten verbunden sind, senkt dies wiederum die Überraschung und steigert die Akzeptanz.

5.3.1 Was ist alles ein Hotspot?

Allgemein können drei Möglichkeiten unterschieden werden, wie Hotspots in ein Video eingebunden werden können.

Die technisch einfachste und möglicherweise auch naheliegendste Art, aus einem Video ein Hypervideo zu machen, ist es, das gesamte Videobild sensitiv zu machen. Bei diesen sogenannten „temporal links" [SAW96, SAW97] besteht so für den Benutzer die Möglichkeit, zu bestimmten, definierten Zeiträumen mittels Mausklick, Tastendruck, o.ä. mit dem gesamten Videobild zu interagieren (Abb. 67, unten links). Der Vorteil, neben einem geringen technischen Aufwand bei der Realisierung dieser Technik in einem Hypermedia-System, liegt auf Seiten des Benutzers darin, dass er ohne großen kognitiven und mentalen Aufwand schnell und deutlich erkennen kann, ob eine Interaktion zu einem bestimmten Zeitpunkt möglich ist oder nicht. Diese Vorteile werden mit dem vermeintlichen Nachteil aufgewogen, dass eben immer nur eine einzige Aktion zu einem bestimmten Zeitpunkt möglich ist. Ob dies allerdings tatsächlich ein relevanter Nachteil ist, ist letztlich allerdings davon abhängig, …

- … welche Benutzerzielgruppe mit dem Hypermediasystem adressiert werden soll, …
- … welche Inhalte vermittelt und …
- … welche Ziele erreicht werden sollen.

Diese Art der Hypervideolinks stammt vor allem aus der Frühzeit der Hypervideosysteme. Heutzutage ist es durchaus fraglich, ob Benutzer, die die gleichzeitige Erreichbarkeit vieler Hyperlinks aus gängigen Internet-/WWW-Angeboten als nahezu normal ansehen, eine solche Einschränkung akzeptieren würden oder nicht sofort auch nach „mehr" fragen würden.

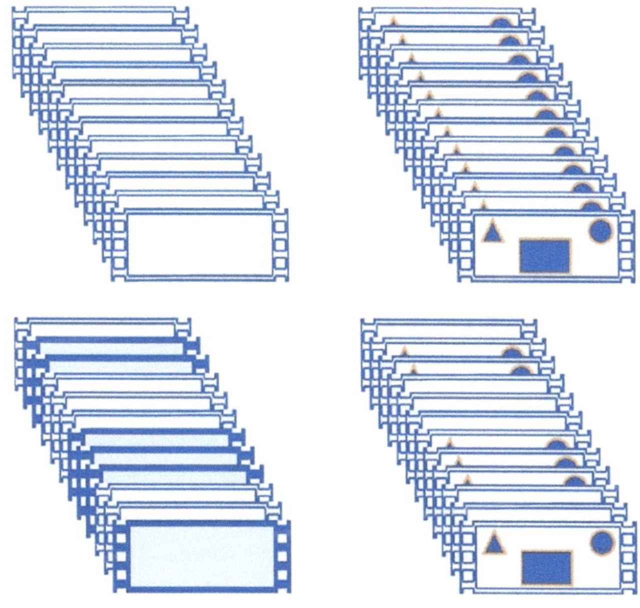

Abb. 67
Arten von Hotspots in Hypervideo
(oben links: keine Verlinkung; oben rechts: spatiale Verlinkung; unten links: temporale Verlinkung; unten rechts: spatio-temporale Verlinkung)

Viel eher kann davon ausgegangen werden, dass Benutzer erwarten, dass nicht das Video selbst sondern vielmehr die Objekte, die in einem Video zu sehen sind, durch eine Aktion aktivierbar sind. Dies führt zunächst zu sogenannten „spatial links" [CHA01], bei denen Objekte an definierten räumlichen Positionen eingebettet werden und die während der gesamten Länge des Videos zur Interaktion durch den Benutzer verfügbar sind. Diese Verlinkung ist für den Benutzer klar losgelöst von den Inhalten der einzelnen Szene sowie auch von einem Bezug zu einem speziellen Objekt, das innerhalb des Videos in einer Szene sichtbar wird und sich in dieser Szene darüber hinaus möglicherweise auch noch bewegt und verändert.

Die Weiterentwicklung sind dann die sogenannten „spatio-temporal links“ [SAW97], die nicht nur durch eine Zeitangabe, sondern zusätzlich durch die Beschreibung einer Region, innerhalb der eine Aktivierung erfolgen muss, definiert werden. Diese Art der Hotspots eröffnet die Möglichkeit, durch genauere Verzweigungen die Struktur und damit die Inhalte eines Hypermedia-Angebots effektiver zu nutzen. Zugleich kann der Autor dem Benutzer so auch einfacher die Möglichkeit geben, vertiefte Informationen zu Details im Videobild anzubieten [STA16; LIE94].

Neben räumlichen und räumlich-zeitlichen Hypervideolinks, die objektbezogen sind, können auch Texte als Anker solcher Hypervideolinks dienen. Dieser Technik bediente sich zum Beispiel HyperCafe [SAW96] durch die sogenannten „interpretative textual links“, die bei dieser Anwendung als Laufschrift am unteren Rand des Bildschirms eingeblendet werden.

5.3.2 Wie verhalten sich Hotspots?

Ist das Medium Video selbst schon ein dynamisches, so überträgt sich diese Charakteristik auch auf die Erweiterungen, wenn es zu einem Hypervideo transformiert werden soll. Dies beginnt schon mit den beiden basalen Fragen

- „Wann soll ein Hotspot erscheinen?“ und
- „Wie lange soll ein Hotspot ‚leben‘?“

Diese Fragestellungen müssen, um den Erfordernissen von Autoren und Produzenten in Bezug auf die Ästhetik und die Bild- und Filmsprache sowie auch den Erfordernissen und Ansprüchen des Benutzers zu entsprechen, erweitert werden und zielführend lauten:

- „Wann und wie beginnt die Darstellung des Hotspots?“ und
- „Wann und wie endet die Darstellung des Hotspots?“

Hinzu kommt darüber hinaus noch die Frage, wie sich der Hotspot zwischen diesen beiden Zeitpunkten verhält. Dies führt zur Betrachtung der gesamten Lebensdauer eines Hotspots, wie sie in Abbildung 63 schon vorgedacht wurde.

Der Hintergrund all dieser Fragen ist der Benutzer, der sich das (Hyper-) Video anschaut und damit interagieren möchte. Anders als bei „normalen" Filmen, bei denen der Zuschauer als passives Publikum in der Lean-Back-Situation die Inhalte rezipiert (Abschnitt 3.1.3, Abb. 19) und sich in der Regel auf diese Weise also unterhalten lässt, befindet der Zuschauer sich bei einem Hypervideo als aktiver Benutzer eher in einer Lean-Forward-Situation (Abschnitt 3.1.3, Abb. 20). Er ist bereit, aktiv an und mit dem Video zu arbeiten.

Es handelt sich dabei um zwei grundsätzlich unterschiedliche Benutzungssituationen. Zurückgelehnt, zum Beispiel auf der Couch im heimischen Wohnzimmer oder auch im Kino, wird der Benutzer eher entspannt sein und seinen Aufmerksamkeitsfokus vor allem auf den Videoinhalt, also im Falle von Hypervideo, auf das Führungsmedium, gerichtet haben. Der Benutzer ist also in dieser Situation vor allem passiver Zuschauer. Auch wenn er über die hypermedialen, interaktiven Optionen des Hypervideos Bescheid weiß, so wird doch die Interpassivität des „Film-Anschauens" gegenüber der Interaktivität des „Hotspot-Aktivierens" überwiegen. In dieser Situation ist eine gut geplante Strategie als Antwort auf die oben gestellten Fragen für den Produzenten zwingend notwendig, um die Benutzerakzeptanz zu gewinnen. Einer Aussage des Benutzers wie

„Dauernd überrascht und erschreckt mich
das Auftauchen eines Hotspots!"

können zwei Aussagen entnommen werden. Zunächst einmal kann davon ausgegangen werden, dass das Erscheinen der Hotspots nicht optimal gestaltet wurde. Zudem kann weiterhin davon ausgegangen werden, dass der Benutzer bei jedem Erscheinen eines Hotspots vom zentralen Videoinhalt abgelenkt wird. Welche Auswirkung das auf seine Akzeptanz gegenüber dem Hypervideo hat, ist dabei zunächst einmal nicht von Belang.

Doch nicht nur das Erscheinen von Hotspots kann problematisch sein. Vielmehr kann auch dessen Ende und somit das „Verschwinden" aus dem Sichtfeld zu Problemen führen. Hier steht eine potentielle Aussage wie

„Immer, wenn ich einen Hotspot anklicken will,
ist er gerade eben verschwunden!"

im Mittelpunkt. Ihr kann entnommen werden, dass es für den Benutzer nicht ersichtlich ist, wann ein Hotspot nicht mehr erreichbar ist, weil er ausgeblendet wird oder sich aus dem Sichtfeld bewegt.

Verschiedene Strategien, das Erscheinen und Verschwinden von Hotspots zu gestalten beziehungsweise zu erklären, können hier hilfreich sein, vor allen Dingen dann, wenn der Zuschauer oder Benutzer über die Funktionalität und die Gestaltung vor der Benutzung oder zu ihrem Anfang informiert wird. Vier hauptsächliche Strategien können dazu verfolgt werden.

Strategie 1: Alles ist aktivierbar

Dies ist die rigoroseste Strategie, bei der der Benutzer nur einmal darauf hingewiesen werden muss, dass er jedes sichtbare Objekt anklicken oder auf sonstige Weise aktivieren kann. Für den Benutzer ist dies leicht verständlich und vermittelbar. Allerdings kann dieser scheinbare Vorteil schnell zu einem Nachteil für Autor und Produzent werden:

- Die Erwartungshaltung des Benutzers wird bei dieser Strategie hoch sein.
- Seine Neugier wird leicht dazu führen, dass er dem Hinweis wörtlich folgt und, sei es auch nur zum Spaß, jedes mögliche Objekt aktiviert.
- Löst er bei diesen Versuchen keine Antwort des Systems aus, kann er also ein Objekt nicht aktivieren, hat dies zwei Ergebnisse zur Folge:
    - Zum einen wird der Benutzer in der Bedienung verunsichert: „Habe ich die Erklärung falsch verstanden?"

- Zum anderen wird die Akzeptanz des Benutzers sinken, wenn seine Versuche der Aktivierung ins Leere laufen.

Für Autor und Produzent bedeutet dies, dass tatsächlich für jedes einzelne Objekt eine Aktion definiert werden muss. Möglicherweise müssen dafür für jedes aktivierbare Objekt weitere Informationen gesammelt und somit weitere Medien produziert werden. Dies wiederum bedeutet dann einen immensen Aufwand in Gestaltung und Produktion.

Abb. 68
Strategien 1 und 2: Jedes oder bestimmte Objekte sind aktivierbar

Wird unter diesem Aspekt eine Sequenz in einem Video betrachtet, wird dies sehr schnell deutlich, wie der Screenshot in Abbildung 68 zeigt. Wenn jedes Objekt aktivierbar ist, kann der Benutzer jeden einzelnen Spieler anklicken, ebenso die Schiedsrichter, allerdings auch jeden Zuschauer, jedes Mikrofon, und so weiter.

Vorteilhaft an dieser Strategie ist andererseits, dass es keiner visueller Hervorhebung aktivierbarer Regionen bedarf, da ja ohnehin jedes Objekt eine solche Region darstellt.

Strategie 2: Bestimmte Objekte sind aktivierbar

Dies ist eine eingeschränkte Version der oben beschriebenen Jedes-Objekt-ist-aktivierbar-Strategie. Hier kann mit relativ einfachen Mitteln sowohl eine höhere Benutzersicherheit und -akzeptanz erreicht als auch der Produktionsaufwand verringert werden. Dazu kann beispielsweise gesagt werden:

- „Jeder Spieler im Video kann aktiviert werden."
- „Zu jedem Spieler im Video gibt es Informationen zu dessen Lebenslauf."

Die letzte Aussage hat neben der Reduzierung der Erwartung und der Produktion die benutzerfreundliche Nebenwirkung, dass der Benutzer schon vor der Aktivierung eines Hotspots über das Ergebnis Bescheid weiß und somit nicht mit unerwarteten Informationen überrascht oder gar abgelenkt wird. Allerdings bleibt stets eine gewisse Unsicherheit des Benutzers, der womöglich manchmal nicht erkennt oder erkennen kann, ob ein Objekt aktivierbar ist oder nicht. Dies kann dazu führen, dass der Benutzer aktivierbare Objekte nicht nutzt oder er versucht, nicht aktivierbare Objekte zu aktivieren. Dies wiederum kann wie in Strategie 1 negative Auswirkungen auf die Benutzerakzeptanz haben. Ebenso kann es hier zu leicht Verständnisproblemen kommen. Bedeutet die Ansage „Jeder Spieler im Video kann aktiviert werden." in Abbildung 68 zum Beispiel, dass ...

- … lediglich die Spieler auf dem Spielfeld angeklickt werden können, oder …
- … können auch die Spieler in der Videoleinwand links oben angeklickt werden?

Strategie 3: Gekennzeichnete Objekte sind aktivierbar

Die vorangegangenen Strategien haben den Vorteil, dass kein Eingriff in die visuelle Information notwendig ist. Damit wird der Benutzer nicht vom Inhalt des Videos abgelenkt und auch durch das Auftauchen eines Hotspots nicht mehr überrascht, als er es ohnehin durch das Auftauchen des Objektes selbst wird. Strategie 3 geht dagegen einen anderen Weg.

Abb. 69
Strategie 3: Gekennzeichnete Objekte sind aktivierbar

Sie nutzt eine visuelle Hervorhebung für aktivierbare Objekte. So können diese zum Beispiel von einem Rahmen umgeben oder durch Licht- und andere Effekte hervorgehoben werden. Das plötzliche Auftauchen eines solchen Effektes kann allerdings tatsächlich dazu führen, dass der Benutzer durch ein plötzliches Auftreten überrascht oder gar verschreckt werden. Diesen Auswirkungen kann entgegengewirkt werden, indem die Effekte langsam eingeblendet werden. Ein weiches Erscheinen eines Rahmes sowie auch ein weiches Ausblenden kann die Überraschung des Benutzers mildern.

Der Vorteil dieser Strategie liegt darin, dass unterschiedliche Objekte zu unterschiedlichen Zeiten zur Aktivierung angeboten werden können. So kann auch diese Strategie zu einer möglichen Reduzierung des Produktionsaufwandes beitragen. Über die Auswirkungen dieser Strategie auf die Bild- und Filmsprache und die Ästhetik soll in Abschnitt 0 noch näher eingegangen werden.

Strategie 4: Bestimmte Regionen sind aktivierbar

Einen gänzlich anderen Weg als die objektbezogenen Strategien 1 bis 3 verfolgt Strategie 4. Hier werden Regionen eingeführt, die wie Schaltelemente oder (→) Buttons bedient werden. Diese können, wenngleich sie es nicht müssen, auch außerhalb des Videobildes angeordnet sein, womit sie die Darstellung des Videos selbst nicht stören. Sie haben stets dieselbe Position und Größe im Bild. Im Idealfall sind diese Schaltelemente immer sichtbar und machen nur im Einzelfall durch eine Farb- oder Transparenzänderung ihre Aktivierbarkeit deutlich. Da dies außerhalb des Videos geschehen kann, kann so auch die kognitive Belastung für den Benutzer leicht auf ein Minimum reduziert werden. In einem ungünstigen Fall kann dies allerdings auch dazu führen, dass die Änderung vom Benutzer nicht erkannt wird.

Problematisch bei dieser Strategie ist der Bezug zwischen Schaltelement und Objekt. Er ist nur dann darstellbar, wenn in das Videobild eingegriffen wird, zum Beispiel durch eine Verbindungslinie zwischen Objekt und Schaltelement. Damit allerdings wird der Überraschungseffekt beim Auftreten und Verschwinden wiederum größer. Aus diesem Grund eignet sich Strategie 4 auch eher für die Vermittlung von übergeordneten oder sogenannten metabezogenen Informationen als für objektbezogenen. Darauf wird ebenfalls in Abschnitt 0 noch einmal näher eingegangen.

Ob und wie ein Objekt im visuellen Teil eines Videos erscheint, ist meist nicht wirklich vorhersagbar. Oftmals kommen Objekte durch einen Kameraschwenk oder durch ihre Eigenbewegung in das Sichtfeld und überraschen dadurch den Zuschauer eher wenig. Auch das Verschwinden eines Objektes aus dem Sichtfeld ist in der Regel eher wenig überraschend, da es auch hier oft ein Schnitt, ein Kameraschwenk oder die Eigenbewegung des Objektes ist, die dazu führt, dass es nicht mehr sichtbar ist. Für den erfahrenen Benutzer, also eigentlich für jede Person, die Filme und Videos anschaut, stellt dies in der Regel kein besonderes Problem dar. Lediglich die hervorgehobene Aktivierbarkeit ist es, die zu einem Problem werden kann. Wie diese Hervorhebung abgeschwächt werden kann, wurde in der Erklärung zu Strategie 3 angedeutet, wird aber auch in Abschnitt 5.3.3 noch einmal vertieft betrachtet.

Strategie 1: Alles ist aktivierbar	
Erläuterung:	jedes sichtbare Objekt im Video kann zu jeder Zeit aktiviert werden
Vorteile:	kurze, eindeutige Erklärung eindeutige Benutzungsweise
Nachteile:	hoher Produktionsaufwand
Probleme:	**Erwartungshaltung und Akzeptanz durch den Benutzer**

Strategie 2: Bestimmte Objekte sind aktivierbar	
Erläuterung:	nur bestimmte Objekte im Video können aktiviert werden
Vorteile:	kurze, eindeutige Erklärung Reduzierung des Produktionsaufwandes
Nachteile:	Unsicherheit des Benutzers mehrdeutige Erklärungen möglicherweise hoher Produktionsaufwand
Probleme:	**Erwartungshaltung und Akzeptanz durch den Benutzer**

Strategie 3: Gekennzeichnete Objekte sind aktivierbar	
Erläuterung:	aktivierbare Objekte werden hervorgehoben
Vorteile:	kurze, eindeutige Erklärung Reduzierung des Produktionsaufwandes eindeutige Benutzungsweise
Nachteile:	Eingriff in Bild- und Filmsprache
Probleme:	**Ablenkung des Benutzers**

Strategie 4: Bestimmte Regionen sind aktivierbar	
Erläuterung:	Festgelegte Regionen im oder am Video dienen als Schaltelemente

Vorteile:	Geringer Eingriff in Bild- und Filmsprache
Nachteile:	Schwierige Darstellung des Bezugs zwischen Schaltelement und Objekt
Probleme:	**Ablenkung des Benutzers**

5.3.3 Zeitfragen und Lebenszeit

Unabhängig von der Form seines Auftretens stellt jeder Hotspot in der Zeit nach seinem Auftreten bis zu seinem Verschwinden ein Objekt im Video dar, das ein eigenes Verhalten besitzt. Wie oben schon eingeführt, kann dieses Verhalten zwei unterschiedliche Formen annehmen:

- Der Hotspot erscheint an einer Position im Bild und bleibt dort, bis er wieder ausgeblendet wird und verändert während dieser Zeit sein auch seine Form, Größe und farbliche Darstellung nicht. Die rigoroseste Ausprägung dieser Form ist der von Sawhney [SAW96; SAW97] und Chambel [CHA01] beschriebene „temporal link" (Abb. 63).
- Der Hotspot erscheint an einer Anfangsposition im Bild. In der Zeit bis zu einem Ausblenden kann er seine Position, Form, Größe und Farbe ändern.

Darauf, wann welche Verhaltensform bei welchem Zweck sinnvoll sein kann, wird im Abschnitt 0 noch näher eingegangen. An dieser Stelle hier sollen zunächst das Verhalten und die Auswirkung auf die Benutzerakzeptanz im Mittelpunkt stehen.

Jeder Hotspot stellt eine kognitive Belastung für den Benutzer zusätzlich zur ohnehin existierenden Belastung durch das Video selbst dar. Sowohl das statische als auch das dynamische Verhalten haben hier Vor- und Nachteile, die gegeneinander und in Berücksichtigung des Anwendungszieles abgewogen werden müssen.

Die Lebenszeit eines jeden Hotspots kann, wie oben schon im Detail beschrieben, in die drei Phasen aus Abbildung 63 aufgeteilt werden:

- das „Erscheinen“ des Hotspots,
- die aktive Phase des Hotspots und
- das „Verschwinden“ des Hotspots.

Jede dieser Lebensphasen wird von einer Reaktionsphase des Benutzers beantwortet (Abb. 70):

Vor dem Erscheinen des Hotspots ...

... wartet der Benutzer bewusst oder unbewusst auf den Hotspot.

Die Dauer dieses Vorgangs ist unbestimmt.

Während des Erscheinens des Hotspots ...

... beginnt der Vorgang des Erkennens des Hotspots durch den Benutzer.

Dieser Vorgang kann länger dauern als das Erscheinen.

Während der aktiven Phase ...

... kann der Benutzer den Hotspot aktivieren.

Dazu muss der Benutzer den Hotspot aber zunächst erkannt haben.

Im folgenden Schritt muss der Benutzer dann eine mögliche Assoziation des Hotspots zu einem sichtbaren Objekt oder zu einem übergeordneten Themenkontext erkennen.

Nun erst kann der Benutzer entscheiden, ob der Hotspot für ihn interessant ist oder nicht. Bewertet er den Hotspot als interessant, wählt er danach das Aktivierungswerkzeug, z.B. die Maus, aus und bewegt nun den (Maus-) Cursor auf den Hotspot und klickt diesen mit dem Mausbutton an.

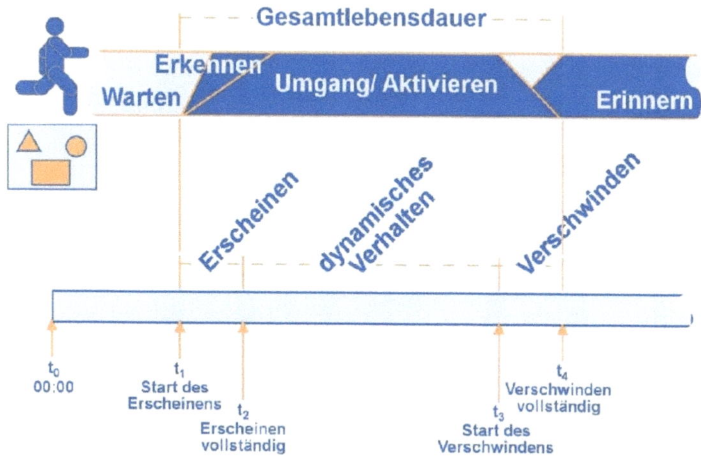

Abb. 70
„Lebensphasen" eines Hotspots und Reaktionsphasen des Benutzers

Nun startet die aktivierte Reaktion des Hypermediums und damit die Rezeption dessen, was der Autor für diese Aktion vorgesehen hat. Dies kann sowohl eine Verlinkung als auch das Angebot weiterführender Informationen sein.

Das „Verschwinden" des Hotspots ...

... wird beim Benutzer durch die Erinnerung an den Hotspot begleitet.

5.3.3.1 Wie erscheint der Hotspot?

Wie im vorigen Abschnitt schon angedeutet, kann die kognitive Belastung des Benutzers durch das Auftauchen eines Hotspots durch die geeignete Wahl der Aktivierungsstrategie reduziert werden. Die generelle Frage, die sich jedoch immer stellt, ist die, ob ein sichtbarer Hotspot von einem Frame des Videos zum nächsten plötzlich eingeblendet wird oder ob er „sanft" auftritt. Letzteres bedeutet einen höheren technischen und gestalterischen Aufwand. Sanft kann in diesem Zusammenhang unterschiedliche Bedeutungen haben, wie es Abbildung 71 zeigt:

Abb. 71 Beispiele für „sanftes Auftauchen“ von Hotspots

- Der Hotspot gleitet zum Beispiel von einem Rand des Videobildes in dessen Zentrum oder kommt mit einem assoziierten Objekt ins Sichtfeld, oder …
- … er wird durch Transparenz- und/ oder Farbänderung langsam in das Bild eingeblendet, …
- usw.

Letztlich setzt hier lediglich die Kreativität des Autors/ Produzenten die Grenze.

Ist ein Hotspot zu einem Objekt im Video assoziiert, so kann die kognitive Belastung des Benutzers darüber hinaus auch durch die Gestaltung des Videos selbst reduziert werden. Entspricht die Gestaltung des Videos den im jeweiligen Anwendungsfeld üblichen Gestaltungs-, Schnitt- und Dramaturgieregeln, so kann dies dazu führen, dass der Benutzer nicht durch einen plötzlichen unerwarteten Schnitt oder durch ein plötzliches unerwartetes Sichtbarwerden eines Objektes und seines assoziierten Hotspots überrascht wird. Vielmehr kann die unterschwellige Erwartungshaltung genutzt werden, dass der Benutzer in bestimmten Situationen einen Schnitt, Perspektivwechsel oder die Einblendung des Objektes erwartet.

5.3.3.2 Wie „lebt" der Hotspot?

Nach seinem Erscheinen, und häufig auch schon während seines Erscheinens, ist der Hotspot durch den Benutzer aktivierbar. Voraussetzung dafür ist, dass der Benutzer den Hotspot erkannt hat. Um den Hotspot tatsächlich zu aktivieren, muss der Benutzer nun einen weiteren Prozess verschiedener Handlungen und Tätigkeiten durchlaufen:

- Der Benutzer muss wissen, wie er den Hotspot aktivieren kann.
- Der Benutzer muss entscheiden, ob der Hotspot und die Aktion, die er auslöst, für ihn interessant und von Belang ist.
- Gibt es mehr als eine Möglichkeit zur Aktivierung muss der Benutzer ein Aktivierungswerkzeug auswählen.
- Möchte der Benutzer die Aktivierung mittels einer (→) Zeigegeste wie zum Beispiel mit der Maus und dem Mauscursor ausführen, so muss er den Cursor zur aktuellen Position des Hotspots bewegen. Dies kann auch bedeuten, dass er den Hotspot mit dem Cursor verfolgen muss, wenn dieser während seiner aktiven Zeit seine Position verändert.
- Erreicht der Cursor die sensitive Region des Hotspots kann der Benutzer die Aktivierung auslösen.

Die Betrachtung dieses Prozesses verdeutlicht, dass die Zeit, in der ein Hotspot aktiv sein soll, nicht zu kurz sein darf, da sonst der Benutzer nicht in der Lage ist, die Aktivierung überhaupt durchzuführen. Insbesondere bei der Aktivierung durch eine Zeigegeste, bei der der Benutzer zunächst eine Bewegung mit einem Zeigewerkzeug durchführen muss, ist dies eine elementare

Anforderung an die Gestaltung des Mediums „Hypervideo". Dies gilt sowohl für solche Hotspots, die unmittelbar mit einem Objekt assoziiert sind als auch für solche, die einen Meta-Kontext adressieren.

Die zeitliche Relevanz hat aber über das Medium Hypervideo hinaus auch weitere Auswirkungen in Richtung des zugrunde liegenden Mediums Video. Zum einen sollte ein zu schneller und eventuell auch zu abrupter thematischer Wechsel in dem vom Video vermittelten Inhalt vermieden werden. Dies trägt dazu bei, den Benutzer auf der kognitiven Ebene zu entlasten. Zum anderen sollten aber auch eine zu schnelle Schnittfolge und damit zu kurze (→) Szenen und (→) Sequenzen im Video vermieden werden, da die dabei angebotene Hotspots vom Benutzer gar nicht erreicht werden können. Anschaulich wird dies bei der Vorstellung, dass ein Musikvideoclip, der in aller Regel, wie in diesem Genre üblich, eine hohe Schnittfrequenz haben wird, mittels Hotspots angereichert werden soll. Der Benutzer/ Zuschauer hätte dabei oftmals gar keine Chance, einen Hotspot zu erreichen. Zwei Auswirkungen wären die Folge:

- Der Benutzer wird schnell frustriert sein und auf die Nutzung der Hotspots verzichten.
- Die Produktion des Hypervideo selbst als auch der zusätzlichen Medien war unnötig, da der Benutzer weder das Hypervideo noch die zusätzlichen Medien nutzt.

Mit dem genannten Beispiel soll keinesfalls gesagt werden, dass Hypervideo für Musikvideos nicht anwendbar seien. Beispiele wie das interaktive Musikvideo von Andy Grammer zu seinem Stück „Keep your head up" [GRA10; VAR10], in dem der Zuschauer die visuelle Storyline auswählen kann (Abb. 72) oder der australischen Drum-and-Bass-Band Pendulum, die für ihr Stück „Salt in the wounds" 2010 das erste interaktive 360°-Video produzierten [PEN10], und weitere zeigen, dass hypermediale Interaktion auch für das Genre „Musikvideo" durchaus realisierbar ist.

Andy Grammer: Keep your head up

Abb. 72 Interaktives Musikvideo: Auswahl der Storyline

5.3.3.3 Wie und wann „verschwindet" der Hotspot?

Neben der Gestaltung des Erscheinens von Hotspots im Videobild ist die Frage nach der Art des Verschwindens von Hotspots von ebenso zentraler Bedeutung. Wie im vorigen Abschnitt schon angerissen, wird der Benutzer die Möglichkeit zur Interaktivität durch die Aktivierung von Hotspots nur dann nutzen, wenn er den jeweils ausgesuchten Hotspot auch erreichen und aktivieren kann. Bewegt sich dieser zu schnell, zu abrupt oder zu unregelmäßig, so senkt dies die Akzeptanz durch den Benutzer schon allein dadurch, dass es für den Benutzer ein (zu) hoher Aufwand ist, den Hotspot zu erreichen.

Hintergrund dieser Fragen sind übliche Benutzerreaktionen wie die oben schon erwähnten:

- "Immer genau dann, wenn ich nicht damit rechne überrascht und erschreckt mich das Auftauchen eines Hotspots!"
- "Immer dann, wenn ich mich gerade entschlossen habe, einen Hotspot anzuklicken, verschwindet er!"

Gerade der letzte Punkt weist auf ein weiteres Problem bei dynamischen Hypermedien wie Hypervideo hin, und zwar die Darstellung der Anzeigedauer eines Hotspots. Ebenso wenig, wie der Benutzer weiß, wann ein Hotspot erscheint, weiß der Benutzer häufig auch nicht, wann der Hotspot wieder ausgeblendet wird und steckt somit in einem Dilemma:

- Eine sofortige Interaktion bricht die momentan abgespielte Information eventuell früher ab als vom Benutzer erwartet oder gewünscht.
- Wartet der Benutzer auf einen geeigneten Zeitpunkt für die Interaktion, kann es sein, dass der Hotspot vorher verschwindet.

Strategien zur Darstellung der Aktivitätsdauer eines Hotspots müssen hier deshalb ebenfalls behandelt werden. Daraus ergeben sich jedoch weitere Fragen, wie zum Beispiel:

- Woran kann der Benutzer ablesen, wann die Darstellung des Hotspots endet und er ihn nicht mehr erreichen und aktivieren kann?
- Wie kann der Benutzer erkennen, wie lange die Darstellung des Hotspots noch andauert?

Auch für die Zeit „dazwischen“ stellen sich weitere Fragen:

- Verändert der Ausschnitt, auf den sich der Hotspot bezieht, seine Position oder Form?
- Müssen sich damit dann auch die Form und die Position des Hotspots verändern?

Am Institut für Multimediale und Interaktive Systeme an der Universität zu Lübeck wurde dazu folgende Aussage geprägt: [HOE08]

„Es erscheint in einem kontinuierlichen Medium sinnvoll, dem Benutzer anzuzeigen, wie lange eine Interaktion möglich ist, da ihm mit dem Verschwinden des Hotspots Steuerungsmöglichkeiten verloren gehen, die essentieller Bestandteil eines Hypermediasystems sind. Besonders frustrierend ist für den Benutzer, wenn er sich entschlossen hat, einen Hotspot zu aktivieren, dieser aber verschwindet bevor der Benutzer die gewünschte Interaktion ausführen konnte.“

Mit diesen grundlegenden Überlegungen im Hintergrund wird die Notwendigkeit der (Rest-) Lebensdaueranzeige noch einmal besonders deutlich. Eine genauere Betrachtung, wie diese Lebensdaueranzeige aussehen kann, lässt zunächst einmal drei Hauptstrategien erkennen, die möglich sind:

- Die Anzeige der Restzeit bzw. -lebensdauer auf dem visuellen Weg, …
- … die, wohl eher abstrakte, Vermittlung der Zeitinformation auf dem auditiven Wege sowie …
- … der Rückgriff auf eine außerhalb des Mediums angezeigte Information bezüglich der Restzeit bzw. -lebensdauer.

Für jede dieser Hauptstrategien kann eine Vielzahl unterschiedlicher Umsetzungen gefunden werden, wie die folgende Übersicht und die folgenden Abbildungen zeigen. Auch diese recht umfangreiche einführende Übersicht ist allerdings sicherlich nicht vollständig und die genannte Reihenfolge stellt auch keinerlei Gewichtung dar und sicherlich sind darüber hinaus auch Kombinationen möglich. Andere und weitere Möglichkeit sind durchaus denkbar, insbesondere da auch an dieser Stelle noch einmal ganz bewusst gesagt werden muss, dass nur die Kreativität des Autors oder Produzenten hier die Grenzen setzt. Wichtig ist es, den jeweiligen Anwendungskontext sowie die Erwartungen und die Akzeptanz der Benutzer zu kennen und zu berücksichtigen.

Visuelle Restzeitanzeige

- Änderung der Fläche durch Blinken (mit oder ohne Rahmen): mit Ablauf der Zeit schnelleres Blinken (→ Ia)
- Änderung der Fläche durch Transparenz (mit oder ohne Rahmen):
  mit Ablauf der Zeit transparenter werdend (→ Ib)
- Änderung der Fläche durch Farbänderung (mit oder ohne Rahmen):
  mit Ablauf der Zeit von einer Start- zu einer Zielfarbe (→ Ic)
- Änderung nur des Rahmens durch Blinken:
  mit Ablauf der Zeit schnelleres Blinken
- Farbänderung nur des Rahmens:
  mit Ablauf der Zeit von einer Start- zu einer Zielfarbe (→ Id)
- Transparenz nur des Rahmens:
  mit Ablauf der Zeit transparenter werdend
- Größenänderung der Form:
  kleiner werden bei gleichbleibender Form (→ IIa)
- Pulsieren der Form bei gleichbleibender Größe:
  mit Ablauf der Zeit schnelleres Pulsieren (→ IIb)

Visuelle Fortschrittsmarker /-balken

- Auffüllen der Fläche mit „Alarmfarbe " (→ IIIa)
- Änderung der Rahmenfarbe zu einer „Alarmfarbe"
- Marker läuft auf dem Rahmen um den Hotspot (→ IIIb)
- Uhrensymbol in der Fläche (→ IIIc)

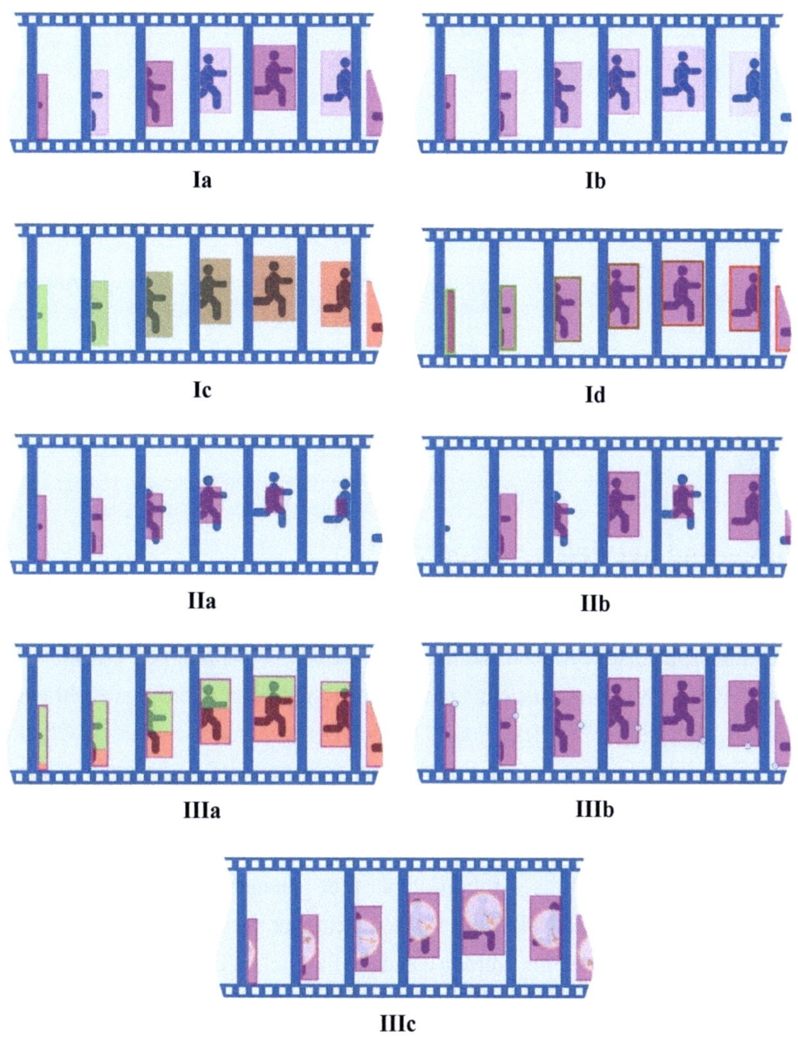

Abb. 73
Beispielhafte Darstellungen zur Restzeitanzeige

Auditive Restzeitinformation

- Mit Ablauf der Zeit lauteres Summe
- Mit Ablauf der Zeit lauteres Piepen
- Mit Ablauf der Zeit schnelleres Piepen

Übersichtsanzeigen

- Restzeitbalken neben/ unter der Präsentationsfläche
- Uhrensymbol

5.4 Und bei vielen Hotspots?

In der grundlegenden Betrachtung des vorigen Abschnitts wurde zur Vereinfachung zunächst von der Einbettung lediglich eines einzelnen Hotspots in das (Hyper-) Medium ausgegangen. In der Regel kann allerdings wohl eher davon ausgegangen werden, dass es für den Benutzer mehr als nur ein Objekt gibt, über das er den Zugang zu weiteren Informationen erhalten soll oder durch das ihm die Möglichkeit zum Eingriff in den Handlungsverlauf gegeben werden soll. Generell kann allerdings gesagt werden, dass jeglicher Eingriff in die Präsentationsgestaltung, oder hier genauer gesagt in die Bildgestaltung, eine mentale Belastung für den Benutzer darstellt. Dies kann ganz allgemein schon abgeleitet werden aus den alltäglichen Umgangserfahrungen mit Fernsehbildern oder auch Bildern in (Internet-) Videos. Ist das sichtbare Bild verändert durch eine wie auch immer geartete Bearbeitung, zum Beispiel ein schlecht ausgewähltes oder unprofessionell eingefügtes Bildelement, zieht dies die Aufmerksamkeit nahezu zwingend auf sich [HAC86, SCHu86]. Damit einhergehend wird Verarbeitungsleistung vom Führungsmedium abgelenkt und diese reduziert. Selbiges gilt auch für das Einbetten eines Hotspots in ein Hypermedium. Jede der in Abschnitt 5.3.2 vorgestellten Strategien zur Einbettung von Hotspots in Hypermedien verlangt vom Benutzer, dass er einen Teil seiner Aufmerksamkeit und seiner mentalen Verarbeitungsleistung dafür nutzt, …

- … den oder die Hotspots zu erkennen, …
- … die jeweilige Bedeutung zu erkennen, sowie schließlich …
- … zu bewerten, inwieweit der einzelne Hotspot für den Start einer Interaktion interessant genug ist.

Ist ein Hotspot für sich alleine genommen schon ein ablenkendes Objekt, so bedeuten die im vorangegangenen Abschnitt angedachten dynamischen Verhalten zur Restzeitanzeige eine weitere Erhöhung der Ablenkung, auch wenn sie ursprünglich als Hilfsmittel gedacht waren.

Abb. 74
Mentale Belastung (i) durch (zu) viele Hotspots

Wie eingangs dieses Abschnitts erwähnt, reduzierte sich die bisherige Betrachtung auf einzelne oder auf nur wenige Hotspots. Erhöht sich die Zahl der Hotspots, erhöht sich parallel dazu auch die mentale Belastung. Der Benutzer wird von den Hotspots mit ihren jeweiligen Einzelverhalten so sehr in Beschlag genommen, dass für die Rezeption des eigentlichen Führungsmediums kaum mehr Verarbeitungsleistung zur Verfügung steht. Der Benutzer weiß schlicht einfach nicht mehr, wohin er schauen soll, weil neben dem

Führungsbild die eingebetteten Objekte in Eigenbewegung sind, sich in Position, Form oder Farbe ändern. Im Extremfall kann nicht einmal mehr das Führungsbild erkannt werden, weil es von vermeintlich wichtigen Hilfsinformationen vollständig verdeckt wird. Wenn auch hier im Beispiel, wie in Abbildung 74 graphisch beschrieben, so gilt dies letztlich natürlich auch für auditive (Hyper-) Medien, die mit auditiv gestalteten Hotspots angereichert werden.

Dies stellt eine Herausforderung besonders für den Autor dar. Er muss entscheiden, welche Objekte wirklich so wichtig sind, dass sie eine Verbindung zu einem Hotspot wert sind und er musss eine gefällige Gestaltung finden, die den Benutzer nicht allzu sehr vom Führungsmedium ablenkt.

5.5 Live-Aspekte

Eine Erweiterung der bisherigen Betrachtungen ist dann notwendig, wenn auch in diesem Kontext abschließend die Live-Aspekte berücksichtigt werden sollen.

Die zu Grunde liegende Idee von Hypervideo als beispielhafter Ausprägung dynamischen Hypermedias geht üblicherweise davon aus, dass das führende Videomaterial vorproduziert wurde. Dabei sollten idealerweise in der Gestaltung und Produktion die oben beschriebenen Probleme der ästhetischen Gestaltung und Einbettung der Hotspots als auch die der erhöhten mentalen Belastung der Benutzer beachtet werden. Gerade der letztgenannte Aspekt allerdings wird unter dem Einfluss von Live-Bedingungen nochmals enorm verstärkt.

Während der Handlungsverlauf und damit auch das Verhalten einzelner Objekte im Video im vorproduzierten Medium normalerweise eine durchgängige Handschrift des Autors oder Produzenten trägt, an die sich der Benutzer gewöhnen kann, ist dies bei Live-Programmen oftmals anders. Idealerweise kann sich der Benutzer bei vorproduzierten Hypermedien darauf verlassen, dass die Bildsprache und das Verhalten des Hypermediums inklusive der eingebetteten interaktiven Elemente vom Autor optimiert wurde, sodass es wenig bis keine negativen Überraschungen bei der Benutzung des Hypermediums gibt. So sollten Objekte, die in Verbindung zu einem Hotspot stehen, nicht allzu plötzlich und unerwartet erscheinen, keine sprunghaften Bewegungen oder Richtungsänderungen machen und auch nicht unerwartet verschwinden. Dies wiederum kann bei Live-Programmen allerdings nicht immer garantiert werden. Hier sei wieder an das Beispiel der Live-Übertragung und-Anreicherung eines Fußballspiels erinnert. Je nach Wahl einer Strategie aus Abschnitt 5.3.2 und der Menge des zusätzlichen Informationsangebotes, ist die mentale Belastung des Benutzers ohnehin erhöht. Diese Belastung steigt allerdings noch einmal dadurch, dass (zumindest üblicherweise) das Verhalten der Fußballspieler nicht genau und unumstößlich vorhersagbar ist. Zwei Prozessperspektiven greifen darüber hinaus hier auch noch ineinander:

Abb. 75
Mentale Belastung (ii)
(durch (zu) viele Hotspots im Zusammenspiel mit dem speziellen Eigenverhalten in Live-Programmen)

- In einem solchen Kontext ist es durchaus normal (weil spielbedingt), dass „Objekte“, hier eben die Spieler, „mal kurz“ aus dem Bild laufen, ihre Laufrichtung plötzlich ändern, usw.
- Daneben aber greift auf der medialen oder Produktionsebene auch noch die Bildregie in das Programm ein, indem zwischen verschiedenen Kameras und Perspektiven gewechselt wird, Szenen wiederholt werden, Slow-Motion-Einspielungen erfolgen, usw.

Dies kann nicht vorproduziert werden und damit entfällt auch die Möglichkeit zur hypermedialen Optimierung der Gestaltung, des Handlungsablaufs und der Einbettung.

6 Gestalt und Gestaltung

Die im vorigen Kapitel aufgeworfenen Fragen bezüglich der Integration und Einbettung von Hotspots in Hypermedien sollen im Folgenden aus einem praktischeren Ansatz heraus aufgegriffen und vertieft werden. Dieser Ansatz soll aus zwei Perspektiven diskutiert werden:

- Zum einen aus der Perspektive der Gestaltfragen, die …

  … die Fragen des vorigen Kapitels aufgreift und sich den daraus folgenden, weitergehenden Fragen widmet, wie die verschiedenen, oben beschriebenen Verhalten der dynamischen Medien und Elemente technisch umgesetzt werden können.

- Zum anderen aus der Perspektive der Gestaltungsfragen, die …

  … sich dann mit der gestalterischen Umsetzung der Hotspots beschäftigt, also mit „dem Aussehen" der interaktiven Elemente.

6.1 Gestaltfragen

Während Gestaltungsfragen sich darauf beziehen, wie ein Hotspot bzw. dessen Startanker innerhalb der Präsentation dargestellt wird und wie durch sein Aussehen seine Beziehung zum Inhalt und dessen Struktur gezeigt werden kann, beziehen sich Gestaltfragen auf die Darstellung der zeitlichen Aspekte dynamischer Hypermedien und damit eher auf die Frage, wie sich das Medium und seine Hotspots verhalten und wie dem Benutzer dieses Verhalten kommuniziert werden kann. Auch in diesem Abschnitt wird der Fokus auf die visuelle Ausprägung gelegt, wohlwissend, dass es natürlich auch auditive Gestaltfragen geben kann. Da diese allerdings eher Rand- oder Nischenerscheinungen sind, sollen diese hier nicht im Detail berücksichtigt werden.

Da sich die Information in einem dynamischen Medium, und damit eben auch die Bildinformation in einem Video, in der Regel zeitlich verändert, müssen sich die Hotspots an das zugrundeliegende Videomaterial anpassen können.

Dies gilt sowohl für die Position im Fenster als auch für die Form des Hotspots und seines Startankers. Ist er mit einem konkreten Objekt im Video assoziiert, könnte der Benutzer erwarten, dass sich der Hotspot den Änderungen des Objekts anpasst. Fährt ein Auto durch das Bild und dieses Fahrzeug ist mit einem Hotspot versehen, um beispielsweise dem Benutzer nähere Informationen zu dem Wagen anbieten zu können, sollte sich die aktive Fläche mit dem Auto durch das Bild bewegen. In der Regel erfolgt die Bewegung eines Objekts im Film nicht ausschließlich parallel zur zweidimensionalen Bildebene, sondern frei im dreidimensionalen Ursprungsraum. Dadurch verändert sich neben der Position auch die Form der Silhouette des Objekts sowie auch deren Größe. Das macht die Anpassung der Form des mit diesem Objekt verknüpften Hotspots erforderlich. [HOE08]

Das wohl grundlegendste Problem bei einem Hypermedium, dessen Inhalt sich mit der Zeit verändert, besteht darin zu bestimmen, zu welchem Zeitpunkt der Präsentation der Startanker eines Links erscheinen und wie dies erfolgen soll. Um genau und innerhalb des eingeführten Definitionsraumes zu bleiben, sollte ab hier immer dann, wenn es sich um einen Link innerhalb eines dynamischen Hypermediums handelt, nicht mehr von einem Link, sondern von einem Hotspot die Rede sein. Während ein Link unverändert in der Präsentation besteht, verhält sich ein Hotspot abhängig von dem sich mit der Zeit verändernden Inhalt der Präsentation.

Die Beschreibung des zeitlichen Verhaltens des Hotspots kann dabei sowohl in relativer als auch in absoluter Weise geschehen und sich auch im Beschreibungsformat unterscheiden: (Abb. 76 a – d)

- Zum Zeitpunkt t_1, 4 Minuten und 30 Sekunden nachdem das Video gestartet wurde, erscheint Hotspot 1 im Videobild.
- Zum Zeitpunkt t_2, 12 Sekunden nach t_1 und damit nach seinem Erscheinen, wird Hotspot 1 ausgeblendet.
- Wenn das rote Objekt zum Zeitpunkt t_3 im Bild erscheint, wird um dieses Objekt Hotspot 2 gezeichnet. Verschwindet das rote

Objekt zum Zeitpunkt t_5 aus dem Bild, so verschwindet auch Hotspot 2.

- Zu dem zwischen t_3 und t_5 liegenden Zeitpunkt t_4 werden Position und Form des roten Objektes beschrieben, um eine Anpassung bzw. Verfolgung des Objektes durch den Hotspot ermöglichen zu können. Diese Art der Beschreibung ist optional und abhängig von der Technik, mit der Hotspots und Objekte synchronisiert werden.

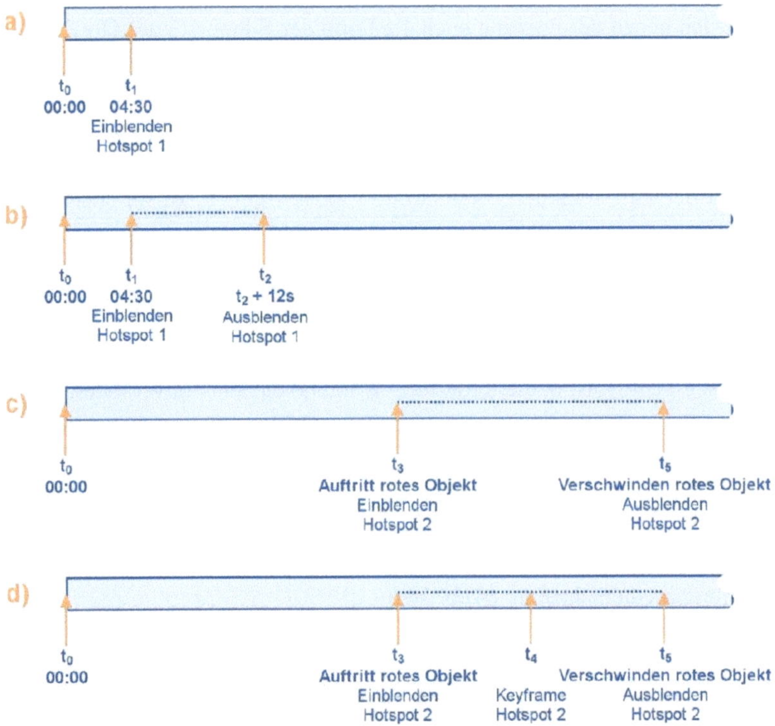

Abb. 76
Absolute, relative zeitliche und relative inhaltliche Beschreibung

Die erste Beschreibung (Abb. 76, a) ist ein Beispiel für eine absolute Beschreibung, die zweite (Abb. 76, b) für eine relative zeitliche Beschreibung und die dritte (Abb. 76, c) für eine relative inhaltliche Beschreibung, wann ein Hotspot erscheinen soll.

Neben dem Erscheinen ist es ebenso wichtig festzulegen, wie lange ein Hotspot angezeigt werden soll. Dies kann absolut geschehen, indem eine Endzeit in Bezug zum Beginn des Films angegeben wird. Wichtig ist hier die Kontrolle, dass die Endzeit nie vor der Startzeit des Hotspots liegen darf. Die Angabe der Lebensdauer eines Hotspots ist zwar zunächst absolut, bezieht sich aber auf die Startzeit des Hotspots und kann daher als relative Beschreibungsform angesehen werden.

Abb. 77 Verbindung zwischen Hotspots und Objekten

Im dritten Beispiel kann darüber hinaus eine weitere Form erkannt werden. Es handelt sich dabei um die Abhängigkeit des Hotspots von einem in einem Videobild erscheinenden Objekt. Diese Beschreibungsform kommt ohne direkt lesbare Zeitangabe aus, benötigt aber zwingend ein Werkzeug, welches in der Lage ist, Objekte zu erkennen. Auch diese Abhängigkeit eines Hotspots von Objekten ist eine grundlegende Gestaltfrage. Sie geht über die rein zeitlichen Aspekte noch weit hinaus. So muss für den Benutzer unmittelbar erkennbar sein, auf welchen Inhalt des präsentierten Hypermediums sich der Hotspot bezieht. Dies kann zum Beispiel dadurch geschehen, dass der Hotspot an gleicher Position wie das Objekt, auf das er sich bezieht, erscheint und dessen Form annimmt, jedoch kann es durchaus auch sinnvoll sein, dass er an anderer Position oder in anderer Form erscheint. Gerade dann aber ist es umso wichtiger, dass der Benutzer unmittelbar erkennen kann, zu welchem entfernten Objekte der Hotspot wirklich gehört (Abb. 77).

Zu all den bis hierher aufgestellten Fragen kann es keine allgemeingültigen Antworten geben. Gestaltfragen unterliegen, wie alle auftretenden Fragen bei der Software- und der Medienentwicklung, den Ansprüchen und Anforderungen, die der Benutzungskontext sowie denen, die die Benutzerzielgruppe stellt. Bevor also eine Entscheidung getroffen wird, wie das zeitliche Verhalten eines Hotspots aussehen soll, muss eine grundlegende Analyse des Benutzungskontextes erfolgt sein.

Ohne eine solche Analyse lassen sich weiterführende und darüber hinaus gehende Gestaltfragen nicht beantworten. Hierbei handelt es sich um den Fragenblock, der die Akzeptanz durch den Benutzer adressiert. Die Motivation hinter diesen Fragen besteht auch hier darin, dass der Benutzer mit dem ständigen Erscheinen und Verschwinden von Hotspots, deren sicht- und hörbarer Veränderung und dem (ständigen) Wechsel zwischen Aktiv- und Passivsein, nicht überfordert wird und er der Hotspots nicht überdrüssig wird.

Wie in früheren Kapiteln schon besprochen, müssen solche und ähnliche Aspekte vermieden werden, wenn der Benutzer das Hypermedium mit einer hohen Akzeptanz und letztlich mit großer Freude benutzen soll. Zwei Aspekte lassen sich aus den vorangegangenen beispielhaften Kommentaren unmittelbar herauslesen. Dies sind Fragen nach der Art, wie die Darstellung eines Hotspots beginnen und wie sie wieder enden soll, wie es ebenfalls schon im vorigen Kapitel angedacht wurde:

- Erscheint der Hotspot unmittelbar von einem Bild zum nächsten, so wird der Benutzer möglicherweise davon überrascht oder gar erschreckt.

- Wird der Hotspot jedoch langsam eingeblendet, so registriert der Benutzer die Veränderungen im Bild möglicherweise nicht und übersieht auch den vollständig eingeblendeten Hotspot.

Letzteres ist ein ganz alltägliches Verhalten, wie es kognitionspsychologische Untersuchungen, wie unter anderem auch die von Zimbardo [ZIM92], belegen und wie es in den vorigen Kapiteln auch schon angesprochen wurde.

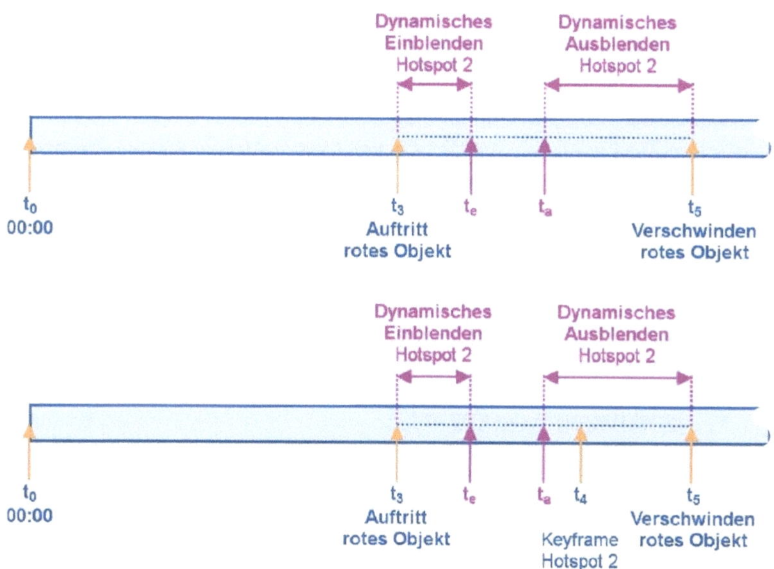

Abb. 78
Erweiterte zeitliche Beschreibung des Hotspotverhaltens

Insbesondere aus der Frage, wie lange ein Hotspot lebt und wie dessen Darstellung endet, kann eine weiterer Punkt abgeleitet werden. Dieser behandelt die Darstellung, wie lange ein Hotspot noch aktiv bzw. in das Bild eingeblendet ist. Das es auch dazu unterschiedliche Möglichkeiten gibt, wurde ebenfalls schon besprochen. Allerdings stellen Ein- und Ausblendeverhalten Eingriffe beziehungsweise genauer gesagt Erweiterungen der Eigendynamik des Hotspotverhaltens dar. Neben den Zeitpunkten oder sonstigen Attributen, die das Erscheinen und Verschwinden der Hotspots markieren, müssen nun noch die Zeiten berücksichtigt, die der Hotspot benötigt, um selbst zu Erscheinen oder zu Verschwinden. Diese Beschreibung und Anreicherung mit Attributen wird umso komplexer, je größer die Eigendynamik des Hotspots ist, wie in Abbildung 78 durch die Berücksichtigung des (→) Keyframes gezeigt wird.

6.2 Gestaltungsfragen

Gestaltfragen betreffen im Kern letztlich „nur" die technische Seite der Hypermedia-Angebote, nämlich sowohl einerseits die technischen Einbindungsstrategien als andererseits auch die Frage der technischen Umsetzung der Hypermedia„Maschine", also im landläufigen Sinne des Browsers. Gestaltungsfragen hingegen beziehen sich auf die Mediengestaltung, also das Design der hypermedialen Inhalte selbst und wie die darin eingebetteten interaktiven Elemente, wie z.B. die Startanker der Hotspots, tatsächlich visuell aussehen.

Um im Folgenden nun aber den Fokus darauf richten zu können, welche Formen Hotspots gegeben werden können, muss zuvor eine generelle Einteilung vorgenommen werden, indem unterschieden wird, ob ein Hotspot

- objektbezogen oder ob er
- objektunabhängig

ist. Diese Unterscheidung soll dann für den weiteren Entscheidungsprozess, wie der Startanker des Hotspots aussehen soll genutzt werden. Als „Normalfall" kann in aller Regel die Objektbezogenheit von Hotspots angenommen werden. Dies ist das Verhalten, dass auch in statischen Hypermedien wie der überwiegenden Zahl der Hypertexte der Normalfall ist. Der Klick auf ein verlinktes Wort leitet zu weitergehenden Informationen zu diesem Wort oder zur direkten Erläuterung oder Übersetzungen des Wortes weiter. Diese Objektbezogenheit im Allgemeinen bedeutet aber zumeist eine Loslösung von der Textualität:

Jedes Objekt in einem Medium, somit also alles Sicht- und letztlich auch alles Hörbare, soll als Startpunkt für eine Verlinkung dienen können.

Dann wiederum muss es aber auch, nach den Strategien 3 oder 4 aus Abschnitt 5.3.2, die Möglichkeit geben, diese Objekte hervorzuheben und dem Benutzer mitzuteilen, dass ein Objekt einen Hotspot darstellt.

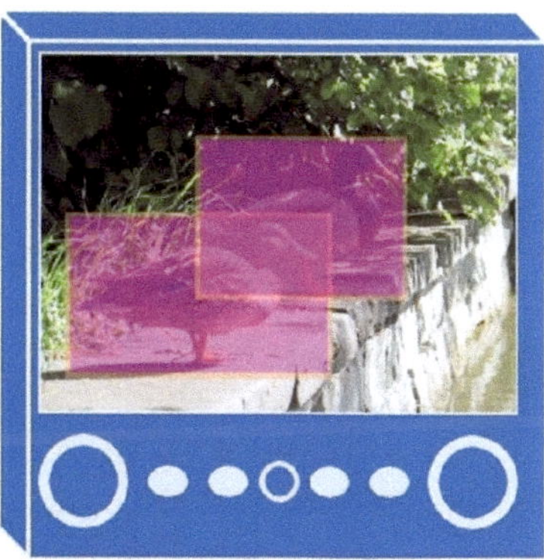

Abb. 79
Objektbezogene Hotspots: Allgemeine Form

Bis zu dieser Stelle sind auch in diesem Buch alle Beispiele stets übersichtlich und möglichst einfach gehalten worden, um die Verständlichkeit nach Möglichkeit zu erleichtern. Dazu wurde für das Hervorheben von Objekten auf geometrische Grundfiguren, in der Regel ein Rechteck bestehend aus einem farbigen Rahmen und einer halbtransparenten Fläche, zurückgegriffen, wie es auch Abbildung 79 sowie frühere andere Abbildungen zeigen. Selbstverständlich spricht nichts dagegen, dass die Darstellung eines Hotspots auch nur aus dem Rahmen oder nur aus der gefüllten Fläche bestehen könnte.

Abbildung 79 zeigt allerdings auch recht gut die Problematik, die sich bei der Vereinfachung durch den Rückgriff auf geometrische Grundfiguren als Form für den Startanker schnell ergibt. Sehr häufig ver- oder überdecken sich sichtbare Objekte. Bei nur einem Hotspot, wie in Abbildung 79 links dargestellt, ist dies kein wirkliches Problem. Sind jedoch mehrere Objekte Ausgangspunkt für Hotspots, wie beispielhaft rechts in Abbildung 79 dargestellt, so ist die überlappende Schnittfläche nicht klar in ihrer Zuordnung. Eine Lösung könnte hier darin bestehen zu definieren, dass der Hotspot des vorderen Objektes auch vor dem Hotspot des hinteren Objektes liegt. Allerdings bedeutet ein solches Vorgehen eine weitere Erhöhung der mentalen Belastung des Benutzers, die vermieden werden sollte.

Abb. 80
Objektbezogene Hotspots: Konturfolgende Form

Eine andere Lösung des Problems wäre der Schritt weg von den reinen Grundformen hin zur Gestaltung mit komplexeren Formen für den Hotspot, wie es in Abbildung 80 gezeigt wird. Als erste Möglichkeit wird im linken Teil dieser Abbildung vom ursprünglichen Rechteck des Hotspots lediglich die überlappende Schnittfläche subtrahiert. Als Erweiterung wird, wie rechts dargestellt, der Hotspot ganz der Kontur des Objektes angepasst. Letzteres entspricht sicherlich am ehesten dem Gedanken der intuitiven Gestaltung. Eine Betrachtung der Geometrie zeigt aber sehr schnell die Komplexität einer solchen Beschreibung. Besteht die allgemeine Form noch aus lediglich vier Punkten für das Rechteck und wird die erste Annäherung an die der Kontur folgenden Form mit zwei weiteren Punkten erreicht, so bedarf es für das Beispiel rechts einer deutlich größeren Zahl von Punkten, um diese Form genügend genau zu beschreiben. Der Versuch, dies mit den in Abschnitt 3.3.1.2

vorgestellten Imagemaps realisieren zu wollen, erscheint an dieser Stelle zwar durchaus möglich, aber nicht wirklich erfolgversprechend.

Neben dem erhöhten Aufwand der Beschreibung bekommt zudem ein Aspekt erhebliches Gewicht, der ursprünglich aus der Welt der Robotik und der Computer Graphik kommt. Es handelt sich dabei um das als „Uncanny Valley“ bekannte Phänomen der Akzeptanzlücke, die besagt, dass „die Akzeptanz von technisch simuliertem, nonverbalem Verhalten durch Zuschauer vom Realitätsgehalt der vorgestellten Träger [...] abhängt, sich jedoch nicht stetig linear mit dem Anthropomorphismus (der Menschenähnlichkeit) der Figur steigert, sondern innerhalb einer bestimmten Spanne einen starken Einbruch verzeichnet“ [WIK18uv; MOR12; MIT11]. Übertragen auf die Gestaltung von Hypermedia und von Hotspots bedeutet dies, dass auch die Gefahr besteht, dass der Benutzer den Eingriff in das Bild durch die ungenaue Kontur eines Hotspots nicht akzeptiert. Im schlechtesten Falle verhält sich der Benutzer so, wie es aus der Filmwelt und dem Kino bekannt ist, dass er nämlich seine Aufmerksamkeit nicht mehr dem eigentlichen Inhalt widmet, sondern vielmehr dem Aufspüren von, zumeist graphischen, Fehlern in der Darstellung.

Abb. 81
Objektbezogene Hotspots: Ungenaue Kontur

Im Fall der Hypermediagestaltung bezieht sich das Uncanny Valley allerdings nicht nur auf die Genauigkeit der Darstellung beziehungsweise der Formbeschreibung des Hotspots. Vielmehr ergibt sich aus der ungenauen Form für den Benutzer auch, dass er den Hotspot genau beachten muss und seine Interaktion der Ungenauigkeit des Hotspots anpassen muss. Die Ungenauigkeit mag zwar einerseits bedeuten, dass der Klick mit dem Mauscursor an einigen Stellen auch neben dem Objekt erfolgreich sein kann, an anderen Stellen wiederum zielt der Mauscursor zwar in das Objekt, liegt aber möglicherweise neben der Kontur des Hotspots. Es darf bezweifelt werden, dass dies die Akzeptanz des Benutzers erhöht.

Abb. 82 Objektbezogene Hotspots: Hinweisende Form

Eine konturunabhängige Möglichkeit der Gestaltung objektbezogener Hotspots besteht darin, dem Benutzer einen Hinweis auf das Objekt zu geben. Im Hypertext sieht dieses Vorgehen oftmals so aus:

Form 1:	*Für mehr Informationen klicken Sie hier*.
Form 2:	Für mehr Informationen klicken Sie *hier*.
Form 3:	Für mehr Informationen klicken Sie hier: *Mehr*

und ist damit in der ständigen kritischen Diskussion sowohl der Gestalter, Autoren und Produzenten als auch der Benutzer. Auch aus Sicht der Usability darf hier sicherlich gesagt werden, dass dieser Ansatz zumindest im Hypertext aufgrund der stets mitschwingenden textuellen semantischen Ebene nicht der Beste sein dürfte. Im Falle von Hyperimage oder Hypervideo kann die hinweisende Form allerdings sehr nutzbringend sein, da sie sowohl die Verdeckungsproblematik als auch die Formkomplexität umgeht, wie es in Abbildung 82 mit der Nutzung von Pfeilen dargestellt wird.

Abb. 83
Abstrakte Hotspots (1)

Während objektbezogene Hotspots Informationen oder Interaktionen mit direktem Bezug zu den dargestellten Inhalten des Hypermediums anbieten, wird das Angebot durch abstrakte Hotspots wesentlich erweitert. Diese Hotspots liegen auf einer Meta-Ebene zum hypermedialen Inhalt und eröffnen den Zugriff auf thematische und objektunabhängige Informationen. In unmittelbarer Verbindung zum dargestellten und sichtbaren Inhalt kann dies bedeuten, dass der Klick auf ein Objekt eben keine direkten Informationen zu dem aktivierten Objekt liefert, sondern vielmehr Informationen zu einem damit verbundenen Themenkomplex. So könnte der Klick auf die Gebäude in Abbildung 83 keine Informationen über die abgebildete Musikhochschule in Lübeck, sondern über den Architekturstil der Backsteinrenaissance oder der

Klick auf eines der Schiffe keine Information über das jeweilige Schiff selbst, sondern über die Schiffstypen Kogge und Kraweel der Hansezeit liefern.

Diese Art der Verbindung ist zwar immer noch stark am thematischen Inhalt orientiert, bedeutet allerdings für den Benutzer dennoch eine mentale Verarbeitungsleistung, um diesen Zusammenhang auch zu erkennen. Für den Gestalter und Autor bedeutet dies damit wiederum, dass er sicherstellen muss, dass er den Benutzer mit diesem Zusammenhang nicht überfordert.

Neben dieser thematischen Verbindung auf einer Meta-Ebene können abstrakte Hotspots aber auch weitergehende Funktionen übernehmen. Eine der naheliegendsten Einsatzzwecke ist die der Navigationsunterstützung in visuellen Hypermedien, wie sie in Abbildung 83 gezeigt wird, in denen der Klick auf ein Tor oder eine Tür …

- … zu einem thematisch anderen Zweig der Handlungswelt führt, oder …
- … er die Auswahl zu einer anderen Perspektive in der Handlungswelt darstellt, wie auch schon in den Abbildungen 44 und 45 in Abschnitt 3.3.4.3 gezeigt wurde.

Abb. 84
Abstrakte Hotspots (2):
Türen und Tore

Türen, Tore, Fenster, Durchgänge und ähnliche Objekte eignen sich schon dadurch für die Nutzung als Startanker für Hotspots, weil sie thematisch unaufdringlich im visuellen Basismaterial auftauchen. Es bedarf hier keines großen künstlichen, externen Gestaltungsaufwandes, damit der Benutzer eine mentale Verbindung als Navigations- oder Interaktionselement aufbaut. Durch die mentale Interaktion mit dem Inhalt der hypermedialen Präsentation besteht hier schon auf immersiver Ebene eine unmittelbare und direkte Verbindung zwischen der Anwendung und dem Benutzer.

Die Nutzung von Durchgängen und Türen kann auf gestalterischer Ebene auch genutzt werden, um den technisch manchmal unumgänglichen Zeitverzug beim Laden des nächsten Informationsknotens zu erklären. Wie der Schnitt im Film, der oftmals der hell-dunkel-hell-Sequenz folgt, kann auch im hypermedialen Anwendungsfeld ein solcher Ablauf genutzt werden, um eine logisch erscheinende Erklärung für Übergangs- und Wechselzeiten zu liefern. Auch dies setzt auf kognitionspsychologischen Erkenntnissen auf, wie sie Zimbardo [ZIM92] und andere in ihren Studien gewannen.

Abb. 85
Abstrakte Hotspots (3): Eingebettete Symbole, Schilder, Texte

Die Nutzung natürlicher Objekte kann in einem letzten Schritt, sozusagen der „Königsklasse der hypermedialen Gestaltung“, noch zur Vollendung gebracht werden, wenn die in der natürlichen Abbildung vorhandenen und zu findenden Symbole oder gar Texte als Startanker für eine Verlinkung genutzt werden. Dies allerdings kann sicherlich nicht als die Regel angesehen werden. Dennoch kann dies in einigen sehr ausgewählten Fällen gelingen.

Generell kann allerdings durchaus gesagt werden, dass, je enger die gestalterische Anbindung eines Hotspots an den medialen Inhalt ist, auch die Immersion des Benutzers in die hypermediale Umgebung sein wird. Der Grund liegt darin, dass bei steigender Annäherung von Inhalt und Interaktion weniger mentale Leistung zum Erkennen der Interaktionsmöglichkeit notwendig ist und der Benutzer somit weniger Ablenkung erfährt und enger mit dem medialen, thematischen Inhalt verbunden bleibt.

6.2.1 „Statische" Hotspots

Gestaltungsfragen im Kontext hypermedialer Anwendungen und Inhalte können nicht getrennt von den Medien beantwortet werden, in die die interaktiven Elemente und Hotspots eingebettet werden sollen. Neben dem Verhalten der (Hyper-) Medien muss die Gestaltung auch das Verhalten der Hotspots selbst berücksichtigen. Dies bedeutet zu allererst auch die Unterscheidung, ob der Hotspot …

- … statisch ist, also im sichtbaren Teil der Präsentation stets an gleicher Stelle bleibt und auch seine Form und seine Farbe nicht ändert, oder ob er …
- … dynamisch ist und sich selbsttätig innerhalb der Präsentationsfläche bewegt oder anderweitig verändert.

An vorderster Stelle muss natürlich immer die Frage der Erkennbarkeit der Hotspots stehen. Das dies für sich genommen schon eine Herausforderung sein kann, wird im folgenden Abschnitt noch näher besprochen werden, da dies für dynamische Hotspots noch einmal deutlich schwieriger sein kann als für statische Hotspots. Neben der allgemeinen Erkennbarkeit der Hotspots ist die nächste zu beantwortende Frage die der Ästhetik, die ebenfalls wieder aus zwei Perspektiven beantwortet werden muss:

- Zum einen müssen Farb- und Formwahl des Hotspots zur Anwendung passen, …
- … zum anderen müssen Farbe und Form aber auch in den ästhetischen Rahmen passen, der durch die Bildsprache des Mediums, in das der Hotspot eingebettet wird, vorgegeben ist.

Damit werden die üblichen mediengestalterischen Grundlagen auf dieser Ebene in die Gestaltung von Hypermedia übernommen.

Statische Hotspots sind, unabhängig vom umgebenden Medium, die verbreitetsten und häufigsten Hotspots. Unter der landläufigen Bezeichnung „Link" sind sie zumindest für statische Hypermedien mit dem a-Element und der Imagemap (siehe Abschnitt 3.3.1.2) standardisiert. Für dynamische Hypermedien gibt es eine solche Standardisierung allerdings nicht. Hier stehen höchstens proprietäre Mittel zur Einbettung bereit, die von verschiedenen Anbietern oder Internetportalen wie zum Beispiel YouTube zur Verfügung gestellt werden.

Auf den ersten Blick mag es so scheinen, dass jeweils nur gleiche Verhaltenscharakteristika von Medien und Hotspots zueinander passen würden und zielführend seien, also statische Hotspots ausschließlich in statischen Medien und dynamische Hotspots ausschließlich in dynamischen Medien. Dem kann jedoch direkt widersprochen werden, denn so haben statische Hotspots in dynamischen Medien durchaus den Vorteil, dass sie schon dadurch auffallen, dass sie sich eben weder in ihrer Position noch einer anderen Charakteristik verändern, während das Medium, in das sie eingebettet sind ebendies tun. So bleiben die Hotspots in Abbildung 86 zwar räumlich in der ganzen gezeigten Sequenz innerhalb der Bildprojektion unverändert an einer Stelle stehen. Relativ zum Bildinhalt aber, der sich über die Zeit ändert, scheinen sie sich zu bewegen und fallen dem Benutzer somit schnell und deutlich auf.

Dieses und ähnliche Phänomene können im Sinne einer dezenten visuellen Gestaltung der Hotspots dafür genutzt werden, dass diese nicht zwingend mit grellen Farben ausgezeichnet sein müssen, sondern sich, aller Ablenkung zum Trotz, dennoch möglichst dezent und ästhetisch und das Bild bzw. in die Bildsprache des Videos einfügen.

Abb. 86
Statische Hotspots in dynamischer Sequenz

6.2.2 „Dynamische" Hotspots

Wie im vorigen Abschnitt schon gesagt, gibt es sowohl für Links oder Hotspots in dynamischen Medien als auch für dynamische Hotspots keine allgemeingültigen Standards, auf denen eine technische Realisierung und eine gestalterische Umsetzung basieren könnten.

Das Konfliktfeld, das sich aus dem Eigenverhalten der Medien und dem Eigenverhalten der Hotspots ergibt, wurde in verschiedenen vorigen Abschnitten schon angesprochen. Die im Folgenden aufgestellte Tabelle gibt einen allgemeinen Überblick aus technischer, gestalterischer und Benutzerperspektive.

		(Hyper-) Medium	
		statisch	dynamisch
Hotspot	statisch	• technisch: (z.T. nur rudimentär) unterstützt • gestalterisch: gut und stabil anpassbar • Benutzung: weitgehend bekannt	• technisch: keine allgemeine Unterstützung, proprietäre Werkzeuge • gestalterisch: bei vorproduzierten Anwendungen mit erhöhtem Aufwand anpassbar • Benutzung: weitgehend unbekannt
	dynamisch	• technisch: nur mittelbare Unterstützung (z.B. JavaScript) • gestalterisch: bei vorproduzierten Anwendungen mit höherem Aufwand anpassbar • Benutzung: weitgehend unbekannt, Dynamik von Teilinhalten eher unerwartet	• technisch: keine Unterstützung • gestalterisch: bei vorproduzierten Anwendungen mit hohem Aufwand realisierbar • Benutzung: weitgehend unbekannt, relative Vertrautheit durch beidseitige Dynamik

Wie weiter vorn schon einführend beschrieben, ist es technisch durchaus möglich, jedes Medium mit interaktiven Elementen wie Hotspots anzureichern und so jedes Medium in ein Hypermedium umzuwandeln. Allerdings ist die technische Unterstützung in den meisten Fällen unzureichend.

Lediglich die statischen Medien Text und Bild werden standardmäßig zum Beispiel durch das a-Element und die Imagemap in HTML berücksichtigt. Sollen dynamische Medien angereichert und in Hypermedien umgewandelt werden, kann auf keinerlei Standard zurückgegriffen werden. Hier müssen eigene anwendungsbezogene Lösungen entwickelt werden.

Auf Seiten der Benutzung ist es sicherlich das schon genannte Henne-Ei-Problem, dass die Möglichkeit der Dynamik in Verlinkungen weitestgehend unbekannt sind. Durch die weite Verbreitung und die tägliche Nutzung sind Hotspots, also Links, in Texten keine Überraschung mehr. Allerdings ist das Aktivieren interaktiver Elemente wie Hotspots in Bildern vielen Benutzern noch fremd. Dies steigert sich noch, wenn Hotspots in dynamischen Medien wie Videos eingebettet werden und wenn diese Hotspots dann selbst auch noch dynamisch werden. Das Henne-Ei-Problem manifestiert sich wie so häufig auch hier dergestalt, dass der Benutzer die Möglichkeiten nicht (er-)kennt, ihm die Lösungen daher fremd sind und er nicht danach fragt, weshalb wiederum keine Lösungen entwickelt werden. Zudem sind die Kombinationen „statisches Medium mit dynamischem Hotspot (oder dynamischem Teilinhalt)" und umgekehrt aus wahrnehmungspsychologischer Sicht problematisch, da die menschliche Wahrnehmung solche Kombinationen aus der natürlichen Umgebung eher nicht kennt.

Auch für den Autor, oder genauer gesagt für den Gestalter, erhöhen sich die Hürden bei der Einführung von Dynamik für Hotspots. Die Bewegung der Objekte in einem Medium bedeutet automatisch auch, dass die Darstellung der Objekte sich ebenfalls ändert. So wird ein sich näherndes Fahrzeug in einem Audioclip lauter und in einem Videoclip wird es größer. Ändern Objekte darüber hinaus während der Darstellung auch noch die Richtung oder ändern Personen ihre Körperhaltung, so kommt zur Größenänderung auch noch eine Formänderung hinzu. Dazu bedeutet die Positionsänderung eines Objektes unmittelbar auch, dass sich relativ zum Objekt auch der Hintergrund ändert. Hieraus kann das Problem resultieren, dass ein dem Objekt folgender Hotspot allein schon aufgrund der Farbgebung mit dem Hintergrund verschwindet und nicht erkennbar ist.

Abb. 87
Dynamische Hotspots: Konturänderungen von Objekten

Hier schließt sich der Bogen wieder zur Technik, denn diese muss Lösungen bereitstellen, diese Veränderungen auch beschreiben und auf den Hotspot übertragen zu können.

6.3 Referenzierte Medien

Hypermedia bedeutet, Medien mit interaktiven Elementen anzureichern, die es gestatten, andere Medien aufzurufen, die in einer wie auch immer gearteten kontextuellen Verbindung zum Ausgangsmedium stehen. Bis hierher wurden ausschließlich diese interaktiven Elemente mit ihrem Verhalten und mit ihrer Gestaltung betrachtet. Daneben blieb eine weitere, nahelegende Frage bisher unberücksichtigt:

Was passiert denn eigentlich mit den Medien,
die durch die Hotspots verlinkt werden?

Auch diese Frage hat der Autor eines Hypermediums zu berücksichtigen. Wiederum ist es die Kombination aus zwei Perspektiven, die hier eng miteinander verknüpft sind:

- Zum einen ist es die Frage, wie die verlinkten Medien dargestellt werden, also die gestalterische Perspektive, …
- … zum anderen ist es die Frage, wie der Benutzer mit den verlinkten Medien umgeht und umgehen kann, also die Wahrnehmungsperspektive.

Beide Perspektiven werden natürlich begleitet von damit in Zusammenhang stehenden technischen Fragen.

6.3.1 (Medien-) Darstellung …

Bis hierher wurde die Betrachtung durch die Fokussierung auf die Interaktion und die interaktiven Elemente, oder genauer gesagt auf die Hotspots, implizit reduziert auf jeweils ein einziges Medium, das mit den angesprochenen Elementen angereichert wird. Wie aber einleitend zu diesem Kapitel schon gesagt wurde, bedeutet Hypermedia im eigentlichen Sinne aber stets auch den Umgang und die Handhabung einer Vielzahl von Medien, die sich durch die Verlinkung gegenseitig referenzieren und so die hypermediale Struktur aufbauen. Ein einzelnes Medium darzustellen ist weder gestalterisch noch technisch ein Problem. Im Regelfall öffnet eine (Hypermedia-) Anwendung auf einem Bildschirm ein Fenster, in dem das Medium präsentiert wird. Dieses Fenster bestimmt die Größe der Präsentation. Wird zum Beispiel das Fenster des Video-Players verändert, passt sich die Größe des gezeigten Videos, sofern die Anwendung nicht anders eingestellt wurde, der Größe des Fensters an.

Schon ein wenig anders verhalten sich viele derzeit übliche Browser. Wird eine Webseite in einem Browser dargestellt und das Browserfenster vergrößert oder verkleinert, so ändert sich die Darstellung der Webseite im Sinne des Responsive-Design-Paradigma ebenfalls. Textzeilen werden umgebrochen, Bildelemente werden verschoben, Navigationselemente und Menüs ändern ihre Position, ihr Aussehen und zum Teil auch ihr Verhalten. Diese Größenanpassung in Browsern zeigt jedoch ein deutlich anderes Verhalten als bei Videoplayern. Bei letzterem wird das darzustellende Bild algorithmisch groß- oder kleingerechnet. Die Halbierung der Fenstergröße bedeutet hier eine Halbierung der Pixelbreite. Dies ist bei Browsern anders. Zwar wird bei der Halbierung der Fensterbreite auch hier der zur Verfügung stehende Platz in der Breite halbiert, aber die Inhalte werden nicht kleingerechnet. Aus einem Text der Größe 12pt wird kein Text der Größe 6pt. Dies könnte technisch durchaus realisiert werden und es soll an dieser Stelle auch darauf hingewiesen werden, dass es eventuell doch irgendeinen Browser geben könnte, der dies eben doch macht, aber die Regel ist ein solches Verhalten nicht.

Beiden unterschiedlichen Verhalten liegt aber die gleiche Frage zugrunde, nämlich die, wie mit dem zur Verfügung stehenden veränderlichen Platzangebot für die Präsentation der Medien umgegangen werden soll. Für die Betrachtung der Darstellung hypermedialer Inhalte sollte diese Frage zum besseren Verständnis der Problematik leicht abgewandelt und folgendermaßen formuliert werden:

Wo werden (referenzierte) Medien dargestellt?

Im Detail müssen drei voneinander abhängige Elemente berücksichtigt werden:

- Das Haupt- oder Führungsmedium, das die höchste Wichtigkeit in der Darstellung haben muss, da hier auch die Hauptinteraktion stattfinden soll.
- Die zusätzlichen Medien, die aus dem Führungsmedium heraus referenziert werden, sowie …
- … solche Bedienelemente, die über die hypermedia-internen Beziehungen hinausgehen, wie zum Beispiel die Steuerung von Audio- oder Video-Playern.

Die wohl naheliegendste Vorgehensweise zeigt Abbildung 88 mit der „Out-of-Media-Darstellung“, bei der jedes der genannten Elemente einen fest zugewiesenen Bereich im Darstellungsfenster hat. Diese Vorgehensweise hat den Vorteil, dass insbesondere die Medien so gestaltet und produziert werden können, dass sie optimal in den jeweiligen Bereich eingepasst werden können. Durch diese feste Aufteilung ergibt sich ein recht ruhiges Verhalten der

Anwendung, das der Benutzer leicht versteht und bei dem der Benutzer auch stets genau weiß, wo welches Element zu finden ist.

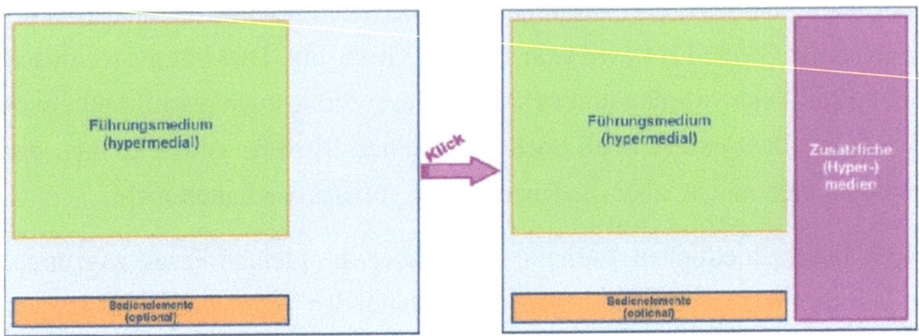

Abb. 88
Out-of-Media-Darstellung

Nachteilig an dieser Vorgehensweise ist allerdings die möglicherweise schlechte Nutzung des für die Anwendung zur Verfügung stehenden Raumes. Ist kein zusätzliches Medium anzuzeigen oder gibt es keine Bedienelemente, die zur Interaktion angeboten werden müssten, so bleibt der jeweils dafür vorgesehene Raum leer. Auch optisch ist die Out-of-Media-Lösung nicht immer optimal, da die Löcher, die sich aus dem zeitweiligen Fehlen einzelner Elemente ergeben, durchaus unschön aussehen können. Hier ist sicherlich der erfahrene Mediengestalter gefragt, diese Lücken ansprechend zu füllen.

In Bezug auf die Ausnutzung des zur Verfügung stehenden Raumes geht die in Abbildung 89 gezeigte „In-Media-Darstellung" einen anderen Weg. Hier wird der zur Verfügung stehende Raum zunächst vollständig vom Führungsmedium ausgenutzt, in das, sofern notwendig, die Bedienelemente zur Steuerung eingebettet werden. Wird mit einem Klick die Verlinkung zu einem zusätzlichen Medium aufgerufen, so wird das Führungsmedium damit überlagert und das oder die zusätzlichen Medien an einer unveränderbaren Position angezeigt. Der Benutzer hat keinen Einfluss darauf, wo das zusätzliche Medium gezeigt wird, vielmehr kann ausschließlich der Autor die Position bestimmen und den aus seiner Sicht optimalen Platz definieren für das zusätzliche Medium. Diese Position kann durchaus von Zusatzmedium zu Zusatzmedium unterschiedlich sein.

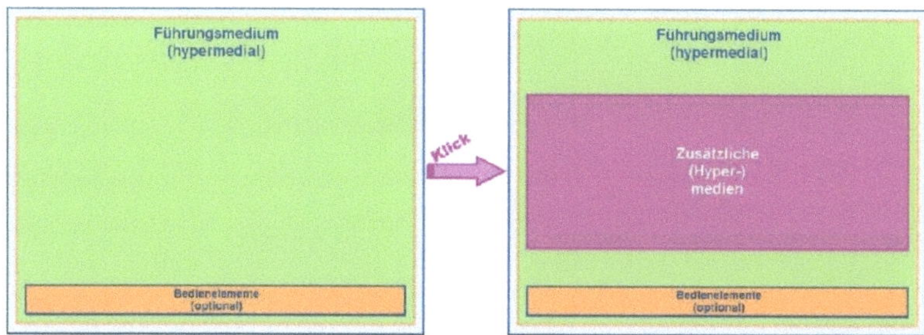

Abb. 89
In-Media-Darstellung

Vorteilhaft ist bei dieser Vorgehensweise die hohe Ausnutzung des Raumes. Dieser Vorteil wird allerdings dadurch abgeschwächt oder gar gänzlich aufgehoben, dass Teile des Führungsmediums von den anderen Elementen verdeckt und somit unerreichbar werden. Dies ist ein erster Hinweis darauf, dass bei der Gestaltung hypermedialer Präsentationen nicht nur visuelle und auditive Anforderungen berücksichtigt werden müssen, sondern darüber hinaus auch das Verhalten der medialen Inhalte insgesamt beachtet werden muss. Dies soll aber erst im folgenden Abschnitt 6.3.2 vertiefend thematisiert werden. Ein weiterer Nachteil ist die unruhigere Präsentation durch das freie Erscheinen von Elementen an unterschiedlichen Positionen und vor allem innerhalb des (Führungs-) Mediums, auf das der Fokus des Benutzers gerichtet ist.

Beide der oben vorgestellten Wege gehen davon aus, dass lediglich ein Fenster als Präsentationsbereich der Hypermedia-Anwendung zur Verfügung steht, innerhalb dessen alle Elemente platziert werden. Aus vielen anderen Anwendungen, insbesondere aus dem Bild- und Videobearbeitungsbereich, ist ein weiterer Lösungs- und Gestaltungsansatz bekannt. Hier soll sie als „Around-Media-Darstellung" bezeichnet werden (Abb. 90). Die Hypermedia-Anwendung nutzt eine Vielzahl an unabhängigen Fenstern, in denen jeweils nur ein einzelnes Element oder Medium enthalten ist. Der Benutzer kann jedes Fenster frei verschieben, eventuell sogar schließen, und somit selbst bestimmen, wo welches Element für ihn am günstigsten platziert ist.

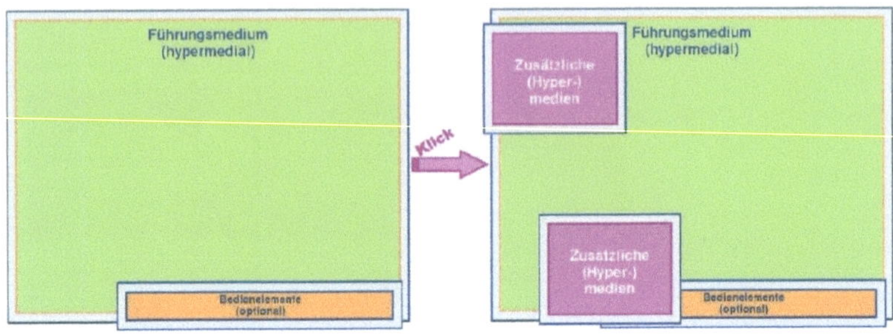

Abb. 90
Around-Media-Darstellung

Der Vorteil dieses Vorgehens besteht darin, dass die gesamte Bildschirmfläche genutzt werden kann und durch die Möglichkeit des freien Verschiebens und Positionierens das Verdecken der Elemente und Medien untereinander abgeschwächt werden kann. Jedoch erhöht diese Freiheit das Maß der Interaktion des Benutzers. So ist eine Lean-Back-Situation, wie sie in Abbildung 19 in Abschnitt 3.1.3 beschrieben wird, für dieses Vorgehen als eher nicht optimal anzusehen.

6.3.2 … (Medien-) Wahrnehmung

Wie im vorigen Abschnitt schon kurz angemerkt, ist bei der Produktion hypermedialer Präsentationen und Anwendungen nicht nur die visuelle und auditive Gestaltung von Relevanz, sondern darüber hinaus auch das Wissen um das Eigenverhalten der medialen Inhalte sowie das Wissen um die Wahrnehmungsmöglichkeiten des Benutzers und dessen Rezeption der Medien.

Auf die Unterschiede der medialen Eigenverhalten in Bezug auf deren Statik oder Dynamik wurde in Abschnitt 3.3 schon gezielt eingegangen. Auch dort aber wurde der Blick ausschließlich auf das einzelne Auftreten der Medien gerichtet und mögliche Kombinationen nicht weiter berücksichtigt. Da aber, wie im Eingang von Abschnitt 6.3 ebenfalls schon gesagt wurde, Hypermedia letztlich bedeutet, dass mehrere einzelne Medien mit interaktiven Elementen angereichert werden, um auf diese Weise eine Verbindung oder Vernetzung zu schaffen, ist es zwingend notwendig zu verstehen, wie die Medien in ihrer Kombination wirken.

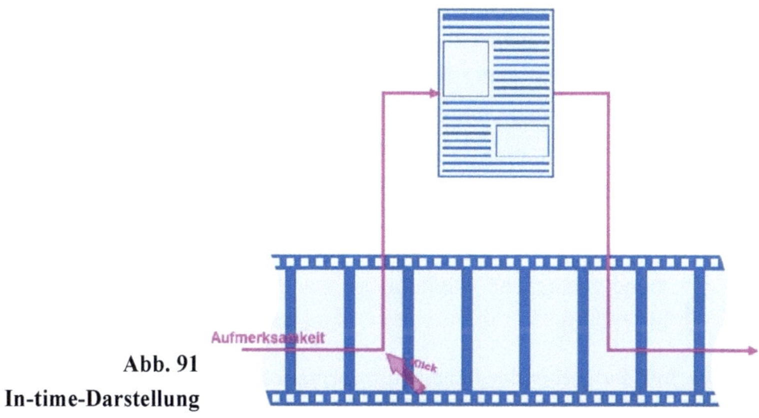

Abb. 91
In-time-Darstellung

Im Sinne der Hypermedia-Gestaltung kann dies auf die zunächst einmal banal klingende Frage:

Stop oder Run?

reduziert werden. Anders und ein wenig deutlicher formuliert, muss hier hinterfragt werden, wie sich das Führungsmedium verhalten soll, wenn ein Hotspot angeklickt und damit ein zusätzliches Medium zur Präsentation aufgerufen oder angefordert wurde. Einschränkend muss hier allerdings auch gesagt werden, dass diese Frage eigentlich nur für dynamische Führungsmedien relevant ist. Denn es geht im Kern darum, was in der Zeit mit dem Führungsmedium und dessen Inhalten geschieht, während die Aufmerksamkeit des Benutzers eben nicht auf das Führungsmedium, sondern auf andere Elemente, insbesondere auf die zusätzlichen Medien, gerichtet ist.

Das Wesen eines dynamischen (Hyper-) Medium bringt es mit sich, dass sich, solange es nicht gestoppt ist, die präsentierten Inhalte kontinuierlich verändern und die gezeigte Handlung fortfährt. Hat der Benutzer nun einen Hotspot, wie in Abbildung 91 angeklickt und es öffnet sich ein zusätzliches Medium, so muss der Benutzer nun die Entscheidung treffen, welchem Medium er seine Aufmerksamkeit widmen will:

- Richtet er seine Aufmerksamkeit auf das hinzugekommene zusätzliche Medium und verarbeitet dieses, nimmt er die in dieser Zeit präsentierten Inhalte und Handlungen im dynamischen Führungsmedien nicht wahr. Im Extremfall kann er der dortigen Handlung bei seiner Rückkehr dorthin nicht weiter folgen, weil ihm wesentliche Inhaltselemente fehlen, die in der Zeit auftraten, in der er seinen Aufmerksamkeitsfokus auf das zusätzliche Medium gerichtet hatte.
- Richtet er seine Aufmerksamkeit nicht auf das hinzugekommene zusätzliche Medium, so war seine Interaktion schlicht überflüssig.

Der Verlust der verlorengegangenen Informationen kann durch eine entsprechende strukturelle Gestaltung der hypermedialen Inhalte oder aber durch eine besondere Verwaltung des Benutzerverhaltens aufgefangen und verringert werden. Darauf soll an dieser Stelle aber nicht weiter eingegangen werden.

Auch wenn es oftmals so scheinen mag, so ist die menschliche Wahrnehmung nicht wirklich in der Lage, die Rezeption aus mehreren Informationsquellen parallel zu verarbeiten, wie es auch Zimbardo schon untersuchte [ZIM92]. Zwar gibt es Effekte wie das Cocktail-Party-Phänomen oder ähnliche, die eine ausgesprochen große und komplexe Wahrnehmungsleistung belegen. Allerdings treten diese im Regelfall nur unter solchen besonderen Bedingungen auf, die bei der Arbeit mit interaktiven Medien in der Regel nicht vorliegen. Mehrere parallel präsentierte dynamische Medien, möglicherweise noch solche gleicher Ausprägung, führen üblicherweise zu modaler Überlastung (Abb. 92). In ihrer Auswirkung ist die modale Überlastung gleichzusetzen mit der Informationsüberladung (Abb. 93), bei der so viele Informationen zu gleicher Zeit präsentiert werden, dass der Benutzer nicht in der Lage ist, alle Informationen zu erfassen und im Live-Kontext gleichzeitig auch noch der weiterlaufenden Handlung und der aktuellen Situation zu folgen.

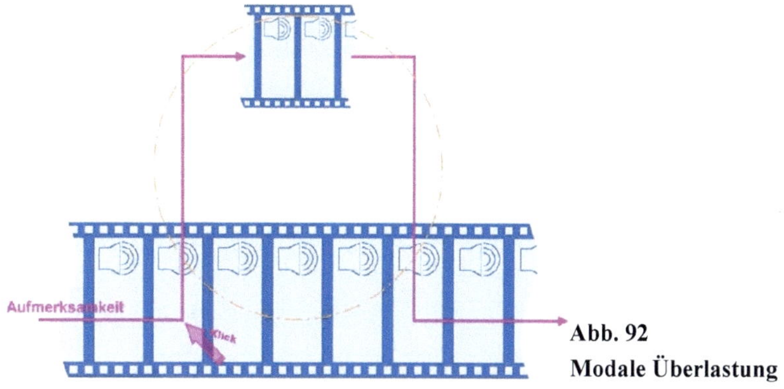

Abb. 92
Modale Überlastung

Abb. 93
Informations-überladung

Diese Effekte können dadurch umgangen werden, indem das Führungsmedium in dem Moment gestoppt wird, in dem das zusätzliche Medium präsentiert wird, und das Führungsmedium erst dann wieder gestartet wird, wenn der Benutzer explizit zu diesem zurückkehrt. Im Sinne der Minimierung des Informationsverlustes vorteilhaft, wird der Benutzer hier aber zur Interaktion mit dem Zusatzmedium, gezwungen. Je nach angebotener Interaktion kann dies wiederum die Immersion in die hypermediale Informationswelt stören. Zudem muss berücksichtigt werden, dass das Stoppen des dynamischen Führungsmediums nur bei vorproduzierten Medien möglich ist. Im Live-Kontext steht diese Option nicht zur Verfügung.

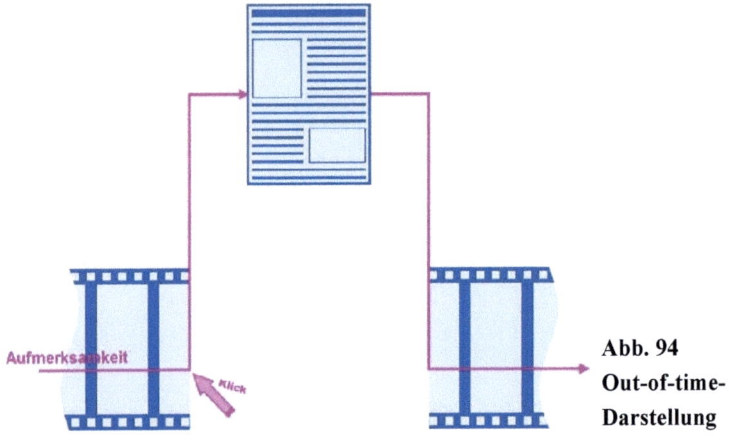

Abb. 94
Out-of-time-Darstellung

6.4 CHact – Mehrfache Link-Aktionen

Eine weitere Vereinfachung, die bis zu diesem Punkt stets stillschweigend angenommen wurde, ist die Reduzierung der Reaktion einer Hypermedia-Anwendung auf lediglich eine Aktion. Dieses Verhalten ist aus den aktuellen Hypermedia-Anwendungen heraus auch bekannt:

Ein Klick auf einen Link
wird mit dem Öffnen einer neuen Seite beantwortet.

Vorgegeben wird dieses Verhalten durch den Standard HTML, der komplexere Antworten auf eine Interaktion nicht zulässt. Da es aber, wie oben schon mehrfach erwähnt, bisher keine Standards für viele Hypermedia-Ausprägungen, und insbesondere nicht für die dynamischen Hypermedia-Ausprägungen, gibt, soll an dieser Stelle eine Möglichkeit eingeführt und beschrieben werden, wie mit aktuellen Techniken weit komplexere Reaktionen in

Hypermedia-Anwendungen und auch für solche Anwendungen, die in den „normalen“ aktuellen Browsern laufen sollen, realisiert werden können.

Das Verhalten üblicher Hypermedia-Anwendungen und Browser wird stark simplifiziert in Abbildung 95 dargestellt:

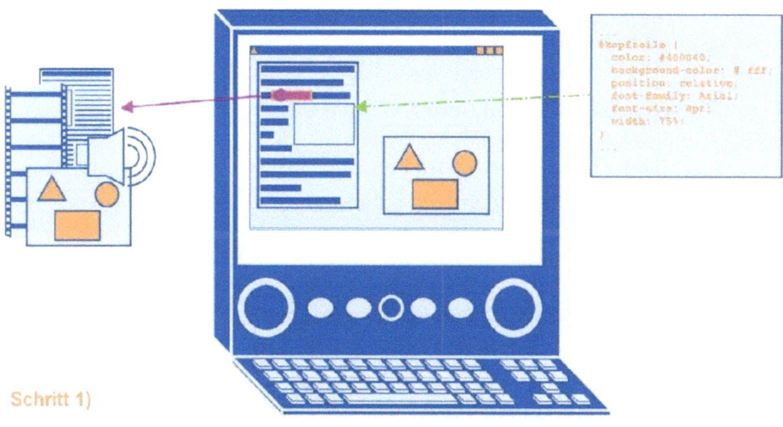

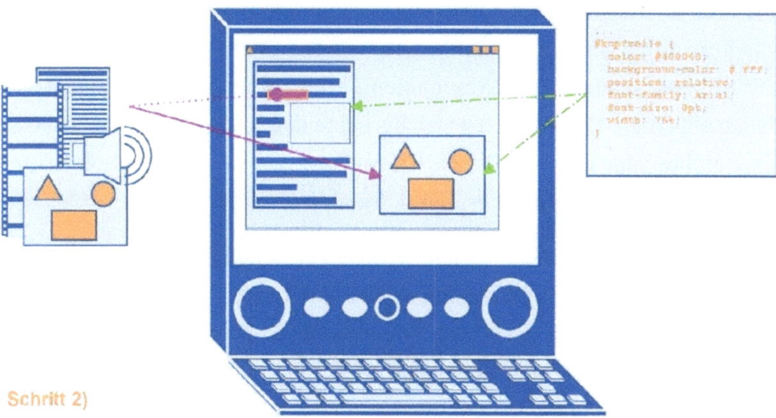

Abb. 95
Normale Medienaufrufe in Browsern (vereinfacht)

- Ein Hypermedia-Dokument wird im Browser dargestellt.
- Ein Klick auf einen Link im angezeigten Dokument stößt die Verarbeitung im Browser an:
    - Der Link wird als `a`-Element wird aus dem Dokument ausgelesen.
    - Der `href`-Parameter des `a`-Elements wird als das Zieldokument interpretiert.
    - Das Zieldokument wird aus einer lokalen oder aus einer Internetquelle gesucht und angefordert.
    - Das Zieldokument wird im Browser dargestellt.
- Ob das Startdokument gelöscht wird, hängt von der Hypermedia-Umgebung und von der Art der Aktivierung des Links ab.

Ebenso wie das Startdokument wird auch das Zieldokument nach den Stilvorgaben der CSS-Beschreibung formatiert.

Die Idee der Trennung von Inhalt und Gestaltungsvorgaben für Hypermedia-Inhalte wurde schon in den Anfangszeiten des Internet präsentiert [LIE94; CSS02] und ist auch in den Abschnitten 3.2 beschriebenen Hypermedia-Modellen enthalten. Diese Idee hat sich bis heute durch die Einführung von CSS als Beschreibungssprache für die Darstellung neben HTML als Beschreibungssprache für den Inhalt erfolgreich etabliert.

Mit der (Weiter-) Entwicklung und starken Verbreitung des Internet entstand ebenfalls früh die Idee, aktive, interaktive und reaktive Elemente in die hypermedialen Präsentationen und Präsentationsumgebungen integrieren zu wollen. Federführend war hier sicherlich der Netscape Navigator, der 1995 in der Version 2.0 veröffentlicht wurde und die eingebettete eigene Skriptsprache „LiveScript" besaß. Diese Sprache ist der Vorläufer aller späteren und auch der heutigen JavaScript-Versionen. [ECM17; RES08] Mit der Integration einer Programmiersprache erschloss sich hier die Möglichkeit, das Model-View-Controller- (MVC-) Entwurfsmuster der Software-

Entwicklung auch auf die Web-Entwicklung zu übertragen. [GEI15] Allerdings kann dies an dieser Stelle nur eingeschränkt gelten und nicht eins-zu-eins erfolgen, da viele Dinge im Browser selbst zusammenlaufen. Für eine detaillierte Betrachtung müsste hier zu sehr in die Tiefe der Softwarearchitekturen gegangen werden müsste. Daher soll hier ein vereinfachtes Vorgehen erläutert werden.

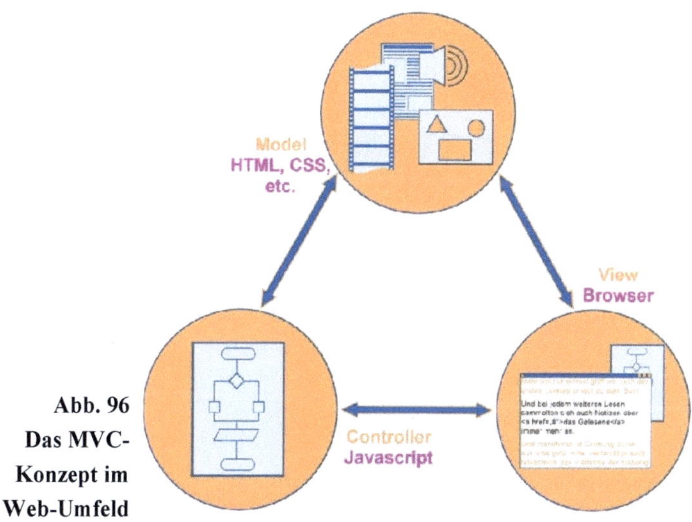

Abb. 96 Das MVC-Konzept im Web-Umfeld

Darin übernimmt der Browser die Rolle der View, da seine hauptsächliche Aufgabe darin liegt, die hypermedialen Inhalte zu rendern und dazustellen. In der einfachen Medienverarbeitung in Browsern, wie sie in Abbildung 95 dargestellt ist, übernimmt der Browser selbst auch unmittelbar die Rolle des Controllers, indem er die Interaktionen, wie zum Beispiel Tastatureingaben und Mausklicks, entgegennimmt, interpretiert und mögliche Veränderungen in dem, was und wie der Browser etwas darstellen soll, selbst vornimmt.

Unabhängig von der View, also dem Browser, stellen die darzustellenden Informationen in Form (hyper-) medialer Dokumente das Model, also die Datenbasis dar. Auf diese Weise hat der Browser keinen Einfluss auf die Daten und kann diese nicht verändern. Vielmehr lädt er lediglich aus der Datenbasis die referenzierten Medien und Dokumente.

Dieses Modell kann durch den einfachen Einsatz aktueller Web-Techniken leicht so erweitert werden, dass auch komplexere Antworten der Hypermedia-Anwendung innerhalb des Browsers möglich werden. Im Kontext des hier vorliegenden Buches soll dies Möglichkeit die Bezeichnung „CHact“ als Abkürzung für „Combined Hypermedia action“ tragen:

- Auch hier wird ein Hypermedia-Dokument im Browser dargestellt.
- Dieses Hypermedia-Dokument bindet ein vorbereitetes JavaScript-Programm ein. Dies ist die Voraussetzung, damit die hier gezeigte Idee realisiert werden kann.
- Eine weitere Voraussetzung ist, dass dem JavaScript-Programm ein weiteres Dokument bekannt gemacht wird, in dem die CHacts definiert werden. Ob diese als JSON-Objekte eingelesen werden oder eine andere Syntax und Beschreibungsmöglichkeit genutzt wird, spielt dabei keine Rolle:

```
CHactDesc{
  id:foo;
  action{
    medium{
      ref:foo.html;
      tar:div('textDiv');
    }
    medium{
      ref:video.mp4;
      tar:newDiv(10,10,100,50);
      vol:11;
      autostart:true;
    }
  }
}
```

- Im obigen Beispiel ist ein CHact mit der Id „`foo`“ definiert. Wird dieser aufgerufen, so soll …
  - … das HTML-Dokument „`foo.html`“ geladen und in dem in der HTML-Seite schon vorhandenen CSS-Div „`textDiv`“ angezeigt werden, und …

  - … das Video „video.mp4" soll in einem neuen CSS-Div in der HTML-Seite an der Position 10, 10 und mit in der Größe 100, 50 gezeigt werden. Sein Ton soll in der Lautstärke 11 zu hören sein und das Video soll automatisch nach dem Laden starten.

- Ein Klick auf einen Link im angezeigten Dokument stößt die Verarbeitung im Browser an:

  - Auch hier wird der Link wird als a-Elements wird aus dem Dokument ausgelesen.

  - Allerdings beinhaltet der href-Parameter des a-Elements hier keinen Pfad oder keine Referenz zu einem Zieldokument, sondern vielmehr übergibt der Parameter in einem JavaScript-Methoden-Aufruf einen Parameter mit einer Bezeichnung, an das eingebundene JavaScript-Programm:

```
<a href="javascript:void(0);"
 onclick="callCHact('foo')">
  Foo-Link
</a>
```

  - Das eingebundene JavaScript Programm nimmt diese Bezeichnung entgegen (‚foo') und sucht in den ihm bekannten CHact-Definitionen die gesuchte CHact-Beschreibung und führt diese aus.

  - Wie mit dem Startdokument umgegangen werden soll, hängt sowohl von der Hypermedia-Umgebung, also dem Browser, von der Art der Aktivierung des Links ab sowie der weiteren CHact-Beschreibung ab.

Alle Dokumente werden in diesem Beispiel nach den Stilvorgaben der CSS-Beschreibung formatiert.

An dieser Stelle muss unbedingt der Hinweis erfolgen, dass obiges Beispiel nur ein stark verallgemeinertes Beispiel ist und keinen Standard darstellt.

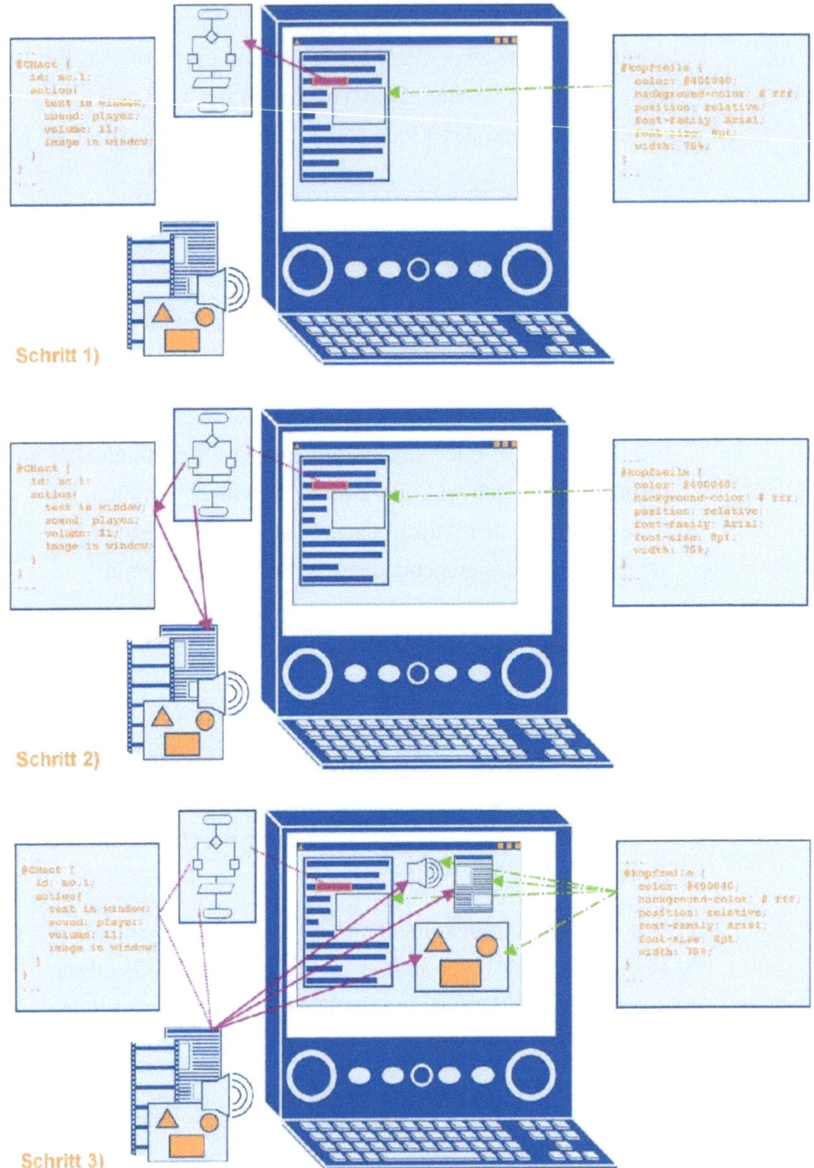

Abb. 97
Erweiterte, skriptbasierte Actionaufrufe: CHacts

Wie granular beziehungsweise detailliert die CHact-Beschreibung sein soll, bleibt dem Produzenten oder in diesem Falle wohl eher, dem Software-/ Web-Entwickler überlassen, der die entsprechende JavaScript-Implementierung umsetzt. Generell sind hier wiederum keine Grenzen gesetzt. Allerdings darf nicht vergessen werden, dass ein höherer Detaillierungsgrad in der Beschreibung der Inhalte und des Verhaltens der CHacts im Gegenzug auch bedeutet, dass das CHact-Dokument für die Anwendung auch entsprechend genauer und umfangreicher wird, was letztlich wieder mehr Beschreibungsaufwand für den Autor/ Produzenten bedeutet.

Nichtsdestotrotz ist das CHact-Modell realisierbar und es stellt eine mächtige Möglichkeit zur Produktion interaktiver, multi- und hypermedialer Anwendungen dar. Einige eindrucksvolle Beispiele dafür zeigt das Projekt „nanalna – next generation multimedia" auf seiner Seite www.nanalna.de, das auf eben dieser CHact-Idee beruht.

6.5 Live-Aspekte

Abschließend soll auch die Betrachtung der Gestalt- und Gestaltungsfragen abgeschlossen werden mit einem kurzen Blick auf potenzielle Live-Aspekte. Generell kann gesagt werden, dass alles, was in diesem sowie auch in den vorigen Abschnitten vorgestellt wurde, auch unter Live-Bedingungen gilt und auch für die Nutzung unter Live-Bedingungen realisiert werden kann.

Zwei oben schon angesprochene Punkte bekommen unter Live-Bedingungen allerdings noch einmal eine höhere Bedeutung. Der eine Punkt ist der, der in Abschnitt 6.3.2 als Informationsüberladung bezeichnet wurde (Abb. 93). Dort wurde mit der Menge der zusätzlichen Information argumentiert, die den Benutzer zum einen vom Führungsmedium ablenken, ihn aber zum anderen sowohl in der Wahrnehmung als auch in der Navigation beeinträchtigen und behindern können. Jedoch gibt es keine sichere Aussage darüber, ab welcher Menge an parallelen Informationsquellen und -angeboten eine negative Wirkung bezüglich der Wahrnehmung eintritt. Wird aber die Kombination aus dynamischen Effekten, also der kontinuierlichen (Ver-) Änderung der präsentierten Information, die das Wesen der Live-Programme ausmachen, mit anderen Medien und Informationen berücksichtigt, so kann sicherlich auch schon das parallele Angebot eines Textes zu einer Live-Sendung dazu führen, dass der Benutzer der Handlung nicht mehr folgen kann. Hier hat dann die Informationsüberladung ihre negative Wirkung schon mit einfachen Mitteln entfaltet.

Verhindert werden kann dies nur durch eine gute Gestaltung auf …

- … der Ebene der ästhetisch gesamtheitlichen Gestaltung und Einbindung aller Teilmedien, sowie auch auf …
- … der Ebene der strukturellen Gestaltung und Vorbereitung der Teilmedien, die parallel und/ oder synchron zum Führungsmedium präsentiert werden sollen sowie letztlich auch auf …
- … der Ebene der technischen Gestaltung, die dafür Sorge tragen muss, dass die Interaktion so gestaltet ist und werden kann und dass diese so in die Hypermedia-Anwendung integriert werden kann, dass ihre Nutzung für das Publikum keine Belastung und damit keine Ablenkung darstellt.

Diese umfassende Gestaltungsproblematik auf drei Ebenen führt dann nahezu zwangsläufig zum zweiten Punkt, nämlich der Frage des Aufwandes, den der Autor oder Produzent gewillt ist, in die Realisierung des (Live-) Programms zu investieren.

Das diese Punkte lösbar sind, zeigen eine ganze Reihe von erfolgreichen Projekten, wie zum Beispiel auch der Versuch der Anreicherung des Internet-Angebotes rund um den Eurovision Song Contest ESC 2008. [HOF08] (Abb. 98)

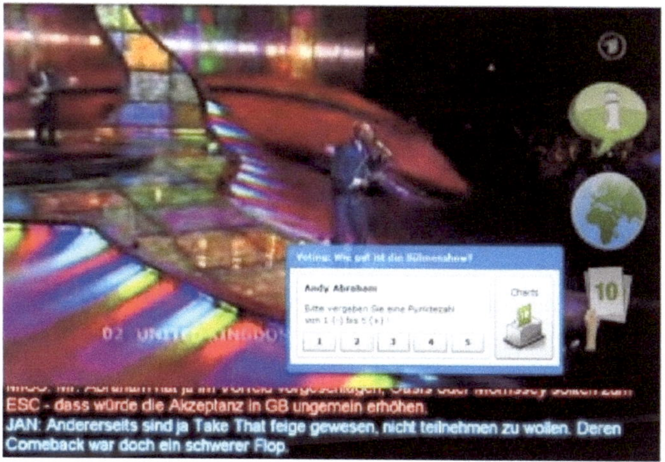

Abb. 98
Screenshot von HyLive: Interactive ESC-Projekt

7 Und die mediale Zukunft?

„Wer Visionen hat, sollte zum Arzt gehen."

Eigentlich ein wenig anders gemeint, kann dieses Zitat von Helmut Schmidt aber auch so interpretiert werden, dass Aussagen über zukünftige Entwicklungen eher als unsicher bezeichnet werden sollten. Wer hat noch nie über die vielen Voraussagen gelacht, mit wieviel Arbeitsspeicher Benutzer und Computer in Zukunft wohl auskommen werden (waren es 64kByte?) oder wieviele Computer in Zukunft wohl überhaupt weltweit benötigt würden (waren es vier bis fünf?). Dieses Risikos bewusst, soll hier dennoch ein ganz kurzer Blick auf vermutliche Trends und Entwicklung geworfen werden.

Dieser Blick soll mit einer Betrachtung der technischen Entwicklung beginnen. Offensichtlich ist, dass die Zeit rein stationärer Anwendungen und Anwendungssysteme vorüber zu sein scheint. Zwar wird es sicherlich auch weiterhin die in Abschnitt 3.1.3 gezeigten Lean-Back- und Lean-Forward-Situationen im Umgang mit Anwendungssystemen geben. Zugleich werden aber zwei gänzlich andere Situationen neben diesen beiden an Relevanz zunehmen.

Einerseits werden die Geräte, zumindest derzeit und auch in absehbarer, naher Zukunft, stetig kleiner und leichter werden und damit mobil auch besser zu nutzen sein. Dies führt dazu, dass die Zahl der Aktivitäten, unabhängig ob mit einem Arbeits- oder einem Unterhaltungsziel verbunden, steigen wird. Das mit „kleinen" Geräten, die für die mobile Nutzung entwickelt wurden, eine völlig andere Umgangssituation vorliegt, ist offensichtlich. Diese stellt sich wie in Abbildung 100 gezeigt dar:

- Während der Benutzer unterwegs ist, unabhängig von seinem Ort und auch unabhängig davon, ob er sich gerade selbst bewegt, indem er geht, oder ob er bewegt wird, während er in Bus, Bahn oder Auto sitzt, rezipiert der Benutzer Informationen, die sein Gerät ihm anbietet und er arbeitet mit diesen Informationen.

Diese Situation ist also losgelöst von Ort und Körperhaltung und kann als „Move-around-Situation“ bezeichnet werden.

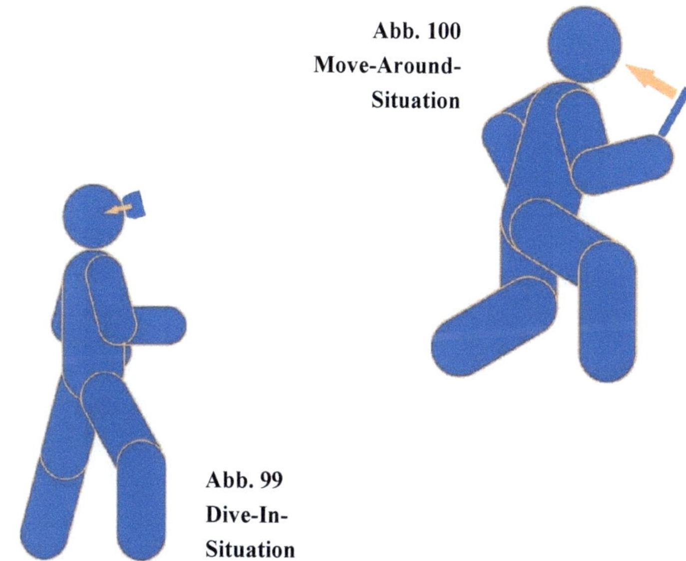

Abb. 100 Move-Around-Situation

Abb. 99 Dive-In-Situation

- In dieser Move-around-Situation ist die von Steve Mann kritisierte Trennung von Mensch und Technik noch sehr offensichtlich [HAN17]. Ein weiterer technischer Trend, der in gewisser Weise hier ansetzt, versucht derzeit, endlich endlich den Erfolg auf dem Massenmarkt zu erreichen, der ihm schon seit langen Jahren immer wieder versprochen wurde. Gemeint ist hiermit eine neue Generation von Virtual-Reality-Systemen, deren Markteintritt erneut den VR-Hype belebte. Diese Geräte- oder Systemklasse lässt den Abstand zwischen Mensch und Technik verschwimmen. Die Technik in Form der Headsets rückt so nahe an den Menschen heran, dass hier nahezu eine einzige Entität entsteht, ganz wie sie Steve Mann mit dem von ihm postulierten „Personal-Space“ schon vor einigen Jahren postulierte. Durch die an den Benutzer herangeführte, sehr nahe Präsentation von Medien und Informationen, kann hier recht leicht ein hoher Grad an Immersion des Benutzers an oder in den Informationsraum gelingen: der Benutzer taucht wortwörtlich in den aufgespannten Informationsraum ein.

Beide Situationen bedingen, dass sowohl Systementwickler und Mediengestalter sich neuen Herausforderungen gegenübersehen:

- Einerseits werden die Präsentationsflächen kleiner und reduzieren sich auf kleine und kleinste Bildschirme, wie in der Move-Around-Situation.
- Andererseits werden die Präsentationsflächen größer und nehmen die Größe der gesamten Welt ein, wie in der Dive-In-Situation.

Die zukünftigen Medien werden sich also so gestalten lassen müssen, dass sie möglichst größenunabhängig funktionieren. Hier ist sicherlich die Gilde der Mediengestalter gefragt. Ob die derzeitige Ausprägung des sogenannten responsive Webdesigns für diese Herausforderungen ausreicht, soll und kann an dieser Stelle nicht beantwortet werden. Dies wird an anderer Stelle geschehen müssen.

Die unterschiedliche Größe und Form der Geräte bedingen aber auch auf technischer Seite neue Lösungen, da sich zwangsläufig auch der Umgang mit den Geräten und Systemen und damit ihre Bedienung ändert und an die jeweilige Benutzungssituation anpassen müssen. Die altbekannten und in ihren angestammten Situationen durchaus bewährten Tastaturen und Mäuse helfen hier nur noch bedingt zur Gestaltung einer effizienten Benutzungsschnittstelle. Es werden vielmehr neue Interaktionsparadigmen und Interaktionstechniken gefunden und entwickelt werden müssen, damit der Benutzer die Geräte auch sinnvoll nutzen kann und damit er Spaß an der Benutzung findet.

Ebenfalls nicht näher betrachtet wurden in diesem Buch einige weitere Trends, wie zum Beispiel …

- … die anscheinend zukünftig allgegenwärtige „Künstliche Intelligenz“, die uns, vertrauen wir den mächtigen

Marketingsprüchen, demnächst von der Zahnbürste bis hin zum Autofahren immer und überall assistieren wird. Ob und welche Auswirkungen und Möglichkeiten diese Technik in Bezug auf die hier behandelten Medienkontexte haben wird, ist noch sehr offen. Eine denkbare Möglichkeit besteht in KI-assistierter Bildverarbeitung, um die Positions- und Formbeschreibung der Startanker von Hotspots zu vereinfachen, aber die Anwendungsmöglichkeiten erscheinen derzeit nahezu unbegrenzt.

- … Proaktivität, also Medien, die den Benutzer von sich aus ansprechen.
- … wirklich „neue“ Medien, wie Augmented Reality oder 360°-Fotografie und -Videografie.
- … viele weitere technische Entwicklungen, die heute eher als nebensächlich betrachtet werden.

In der Regel ist es aber auch nicht allein die Technik, die die Grenzen setzt! Vielmehr sind es …

- … die Ressourcen, die zur Verfügung stehen, um technische Hürden zu umgehen oder Probleme zu lösen, …
- … die Kreativität, die manchmal nur ein kleines Fünkchen bräuchte, um eine ansprechende Umsetzung zu realisieren, sowie auch …
- … und dieser Punkt darf sicherlich nicht unterschätzt werden, die Bereitschaft des Publikums und die Akzeptanz des einzelnen Benutzers, sich mit neuen Wegen der Präsentation und Interaktion auseinanderzusetzen.

Bei aller Liebe zur Entwicklung von Technik und zur Mediengestaltung darf nicht vergessen werden, für wen dieser Aufwand betrieben wird: …

… für den Benutzer, …

… für das Publikum, …

… für dessen Unterhaltung und Informationsversorgung.

Aus diesem Grunde:

Es bleibt spannend!

8 Glossar

A

Aktivierung	Ein aktivierbares Objekt ist jede definierte Region innerhalb eines Mediums, die die Möglichkeit bietet, durch eine Interaktion, meist einen Maus„Klick", eine zusätzliche Information zu erhalten oder eine anderweitige Reaktion des Systems auszulösen.
Angebot	(Hypermedia-Angebot) Innerhalb dieser Reihe ist das Hypermedia-Angebot die inhaltliche Komponente der Hypermedia-Anwendung. Das Hypermedia-Angebot wird mit dem Hypermedia-System, zum Beispiel einem Browser, dargestellt.
Anker	Der Start- oder Endpunkt einer hypermedialen Verbindung. (siehe Abschnitt 3.1, beginnend mit Abbildung 15)
Anwendungen	(Hypermedia-Anwendung) Innerhalb dieses Buches ist die Hypermedia-Anwendung die Kombination aus technischer und inhaltlicher Komponente. Die hypermedialen Inhalte, die aus der Informationswelt stammen, werden mit dem Hypermedia-System, zum Beispiel einem Browser, dargestellt.

B

Barrierefreiheit	Jeder Benutzer soll uneingeschränkte Nutzungschancen aller angebotenen Informationen und Dienste genießen können. Menschen mit körperlichen und mentalen Einschränkungen sollen nicht auf Speziallösungen angewiesen sein. Barrierefreiheit ist im Gesetz zur Gleichstellung behinderter Menschen (Behindertengleichstellungsgesetz, BGG) gefordert. [BEA16]
Benutzerprofil	„Ein Benutzerprofil ist allgemein eine Zusammenstellung charakteristischer Eigenschaften, Fähigkeiten und/ oder Anforderungen eines Systembenutzers. Benutzerprofile im informationswissenschaftlichen Sinne sind eng mit Benutzermodellen verwandt, haben aber schon eine längere Tradition.“ [INF16b]
Blu-ray	(Blu-ray Disc) Blu-ray ist der Nachfolger der DVD und wird von der Blu-ray Disc Association (Matsushita, Sony, Philips, u.a.) entwickelt. Durch die Verwendung von blau-violetten Lasern sind höhere Datendichten als bei der DVD möglich (25-50 GByte). Blu-ray-Discs sind beschreibbare Medien, werden aber vor allem in der Unterhaltungselektronik eingesetzt. [GOL18]
Broadcast	Das Versenden einer Information/ Nachricht von einem Sender zu vielen Empfängern.
Browser	Ein Hypermedia-System zur Darstellung und Navigation einer hypermedialen Informationswelt.

Buttons	Eine aktivierbare Region in der Benutzungsschnittstelle, insbesondere der (→) GUI, einer Anwendung. Das Aussehen in Anlehnung eines analogen Knopfes soll der einfachen Erkennung als Bedienelement nutzen.

C

Crossmedia	Ursprünglich ein Begriff aus dem Marketing, beschreibt Crossmedia den parallelen Einsatz mehrerer unterschiedlicher Medien zur verstärkten Erreichung eines Marketingziels. Hier bedeutet Crossmedia die Nutzung synchroner Medienkanäle zur optimierten Informationsvermittlung.
Crossmodal	In Anlehnung an (→) Crossmedia bedeutet crossmodal die parallele, synchrone Nutzung unterschiedlicher menschlicher Sinnesmodalitäten.
Cookies	Informationen, die besuchte Webseiten auf dem Rechner des Benutzers speichern. Diese werden bei einem späteren erneuten Besuch dieser Seite häufig wieder an den Server geschickt, um eine Adaption an den Benutzer zu ermöglichen.
CSS	(Cascading Style Sheets) Ein Werkzeug zur Beschreibung des Aussehens, des Formats und des Verhaltens von Webseiten und deren Elementen in Form einer Beschreibungssprache.

D

DVD	Die DVD (Digital Versatile Disc) ist ein optisches Speichermedium und der Nachfolger der CD-ROM. Mit 4,7 GByte bis max.17 GByte besitzt sie mehr Speicherkapazität als die CD-ROM aber weniger als ihr Nachfolger, die (→) Blu-ray.

F

Frame	Innerhalb dieser Reihe wird ein Frame als Teilbereich innerhalb der Darstellung eines Informationsknoten betrachtet, in dem Inhalte anderer Informationsknoten gezeigt werden. Ursprünglich ist diese Technik aus HTML bekannt und wird heute vor allem als (→) iFrame benutzt.

G

GUI	(Graphical User Interface) Bezeichnet die grafische Benutzungsoberfläche von Computersystemen. Diese hat das Ziel, die Benutzung gegenüber anderen Techniken zu erleichtern und folgt in der Regel dem (→) WIMP-Paradigma.

H

HTML	(Hypertext Markup Language) Eine textbasierte Auszeichnungssprache zur Strukturierung und Vernetzung digitaler Dokumente. Es ist die hauptsächlich genutzte Sprache zur Informationsdarstellung im World Wide Web.

HTML5	Der Nachfolgestandard von HTML4. In HTML5 werden neue Funktionen wie Video, Audio, lokalen Speicher und dynamische 2D- und 3D-Grafiken direkt unterstützt.

I

iFrame	(Inlineframes) Die Weiterentwicklung des (→) Frame-Gedankens und seit HTML-4.0 Teil der HTML-Spezifikation.
Immersion	Das „mentale Eintauchen“ in ein Medium oder in eine Informationswelt. Einfache Immersion beginnt schon beim Vergessen der Umgebung während des Lesens eines Buches. Häufig genutzt wird der Begriff im Kontext von Virtual Reality.
Informationsraum	Ein Bereich, in dem eine große Menge an Information zu einem Themenkontext vorgehalten wird. Die Informationen können in allen möglichen Medientypyen vorliegen. Der Bereich wird durch eine Strukturierung, wie zum Beispiel einer Navigationsstruktur, geordnet und bietet so die Möglichkeit, dass ein Benutzer die für ihn relevanten Informationen möglichst einfach findet.

J

JavaScript	Eine Skriptsprache, die vor allem zur Unterstützung dynamischer Web-Seiten und zur Auswertung von Benutzerinteraktionen genutzt wird. Sie basiert auf ECMAScript und ist dynamisch typisiert, objektorientiert, aber klassenlos.

K

Keyframe	Ein fest definierter Zeitpunkt innerhalb eines Animations-/ Bewegungsablaufes, üblicherweise in der 2D-/ 3D-Graphik oder im Video. Das Keyframe beschreibt z.B. die Größe, Form und Lage eines Bildes oder von Bildteilen entlang einer Zeitachse. Die Bewegungen der Inhalte/ Objekte zwischen den Keyframes werden von einer entsprechenden Anwendung interpolierend berechnet.

L

Laserdisc	Ein Vorläufer der DVD, dass das Nachfolgeformat zur Videospeicherung auf Magnetbändern sein sollte. Sie wurde von etwa 1978 bis 2001 hergestellt und verkauft.
Layer	Häufig als Schicht innerhalb einer Softwarearchitektur bezeichnet. Ein Layer dient dabei oft zur Ab- und Eingrenzung von Funktionalitäten.

M

Modaler Dialog	Werkzeuge zur Mensch-Maschine-Interaktion, die die Eigenschaft haben, dass die aufrufende Anwendung solange durch die Anzeige des Dialogs blockiert ist, bis der Dialog beendet wurde.

Multitouch-Geräte	Bildschirme/ Geräte mit berührungsempfindlicher Oberfläche für die Eingabe von Daten mit Hilfe von Zeigegesten mit einem (Touch) oder mehreren (Multitouch) Berührungspunkten, i.d.R. den Fingern.

R

Rating	Die skalierte Einstufung und Bewertung eines Sachverhalts oder einer Information.
Responsive Webdesign	Gestaltungsparadigma für Inhalte des World Wide Web (WWW), bei dem sich die Inhalte automatisch auf die Darstellungsmöglichkeiten und -grenzen der unterschiedlichen Endgeräte mit verschiedenen Bildschirmgrößen, -auflösungen, usw. anpassen. Dies steht im Gegensatz zu Paradigmen wie zum Beispiel Mobile First u.a.
Rezeption	Innerhalb dieser Reihe wird der Begriff der Rezeption aus der Kommunikationstheorie betrachtet und beschreibt den Empfang einer Botschaft in einem medialen Kommunikationsprozess.

S

Screenreader	Übersetzen die graphische Darstellung der Ausgaben von Anwendungen auf einem Bildschirm mittels Sprachsynthese in gesprochenen Text. Das Vorlesen beschränkt sich nicht nur auf die Informationen, sondern berücksichtigt auch Elemente wie Fenster, Menüs, und so weiter.

Sequenz (Video) — Eine (audiovisuelle) Sequenz ist die Abfolge von Bildern, meist mit synchroner Audiospur. Langsam abgespielte Sequenzen ähneln Diashows, schneller abgespielte werden als Video/ Film wahrgenommen. Auf höherem Level kann eine Sequenz auch die Abfolge mehrerer (→) Szenen bedeuten.

SMIL — Synchronized Multimedia Integration Language, ausgesprochen wie „smile“ (engl.), ein auf XML-basierender Standard für zeitsynchrone, multimediale Inhalte. Mit SMIL können Multimedia-Elemente wie Audio, Video, Text und Grafik in eigene Präsentation eingebunden werden. SMIL-Dateien können an der Dateiendung `.smi` oder `.smil` erkannt werden.

Submedien — Innerhalb dieser Reihe ist es hilfreich, die häufig beschriebene Aufteilung des Printbereichs in Submedien wie Bücher, Zeitungen und Zeitschriften zu übernehmen und auf alle Medien zu übertragen. So kann ein Buch als aus den Submedien Text und Bild bestehend angesehen werden, und so weiter.

System — (Hypermedia-System) Innerhalb dieses Buches ist das Hypermedia-System die technische Komponente der Hypermedia-Anwendung. Damit kann ein gewöhnlicher Browser gemeint sein ebenso wie spezielle Anwendungen, die es erlauben, durch eine (hypermediale) Informationswelt zu navigieren.

Szene (Video)	Im Film bedeutet Szene eine wahrnehmbare Einstellung mit einer kontinuierlichen Handlung.

T

Tabloid	Aufgrund des Größenformats vom Zeitungswesen abgeleitete Bezeichnung für mobile Geräte, die anstelle klassischer Bedienelemente wie Tastatur und Maus mittels (→) (Multi-) Touch bedient werden.
Tag	Vom englischen „Etikett“ entlehnter Begriff, der die Auszeichnung einer Information unter einem Schlagwort beschreibt.
Tooltips	Üblicherweise ist ein Tooltip ein zusätzlich erscheinendes Fenster in einer Anwendung, dass die Beschreibung einer dargestellten Information oder eines Elements der grafischen Benutzungsoberfläche zeigt.

U

Usability	Gebrauchstauglichkeit oder allgemeinsprachlich auch die Benutzungsfreundlichkeit einer Anwendung. Genauer beschreibt der Begriff „das Ausmaß, in dem ein Produkt, System oder Dienst durch bestimmte Benutzer in einem bestimmten Anwendungskontext genutzt werden kann, um bestimmte Ziele effektiv, effizient und zufriedenstellend zu erreichen“ [USA16].

V

Video on Demand	(VoD) (Fernseh-/ Video-) Programmkonzept, bei dem der Benutzer selbst bestimmen kann, welche Inhalte er zu welchem Zeitpunkt abruft.

W

WIMP	Bezeichnung für das derzeit dominierende Konzept grafischer Benutzungsschnittstellen. Als Akronym steht WIMP für Windows, Icons, Menus und Pointer.

Z

Zeigegeste	In der Informatik ist die Zeigegeste die Übernahme einer Bewegung zur Kommunikation/ Interaktion mit einem Computer oder einer Anwendung. Sie kann eine direkte Form haben und fingerbasiert sein, oder eine indirekte Form und dabei z.B. maus- oder stiftbasiert sein.

9 Literatur

[ADI11] Adivi (2011). Adivi. [Online]. Verfügbar unter: http://www .adivi.net/ en/adivi.html. [Abruf: 21-Aug-2018].

[AND07] Andrzejewski, M. (2007). Intertextualität des Internets: Übertragung des Intertextualitätskonzepts auf hypertextuelle Text-Bild- und Bild-Text-Konstellationen im Internet. GRIN Verlag. München.

[ANS11] Ansorge, U. (2011). Wahrnehmung und Aufmerksamkeit, 2011. Aufl. Wiesbaden: VS Verlag für Sozialwissenschaften, 2011.

[ARO04] Aroyo, L., Bra, P. D. , Houben, G.-J. , Vdovjak, R. (2004). Embedding information retrieval in adaptive hypermedia: IR meets AHA!, New Review of Hypermedia and Multimedia, Bd. 10, Nr. 1, S. 53–76, Juni 2004.

[BEA16] Beauftragte der Bundesregierung für die Belange von Menschen mit Behinderungen, Verena Bentele - Was ist Barrierefreiheit? [Online]. Verfügbar unter: http://www. behindertenbeauftragte.de/ DE/ Themen/Barrierefreiheit/WasistBarrierefreiheit/WasistBarrierefreiheit_node.html. [Abruf: 11-Jun-2018].

[BEK99] Bekavac, B. (1999). Suche und Orientierung im WWW: Verbesserung bisheriger Verfahren durch Einbindung hypertextspezifischer Informationen, aus der Reihe: Schriften zur Informationswissenschaft, Konstanz.

[BER92] Berners-Lee T., Cailliau R., Groff J-F, Pollermann B. (1992): "World-Wide Web: The Information Universe", Electronic Networking: Research, Applications, and Policy, 2(1): 52 - 58, Spring 1992.

[BIT06] BITKOM (2006). Nicht mehr laufen, online kaufen! Online: https://www.digitalechancen.de/content/stories/index.c/fm/aus.2/key.2288/secid.7/secid2.24/lang.1 [Abruf: 21-Aug-2018]

[BOL98] Boles, D. (1998). Das Dexter-Hypertext-Referenzmodell. [Online]. Verfügbar unter: http://www.boles.de/teaching/mm/buch/node116.html. [Abruf: 27-Aug-2018].

[BRA00] Braun, N., Gaida, M., Lohde, U., Spierling, U. (2000). Scenario-based Design - Geschichten als Hilfsmittel zum Erstellen von Software; in:

Spierling, U. (Hrg.): »Digital Storytelling«, Tagungsband. Fraunhofer IRB Verlag.

[BRA16] Brand. M. (2016). Internet? Videonet! [Online]. Verfügbar unter: https://de.statista.com/infografik/4978/anteilvon-video-am-internet-traffic/ [Abruf: 02-Aug-2018].

[BRU96] Brusilovsky, P. (1996). User Modeling and User Adapted Inter-action (Special issue on adaptive hypertext and hypermedia). Methods and techniques of adaptive hypermedia. http://www .sis.pitt.edu/~peterb/papers/UMUAI96.pdf [Abruf: 30-Aug-2018].

[BRU98] Brusilovsky, P., Kobsa, A., Vassileva, J. (1989). Adaptive Hypertext and Hypermedia. Springer Verlag.

[BUS45] Bush, V. (1945): As We May Think. In: Atlantic Monthly No. 176: 101 – 108, July 1945.

[CAM88] Campbell, B., Goodman J. M. (1988). HAM: A General Purpose Hypertext Abstract Machine. Commun. ACM, Bd. 31, Nr. 7, S. 856–861, Juli 1988.

[CHA01] Chambel, T., Correia N., Guimarães, N. (2001). Hypervideo on the Web: Models and Techniques for Video Integration, Inter-national Journal of Computers and Applications, 23:2, 90-98, DOI: 10.1080/1206212X.2001.11441637

[CON87] Conklin, Jef (1987). Hypertext: An Introduction and Survey. Computer, vol. 20, September 1987, doi:10.1109/MC.1987.1663693.

[CSS02] Cascading Style Sheets, level 2 revision 1. W3C Working Draft 2 August 2002. W3C, 2. August 2002.

[DEB04] De Bra, P., Aroyo, L., Chepegin, V. (2004). The Next Big Thing: Adaptive Web-Based Systems. In: Journal of Digital Information, Volume 5 Issue 1, Article No. 247, 2004-05-27.

[DIX03] Dix, A., Finlay, J., Abowd, G. D., Beale, R. (2003). Human Computer Interaction, 3. A. Harlow, England ; New York: Prentice Hall, 2003.

[DON07] Donker, H., Blenn, N. (2007). Gestaltung von Hyperlinks in einer Hyperaudio-Enzyklopädie. In: Gross, T. (Hrsg.), Mensch und Computer 2007: Interaktion im Plural. München: Oldenbourg Verlag. (S. 139-148).

[DUB12] Dubberly, H., Mitsch, D. (2012). Muddy Media, or the Myth of the Intuitive. Online: http://www.dubberly.com/articles/muddy-media.html [Abruf: 2018-Aug-25]

[ECM17] ECMAScript (2017). Language Specification.

[ECO92] Eco, U. (1992). Das Foucaultsche Pendel. Deutscher Taschen-buch Verlag, München.

[EDU11] Education Group GmbH (2011). Internet Glossar, H, Begriff Hypermedia. Verfügbar unter: http://www.eduhi.at/ eduhi/ glossar.php?url=glossar&modul=glossar&what=suchergebnisse&TITEL=&st=H. [Abruf: 25-Aug-2018].

[EDW99] Edwards, D. M., Hardman, L. (1999). Lost in hyperspace: cognitive mapping and navigation in a hypertext environment. In: Ray McAleese (Hrsg.): Hypertext: theory into practice. Edinburgh.

[EIB04] Eibl, T. (2004). Hypertext. Geschichte und Formen sowie Einsatz als Lern und Lehrmedium. Darstellung und Diskussion aus medienpädagogischer Sicht. München: kopaed.

[ENG62] Engelbart, D. (1962). Augmenting Human Intellect: A Conceptual Framework - 1962 (AUGMENT,3906,). Doug Engelbart Institute. [Online]. Verfügbar unter: http://www.dougengelbart.org/pubs/augment-3906.html. [Abruf: 21-Aug-2018].

[FIN06] Finke, M. (2006). Unterstützung des kooperativen Wissenserwerbs durch Hypervideo-Inhalte, phd, Technische Universität, Darmstadt, 2006. [Online]. Verfügbar unter: http://tuprints.ulb.tu-darmstadt.de/661/. [Abruf: 02-Aug-2018].

[FLU96] Fluckiger, F. (1996). „Multimedia im Netz (Prentice Hall (dt. Titel)): Amazon.de: Francois Fluckiger: Bücher“. [Online]. Verfügbar unter: https://www.amazon.de/Multimedia-Netz-Prentice-HallTitel/dp/382729522X. [Abruf: 26-Aug-2018].

[FUN13] Funke J., Anderson, J. R. (2013). Kognitive Psychologie, 7. Aufl. Berlin u.a.: Springer VS, 2013.

[GEI15] Geirhos, M. (2015). Entwurfsmuster: Das umfassende Hand-buch. Rheinwerk Computing; Auflage: 1 (25. Mai 2015).

[GEN66] Genette, G. (1966). Figures I. Paris, F: Points-Essais. [GEN69] Genette, G. (1969). Figures II. Paris, F: Points-Essais.

[GEN72] Genette, G. (1972). Figures III. Paris, F: Points-Essais.

[GEN72a] Genette, G. (1972). Discours de récit. Paris, F: PointsEssais.

[GEN83] Genette, G. (1983). Nouveau discours de récit. Paris, F: Points-Essais.

[GEN94] Genette, G. (1994). Die Erzählung (Übersetzung von Andreas Knop). München, D: Fink. (Original: Discours de récit 1972 und Nouveau discours de récit 1983).

[GOE95] Goertz, L. (1995). Wie interaktiv sind Medien? G. L. I. für Sozialwissenschaften, Goertz, Lutz (Institut für Journalistik und Kommunikationsforschung, Hochschule für Musik, Theater und Medien Hannover) - Sowiport. [Online]. Verfügbar unter: http://sowiport.gesis.org/search/id/gesis-solis-00205339. [Abruf: 26-Aug-2018].

[GOL18] Golem: Blu-Ray (2018). Online: https://www.golem.de/specials/bluray/ [Abruf: 2018-Aug-20].

[GRA10] Grammer, A. (2010). Musikvideo: Keep your head up. Vom Album: Online: http://andygrammer.com/portfoliotype/keep-your-head-up/ [Abruf: 26-Jul-2018]

[HAC86] Haack, J., Issing, L. J., Mickasch, H. D. (1986). Blickbewegungsforschung und Bildverarbeitung: Kognitionspsychologische Aspekte visueller Informationsverarbeitung. Internationaler Verlag der Wissenschaften (31. Dezember 1986)

[HAR06] Hartmann, F. Von Karteikarten zum vernetzten Hypertext-System, Telepolis. [Online]. Verfügbar unter: http://www.heise.de/tp/artikel/23/23793/1.html. [Abruf: 21-Aug-2018].

[HAL90] Halasz, F., Schwartz, M. (1990). The dexter hypertext reference model. In Proceedings of the Hypertext Standardization Work-shop, pages 95-133, Gaithersburg, January 1990.

[HAL94] Halasz, F., Schwartz, M. (1994). The dexter hypertext reference model. Communications of the ACM, 37(2): pages 30-39, February 1994.

[HAN17] Han, M. (2017). A Brief Introduction to Humanistic Intelligence: The Symbiotic Future of Machine and Human. https://syncedreview.com/2017/04/17/a-briefintroduction-to-humanistic-intelligence-the-symbioticfuture-of-machine-and-human/ [Abruf: 23-Aug-2018].

[HEI06] Heise (2006). Swisscom startet mit interaktivem Fernsehangebot. Online: https://www.heise.de/newsticker/meldung/Swisscomstartet-mit-interaktivem-Fernsehangebot-131233.html [Abruf: 23-Aug-2018].

[HER97] Herres, V. (1997). Live. Mehr als Dabeisein. In: Ruth Blaes und Gregor A. Heussen: ABC des Fernsehens. UVK Medien, Konstanz, 1997.

[HER06] Herczeg, M. (2006). Interaktionsdesign: Gestaltung interaktiver und multimedialer Systeme. München u.a.: Oldenbourg Wissenschaftsverlag, 2006.

[HIS06] historicum.net (2006): Unser Titelbild: Ramellis Bücherrad. https://www.historicum.net/news/notizendetails/news /unser-titelb/ [Abruf: 02-Aug-2018].

[HOE08] Höfler, Markus (2008). Zeit- und kontextsensitive Hotspots in Hypervideo. Prof. Dr. Michael Weber, Universität Ulm; Prof. Dr. Michael Herczeg, Dipl.-Ing. Peter Hoffmann, Universität zu Lübeck.

[HOF06] Hoffmann, P., Herczeg, M. (2006). Hypervideo vs. Storytelling - Integrating Narrative Intelligence into Hypervideo. In Göbel, St., Malkiewitz, R. & Iurgel, I. (Eds.) Technologies for Interactive Digital Storytelling and Entertainment, TIDSE 2006, Proceedings. Berlin, Heidelberg: Springer Verlag. 37-48.

[HOF08] Hoffmann, P., Kochems, T., Herczeg, M. (2008). HyLive: Hypervideo-Authoring for Live Television. In: Proceedings of EuroITV 2008-Changing Television Environments, Springer Ver-lag, Berlin, p.51-60 (2008).

[HOF10] Hoffmann, P. (2010). Narrative Realitäten: Informationspräsentation über multimediales, programmiertes Geschichtenerzählen. Shaker, 2010.

[HUB03] Huber, O (2003). Hyper-Text-Linguistik: TAH: ein textlinguistisches Analysemodell für Hypertexte; theoretisch und praktisch exemplifiziert am Problemfeld der typisierten Links von Hyper-texten im World Wide Web. Herbert Utz Verlag, 2003.

[INF06] InfoWissWiki: Multimedia (2006). [Online]. Verfügbar unter: http://wiki.infowiss.net/index.php?title=Multimedia&diff=6978&oldid=6947 [Abruf: 23-Okt-2006]

[INF16b] InfoWissWiki: Multimedia (2012). [Online]. Verfügbar unter: http://wiki.infowiss.net/Benutzerprofil [Abruf: 11-Aug-2018].

[INF12m] InfoWissWiki: Multimedia (2012). [Online]. Verfügbar unter: http://wiki.infowiss.net/Multimedia [Abruf: 22-Feb-2012]

[ISO17] ISO/IEC TR 21000-1:2004 - Information technology --Multi-media framework (MPEG-21) -- Part 1: Vision, Technologies and Strategy [Abruf: 01-Aug-2018].

[JAM07] Jameson, A.; Smyth, B. (2007). Adaptive Interfaces and Agents. In P. Brusilovsky, A. Kobsa, & W. Nejdl (Eds.), The adaptive web: Methods and strategies of web personalization (pp. 596–627). Berlin: Springer.

[JEN05] Jensen, J. F. (2005): Interactive Content, Applications, and Services. In: Brown, Allen/ Picard, Robert, G. (Hrsg.): Digital Terrestrial Television in Europe. Mahwah, NJ/ London: Er-lbaum. S. 101-132.

[JES04] Jeskulke, O., Hasse, S., Melzer, A., Schön, I., Herczeg, M. (2004). Der interaktive Perspektivenfilm als Hyperfilm auf Vi-deo-DVD. In R. Keil–Slawik, H. Selke, G. Szwillus (Hrsg.), Mensch und Computer 2004: Allgegenwärtige Interaktion. München: Oldenbourg Verlag, Seiten 169-178.

[KEN02] Kennedy, T., Slowinski, M. (2002). SMIL. Adding Multimedia to the Web. Sams Publishing, Indianapolis.

[KRI05] Kritzenberger, H., Herczeg, M. (2004). Multimediale und inter-aktive Lernräume. München: Oldenbourg Wissenschaftsverlag, 2004.

[KUB62] Kubrick, S. (1962): Lolita (deutscher Titel: Lolita). USA, GB: A.A. Productions Ltd., Metro-Goldwyn-Mayer.

[KUH04] Kuhlen, R., Seeger, T., Strauch, D. (2004). Grundlagen der praktischen Information und Dokumentation, 5. vollst. neu gefasste Aufl. München: K.G. Saur, 2004.

[KUR50] Kurosawa, A. (1950): Rashomon (deutscher Titel: Rashomon – Das Lustwäldchen). JP: Daiei Motion Picture Company.

[LIE94] Lie, H. W. (1994). Cascading HTML style sheets -- a proposal. 10. Oktober 1994.

[LIP80] Lippman, A. (1980). Movie-maps: An Application of the Opti-cal Videodisc to Computer Graphics, in Proceedings of the 7th Annual Conference on Computer Graphics and Interactive Techniques, New York, NY, USA, 1980, S. 32 – 42.

[MAG08] Maguire, Jane (2008). A one-size-fits-all approach to learning doesn't suit today's classrooms. In: The Guardian, Tuesday 30 September 2008. http://www.guardian.co.uk/commentisfree/2008/sep/30/earlyyearseducation.schools [Abruf: 20-Aug-2018].

[MAN02] Manjunath, B.S. (Hrsg.), Salembier, P. (Hrsg.), Sikora, T. (Hrsg.) (2002): Introduction to MPEG-7: Multimedia Content Description Interface. Wiley & Sons.

[MAY63] Mayer, R. (1963). Der babylonische Talmud. München: Gold-mann (Goldmanns Liebhaberausgaben).

[MIT11] Mitchell, W. J., Szerszen Sr, K. A., Lu, A. S., Schermerhorn, P. W., Scheutz, M., MacDorman, K. F. (2011). "A mismatch in the human realism of face and voice produces an uncanny valley". i-Perception. 2 (1): 10–12.

[MON72] Monet, C. (1872). Sonnenaufgang. [Online]. https://www.lorenz24.com/kd24/Artikelbilder/17042017/i93506.jpg [Abruf: 11-Aug-2018].

[MOR12] Mori, M. (2012). Translated by MacDorman, K. F.; Kageki, Norri. "The uncanny valley". IEEE Robotics and Automation. 19 (2): 98–100.

[NAI78] Naimark, M. (1978). „Aspen Moviemap“. [Online]. Verfügbar unter: http://www.naimark.net/projects/aspen.html. [Abruf: 21-Aug-2018].

[NEL65] Nelson, T. H (1965). Complex information processing: a le structure for the complex, the changing and the indeterminate. In Proceedings of the 1965 20th national conference, ACM '65, pages 84{100, Cleveland, OH, USA, 1965. ACM.

[NEL81] Nelson, T. H. (1981). Literary Machines. Swarthmore, Pa.: Mindful Pr, 1981.

[NEL92] Nelson, T. H. (1992). Computing Pages: Literary Machines 93. [Online]. Verfügbar unter: http://utx.net/ccritics/literary-machines.html. [Abruf: 25-Aug-2018].

[NUD12] Nuding, U. (2012). Nichtlineare Informationsverarbeitung im visuellen System: Analyse, Synthese und Identifikation. Saarbrücken: AV Akademikerverlag, 2012.

[ORA04] Orava, J., Perttula, M. (2004): Interactive digital TV in Europe (E-Content Report 7), an integrating report by ACTeN (Anticipating Content Technology Need). In: http://www.acten.net/ uploads/ images/ 425/IDTV.pdf [Abruf: 08-Sept-2005].

[OTL28] Otlet, P. (1928): Sur la Bibliothèque Mondiale. Otlet, Paul. - Bruxelles : Inst. Internat. de Bibliogr.

[PEN10] Pendulum (2010). Musikvideo zu: Salt in the wounds. Vom Album: Immersion. Online: https://www.youtube.com/watch?v=numK68auamo [Abruf: 08-Aug-2018].

[PET06] Petko, D., Reusser, K. (2006). Das Potenzial interaktiver Lernressourcen zur Förderung von Lernprozessen. In: Miller, Damian (2006): E-Learning: Eine multiperspektivische Standortbestimmung, Seite 188ff. Haupt Verlag.

[PIE06] Piesing, J. (2006). The DVB Multimedia Home Platform (MHP) and Related Specifications. In: Proceedings of the IEEE (Volume: 94, Issue: 1, Jan. 2006).

[PLA06] Plag, F., Riempp, R. (2006). Interaktives Video im Internet mit Flash. Springer-Verlag, Berlin, Heidelberg, 2006.

[QUI06] Quiring, O., Schweiger, W. (2006): Interaktivität – ten years after. Eine Bestandsaufnahme und ein Analyserahmen. In: Me-dien und Kommunikationswissenschaft, 54. Jg., S. 5-24

[RAM88] Ramelli, A. (1588): Le diverse et artificiose machine del capitano Agostino Ramelli. A Parigi: in Casa del'autore, 1588. Online einsehbar unter: ETH Zürich: https://www.e-rara.ch/doi/10.3931/e-rara-8944 [Abruf: 2018-08-02].

[REI05] Reimers, U. (2005). DVB, The Family of International Stan-dards for Digital Video Broadcasting. Second Edition, 2005. (Kapitel 14, MHP).

[RES08] Resig, J. (2008). Versions of JavaScript. In: ejohn.org. 22. April 2008. [Abruf: 2018-08-17].

[RIE06] Rieß, S. (2006): Hypertext: Geschichte und Entwicklung, Definitionen und Merkmale. Seminararbeit: Universität Augsburg, Anglistik/ Englische Sprachwissenschaft, Hauptseminar: Text-semiotik der neuen Medien, Dozenten: Prof. Dr. Wolfram Bublitz/Volker Eisenlauer. http://www.eisenlauer.com/website/SS06/Riess_Sophia_Hypertextgeschichte.pdf

[RUE03] Ruess, S. (2992). Entwicklung einer interaktiven und multimedialen Lernsoftware zu fallbasierten cholestatischen Erkrankungen der Leber, der Gallenwege und des Pankreas. Dissertation. Universität Tübingen, 2002.

[SAW96] Sawhney, N., Balcom, D., Smith, I. (1996). HyperCafe: narrative and aesthetic properties of hypervideo. In: HYPERTEXT '96 Proceedings of the the seventh ACM conference on Hypertext. (1996).

[SAW97] Sawhney, N., Balcom, D., Smith, I. (1997). Authoring and Navigating Video in Space and Time. [Online]. Verfügbar unter: https://www.google.com/url?sa=t&rct=j&q=&esrc=s&source=web&cd=1&ved=2ahUKEwjcn_ijxu7cAhXB8qQKHWbCDs0QFjAAegQIC-RAC&url=http%3A%2F%2Fwill-luers.com%2FDTC%2Fdigital-cinema%2Fhypervideo.pdf&usg=AOv-Vaw2Aeb5DjldukrQvA8LkPhX. [Abruf: 11-Aug-2018]

[SCHm70] Schmitt, A. (1970). Werkgruppe IV: Das Spätwerk. Band 1: Zettel's Traum. Vorzugsausgabe in einem Band. Suhrkamp Verlag; (11. Oktober 2010). (Online: https://www.google.com/url?sa=t&rct=j&q=&esrc=s&source=web&cd=3&cad=rja&uact=8&ved=2ahUKEwjFnsjp7Ob-cAhVFNOwKHWueBZ0QFjACegQIBxAC&url=https%3A%2F%2Fwww.suhrkamp.de%2Fdownload%2FBlickins-buch%2F9783518803202.pdf&usg=AOv-Vaw2Os1_x1p5N_z_djgoM3ynj (Abruf: 2018-08-02))

[SCHo09] Schonfeld, E. (2009). Cisco: By 2013 Video Will Be 90 Percent Of All Consumer IP Traffic And 64 Percent of Mobile, TechCrunch. [Online]. Verfügbar unter: http://techcrunch.com/2009/06/09/cisco-by-2013-video-will-be-90-percent-of-all-consumer-ip-traffic-and-64-percent-of-mobile/. [Abruf: 21-Aug-2018].

[SCHu07] Schulmeister, R. (2007). Grundlagen hypermedialer Lernsysteme: Theorie - Didaktik - Design, 4. Aufl. München u.a.: De Gruyter Oldenbourg, 2007.

[SCHu86] Schurian, W. (1986). Psychologie Ästhetischer Wahrnehmungen: Selbstorganisation und Vielschichtigkeit von Empfindung, Verhalten und Verlangen. VS Verlag für Sozialwissenschaften (1. Januar 1986).

[STA16] Statista. 2016. Anzahl der Internetnutzer, die auf einen virtuellen Sprachassistenten zurückgreifen in Deutschland im Jahr 2016. Online: https://de.statista.com/statistik/daten/studie/620225/umfrage/nutzung-von-sprachassistenten-indeutschland/ [Abruf: 26-Aug-2018].

[STE00] Steinmetz, R. (2000). Multimedia-Technologie: Grundlagen, Komponenten und Systeme, 3. Aufl. Berlin; Heidelberg: Springer, 2000.

[STE05] Steinmetz, R. (2005). Multimedia Computing Communications And Applications. Pearson India, 2005.

[STE11] Steinmetz, R. (2011). Multimedia Applications. SpringerVerlag Berlin and Heidelberg GmbH & Co. K, 2011.

[STR11] Strangeloop (2011). In the loop: The Strangeloop Blog, 01. September 2011: There's No One-Size-Fits-All Internet: Why Audience Should Determine Website Design. Online: http://www.strangeloopnetworks.com/blog/ there-s-noone-size-fits-all-internet-why-audience-shoulddetermine-website-design/ [Abruf: 26-Aug-2018].

[SUT00] Suter, B. (2000). Narrationspfade in Hyperfictions - Erzählung als Weg durch den fiktiven Raum. In: Suter, B. (2000): Hyper-fiktion und interaktive Narration im frühen Entwicklungsstadium zu einem Genre. update Verlag, Zürich.

[THI11] 13th Street – Last Call (The First Interactive Horror Film)“, This is not ADVERTISING, 18-Juli-2011. Verfügbar unter: https://thisisnotadvertising. wordpress.com/2011/07/18/13th-street-last-call-the-first-interactivehorror-film/ [Abruf: 26-Aug-2018].

[UOL01] Projekt airweb (2001). Universität Oldenburg, Fakultät Informatik, Abteilung CG & HCI. Lost in Hyperspace. [Online]. Verfügbar unter: http://www-cg-hci.informatik.unioldenburg.de/~airweb/TestInhalt/cbt/lostinhyperspace.html. [Abruf: 26- Aug-2018].

[USA16] Usability.de (2016). „Definition von Usability und User Experience, UX.“ [Online]. Verfügbar unter: https://www.usability.de/usability-userexperience.html. [Abruf: 21- Aug-2018].

[VAR10] Variety (2010). Andy Grammer, Vevo release interactive video ‘Keep Your Head Up’. Online: https://variety.com/2010/music/news/andy-grammervevo-release-interactive-video-keep-your-head-up-30093/ [Abruf: 16-Aug-2018]

[WED65] Wedeles, L. (1965). Professor Nelson Talk Analyzes P.R.I.D.E, February 3rd 1965. http://faculty.vassar.edu/mi-joyce/MiscNews_Feb65.html. [Ab-ruf: 25- Aug-2018]

[WIK12hy] Wikipedia: Hypermedia. Wikipedia. https://de.wikipedia.org/ wiki/Hypermedia [Abruf: 25-Aug-2018].

[WIK16gw] Wikipedia: WikiProjekt Gesprochene Wikipedia“, Wikipedia. https://de.wikipedia.org/wiki/Wikipedia:WikiProjekt_Gesprochene_Wikipedia [Abruf: 18- Aug-2018].

[WIK18uv] Wikipedia: Uncanny Valley. https://de.wikipedia.org/wiki/Uncanny_Valley, Wikipedia. [Ab-ruf: 18-Aug-2018].

[WIN10] Winema (2010). Bringing Cinema Experience to New Heights. Online: http://www.recyclebinofamiddlechild.com/2010/04/winema-bring-cinema-experience-in-new.html. [Abruf: 21-Aug-2018].

[YOU12] YouTube -Videoanmerkungen (2012). „Anmerkungen erstellen und bearbeiten - YouTube-Hilfe“. [Online]. Verfügbar unter: https://support.google.com/youtube/answer/92710?topic=14354&hl=de. [Abruf: 21- Aug-2018].

[ZAH03] Zahn, C. (2003). Wissenskommunikation mit Hypervideos: Untersuchungen zum Design nichtlinearer Informationsstrukturen für audiovisuelle Medien, 1., Aufl. Münster; New York; München; Berlin: Waxmann, 2003.

[ZEI06] Zeit (2006). MTV zum Selberbauen. https://www.zeit.de/zuender/2006/31/mtv-flux [Abruf: 2018-Aug-21]

[ZEI11] Zeit (2011). Der Weg zur Interaktion ist noch lang. https://www.zeit.de/digital/internet/2011-04/interaktiv-internet-fernsehen [Abruf: 21-Aug-2018]

[ZEL89] Zellweger, P. T. (1989). Scripted documents: a hypermedia path mechanism. In: HYPERTEXT '89 - Proceedings of the second annual ACM conference on Hypertext. Pittsburgh, Pennsylvania, USA.

[ZIM92] Zimbardo, P. G. (1992). Psychologie. Springer (1992)

[ZIM12] Zimmermann, B. (2012). Internet- und WWW-Kurs, Glossar H, Begriff Hypermedia. Verfügbar unter: http://www.www-kurs.de/gloss_h.htm. [Abruf: 25- Aug-2018].

Abbildungen/ Bilder:

Abb. 2 Wikimedia, public domain, https://commons.wikimedia.org/wiki/File:V12p022a01_Talmud.jpg

Abb. 3 Wikimedia, public domain, https://i1.wp.com/upload.wikimedia.org/wikipedia/commons/e/e7/KingJamesBible1612-1613.jpg?ssl=1

Abb. 4 Suhrkamp Leseprobe [SCHm70]

Abb. 6 Wikimedia, public domain, https://upload.wikimedia.org/wikipedia/commons/0/06/Le_diverse_et_artificiose_machine_del_Capitano_Agostino_Ramelli_Figure_CLXXXVIII.jpgMemex (Abb. 5/ 7) [BUS45]

Abb. 8 [OTL28]

Abb. 9 https://www.fmirobcn.org/blog/en/2017/11/30/the-fate-ofmesopotamian-architecture-in-the-spiral-of-imagereproduction/

Abb. 10 [NAI78]

Abb. 11 [ADI11]

Abb. 12 Screenshot YouTube

Abb. 22 wikimedia ,https://en.wikipedia.org/wiki/File:X-document.gif

Abb. 44 [JES04]

Abb. 45 Screenshot aus DA Wagner, Uni Bremen, AGKI, mit Bildern aus [JES04]

Abb. 46 [WIN11]

Abb. 47 [THI11]

Abb. 48 Screenshot ARD-Internetauftritt

Abb. 49/ 50) Screenshots ZDF-Internetauftritt

Abb. 56 [DUB90]

Abb. 65 mrc, Bremen /TZI, Uni Bremen

Abb. 66 [MON72]

Abb. 68/ 69/ 75/ 77
smemon (flickr.com)

Abb. 72 Screenshot aus [GRA10]

Abb. 85 https://www.deutschlandfunkkultur.de/media/thumbs/6/6ad253dda5d3e9712fa7a1fcc201e0e9v1_max_635x357_b3535db83dc50e27c1bb1392364c95a2.jpg?key=c3bdd3

Abb. 93 Foto Willi „Ente“ Lippens: Joost Evers / Anefo
Foto Pele: Creative Commons free
Logo Selecao: https://de.wikipedia.org/wiki/Brasilianische_Fu%C3%9Fballnationalmann-schaft#/media/File:Logo_Confederacao_ Brasileira_de_Futebol.svg
Logo RWE: https://de.wikipedia.org/wiki/Datei:Logo_Rot-Weiss_ Essen.svg#/ media/File:Rot-Weiss-Essen-Logo-3D.svg
Text „Lippens“: Screenshot Wikipedia https://de.wikipedia.org/wiki/Willi_Lippens

Alle weiteren Foto-/ Videoinhalte in Sourcecode-/ Hyperimage-/ Hypervideo-Beispielen: Peter Hoffmann/ Invisible Cow, Rorschach